기독교문서선교회 (Christian Literature Center: 약칭 CLC)는 1941년 영국 콜체스터에서 켄 아담스에 의해 시작되었으며 국제 본부는 미국 필라델피아에 있습니다. 국제 CLC는 59개 나라에서 180개 본부를 두고, 약 650여 명의 선교사들이 이동도서차량 40대를 이용하여 문서 보급에 힘쓰고 있으며 이메일 주문을 통해 130여 국으로 책을 공급하고 있습니다. 한국 CLC는 청교도적 복음주의 신학과 신앙서적을 출판하는 문서선교기관으로서, 한 영혼이라도 구원되길 소망하면서 주님이 오시는 그날까지 최선을 다할 것입니다.

추천사

강 우 정 박사
한국성서대학교 총장

아우구스티누스의 『신국론』은 "인류 역사란 무엇인가" 하는 문제를 기독교적 입장에서 탐색하고 이에 대한 해답을 제시하고 있는 방대한 서적이다.

아우구스티누스는 '하나님의 도성'과 '지상의 도성'이라는 두 도성의 기원, 전개 그리고 종말을 통해 세상과 역사를 해석한다. 두 도성을 구분 짓는 기준은 '사랑'이다. '하나님을 향하는 사랑'(amor Dei)이 '하나님의 도성'을 이루고, '자기 자신을 향하는 사랑'(amor sui)이 '지상의 도성'을 이루게 된다.

아우구스티누스는 이 두 도성이 현실 역사 안에서 공존하고 상호 갈등 속에 있으나 결국 종말에 '천상의 도성이 완성된다'고 전망하고 있다. 이것이 바로 '하나님의 섭리'라는 것이다.

본서는 신국론 원전 텍스트를 토대로 해서 '두 도성 이론'을 체계적으로 분석하고 있는 흔치 않은 저작으로 오늘날 현실 세계 속에서 '하나님 사랑하기' 혹은 '자기 자신을 사랑하기'라는 선택 속에서 갈등하며 살아가고 있는 그리스도인들에게 삶의 이정표를 재조명할 수 있게 해 주는 값진 작품이다.

또한, 이 저서는 두 도성에서 정의가 어떻게 드러나고 있는가를 주 관심사로 살피고 있다. 아우구스티누스는 '각자에게 자기 몫을 돌려주는 것'이라는 고대 철학의 정의 개념을 사랑의 이중 계명에 따라 '하나님과 이웃에 마땅히 주어져야 하는 사랑'으로 변환한다.

따라서 정의란 '사랑의 질서에 따라 이웃을 사랑하는 것'이 된다. 아우구스티누스는 이러한 정의가 우리 사회의 존재론적인 원리가 되어야 한다고 보고 있다.

본서는 아우구스티누스의 정의관을 체계적으로 정리한 작품으로 오늘날 혼돈의 시대를 살아가는 우리에게 새로운 길잡이가 될 수 있을 것이다.

『신국론』에 나타난

아우구스티누스의 정의론

A Study of Augustine's Concept of Justice in De Civitate Dei
Written by Choi Yuk Yeul
All rights reserved.

Korean Edition Copyright ⓒ 2023 by Christian Literature Center, Seoul, Korea.

『신국론』에 나타난 아우구스티누스의 정의론

2023년 7월 15일 초판 발행

지 은 이 | 최육열

편　　집 | 임동혁
디 자 인 | 박성숙
펴 낸 곳 | (사)기독교문서선교회
등　　록 | 제16-25호(1980. 1. 18.)
주　　소 | 서울특별시 동대문구 천호대로71길 39
전　　화 | 02-586-8761-3(본사) 031-942-8761(영업부)
팩　　스 | 02-523-0131(본사) 031-942-8763(영업부)
이 메 일 | clckor@gmail.com
홈페이지 | www.clcbook.com
송금계좌 | 기업은행 073-000308-04-020　(사)기독교문서선교회
일련번호 | 2023-49

ISBN 978-89-341-2568-6(93230)

이 책의 출판권은 (사)기독교문서선교회가 소유합니다.
신저작권법에 의하여 한국 내에서 보호를 받는 저작물이므로 무단 전재와 무단 복제를 금합니다.

『신국론』에 나타난

아우구스티누스의 정의론

최육열 지음

A Study of Augustine's Concept of Justice in De Civitate Dei

CLC

목차

추천사

강 우 정 박사 | 한국성서대학교 총장   1

머리말   8

제1부 서론   11

제2부 「신국론」의 형성 배경   25
    제1장   역사적 배경: 로마의 유린   27
    제2장   종교적 배경: 이교도와 기독교의 관계   32
    제3장   사상적 배경: 신플라톤주의   39

제3부 아우구스티누스의 정의에 대한 이론적 배경   47
    제4장   고대철학의 정의관   49
    제5장   성경의 정의관   64
    제6장   교부들의 정의관   88
    제7장   아우구스티누스의 수용과 변형   104

제4부 『신국론』에 나타난 정의   132

   제8장 두 도성의 기원과 역사   135
   제9장 두 도성의 개념   172
   제10장 두 도성의 미덕   182
   제11장 두 도성의 사회적 삶   203
   제12장 정의와 미덕   233
   제13장 정의와 국가   254

제5부 결론   304

부록 1 『신국론』 제11-22권에 대한 학자들의 구조 분석 비교   313

부록 2 『신국론』에 인용된 주요 고전 작가들   322

참고 문헌   335

머리말

　아우구스티누스는 인류 역사의 출발이 아담과 하와가 저지른 '타락'에서 시작되었다고 본다. 그는 이때부터 시작된 역사를 가인과 아벨로부터 비롯된 '지상의 도성'(*civitas terrena*)과 '하나님의 도성'(*civtas Dei*)의 변증법적인 전개과정이라고 해석하고 역사의 끝은 '천상 도성의 완성'이라고 전망한다.
　도성(*civitas*)이란 '어떤 대상에 대한 공통의 사랑에 의해 연합된 무리'이다. 따라서 사랑의 대상에 따라 우리는 두 나라를 구분할 수 있다.

　첫째, 지상의 삶을 사는 사람들의 집단으로 일시적인 것들에 대한 그들의 공통된 사랑에 의해 연합된 사람들이 있다.
　둘째, 신적 사랑의 유대에 의해 함께 결합된 사람들의 집단이 있다.

　첫 번째 나라는 지상의 도성을 형성하고, 두 번째 나라는 하나님의 도성을 형성한다.
　공통적인 대상에 대한 사랑으로 연합된 두 집단의 존재는 우리가 보기에는 모든 사회(*societas*)의 기원이 된다. 따라서 도성 개념은 정치 체제로서의 국가를 말한다기보다 같은 의식을 가진 사람들로 이루어진 연대 모임이나 사회를 가리킨다.

또한, 이러한 두 도성(*duae civitates*)과 그 시민들은 이 현실 세계에서 서로 공존하고, 서로 만나고 섞여 살아가고 있다.

두 도성을 구분 짓는 기준은 사랑(*amor*)이다. '하나님을 향하는 사랑'(*amor Dei*)이 '하나님의 도성'을 이루고, '자기 자신을 향하는 사랑'(*amor sui*)이 '지상의 도성'을 이루게 된다. 하나님의 도성은 카리타스(*caritas*, 사랑)를 통해 영원한 하나님을 지향하고 사랑하는 사람들로 이루어진 공동체를 말하며, 지상의 도성은 쿠피디타스(*cupiditas*, 탐욕)에 빠져 하나님을 지향하지 않고 자기를 사랑하고 세상을 지향하는 사람들로 구성된 공동체를 가리킨다. 아우구스티누스는 두 도성 개념을 통해 정의의 사회적 특징보다 신학적 특징을 더 강조하여 사랑에 기반을 둔 정의 개념을 제시한다.

따라서 필자는 본서에서 『신국론』에 등장한 두 도성 개념이 아우구스티누스의 사회이론을 가리킨다는 점에 착안하여 두 도성에서 '정의'의 주제가 어떻게 드러나는가를 탐색하고자 한다.

아우구스티누스가 두 도성을 대비시키고 있다고 해서 지상의 도성에 대해 완전히 부정적인 입장을 가진 것만은 아니다. 그는 세상 나라에 있는 정의와 그 덕목들이 참된 종말에 위해 사용되는 수단일 수 있다는 긍정적 역할도 부분적으로 인정하고 있기 때문이다. 그러나 아우구스티누스는 각각의 덕목이 두 도성 안에서 어떤 한계가 있고 관련이 있는지 보여 줌으로써 현재 지상의 도성에서 살아가는 하나님의 백성들이 지향해야 할 사회생활과 종말론적 전망을 함께 제시하고 있다. 이것이 그의 사회이론이 갖고 있는 특징이다.

필자가 아우구스티누스의 『신국론』을 연구하면서 절실히 느낀 점은 이 책이 기독교의 3대 고전으로 손꼽히고 후대에 미친 영향이 막대함에도 불구하고 국내외에 『신국론』에 대한 체계적이고 심층적인 연구가 많이 이루어지지 않았다는 사실이었다. 때문에 필자가 본서를 처음 기획하고 작성하는 과정에서 주제에 알맞은 자료들을 구하는 데 상당한 어려움을 겪을 수밖에 없었다. 『신국론』에 등장하는 소주제를 선정하여 파편적으로 연구한 자료들은 눈에 많이 띄었으나 '하나님의 정의'나 '종말론적 정의'에 관한 문제만 하더라도 폭넓게 연구가 되지 않은 실정이었다.

이러한 현실은 필자로 하여금 이 논문을 계기로 아우구스티누스에 관한 계속적인 연구를 통해 그 사상의 진면목을 널리 알려 한국 교회와 성도들에게 기여하고픈 간절한 마음을 갖게 하였다.

양주골에서
최 욱 열

제1부

서론

A Study of Augustine's
Concept of Justice in De Civitate Dei

375년 훈족의 이동과 유럽 정복은 게르만족의 대이동을 초래했다. 이에 동고트족과 서고트족, 그리고 반달족 등이 로마제국의 영토 안으로 대이동을 하며 제국과의 마찰이 시작되었다. 이런 혼란스러운 국제 정세와 맞물려, 로마제국은 두 제국으로 분열되는 아픔을 겪게 되었다. 로마제국은 기독교를 국교로 공인하고 이교신 숭배를 금지했던 테오도시우스 황제(Flavius Theodosius, 347-395)가 사망한 후 395년에 서로마제국과 동로마제국으로 분열되었다.

그 후 476년 서로마제국이 게르만족에게 멸망당했다. 로마제국의 쇠퇴 조짐은 내부 분열에서 시작했고, 제국의 내부 분열은 외세 침략에 의한 제국 멸망으로 이어졌다. 서고트족의 왕 알라리크(Alaric, 370-410)가 408년에서 410년까지 일 년에 한 차례씩 로마를 세 번에 걸쳐 포위했고, 로마를 침략해서 약탈과 방화로 큰 피해를 입혔다. 야만족이 410년 8월 24-27일까지 제국의 옛 수도였던 로마를 3박 4일 동안 약탈한 행위는 '영원한 로마'를 꿈꾸었던 제국의 시민들에게 큰 충격을 안겨 주었다.[1]

이때 로마의 멸망 원인에 대한 이교도들의 생각은 게르만족과 기독교의 확장을 주요 원인으로 본 에드워드 기번(Edward Gibbon)의 입장과 크게 다르지 않았다.[2] 로마가 함락되고 많은 이재민과 피난민이 발생하자, 제국의

---

[1] 지중해 반대편의 다른 로마제국 시민들이 로마의 약탈 사건 소식을 듣고 보인 반응은 대체로 두 가지 양상, 즉 "충격"(shocking) 아니면 "불신"(disbelief)이었다고 한다(Averil Cameron & Peter Garnsey (eds.), *The Cambridge Ancient History*, XIII: The Late Empire, A.D. 337-425 [New York, NY: Cambridge University Press, 127]).

[2] 에드워드 기번, 『로마제국 쇠망사』(제3권), 송은주·윤수인 역 (서울: 민음사, 2009). 로마제국의 멸망 원인에 대한 기번의 입장은 이 책의 15, 16, 36장에 나와 있다. 36장에서는 바바리안주의와 기독교의 확장이 제국의 멸망에 가장 큰 영향을 미친 것으로 분석하고 있다. 물론 기번은 로마제국의 멸망은 극심한 내부 분열 때문이었다는 의견도 제시한다.

쇠락 원인을 놓고 뜨거운 논쟁이 일기 시작했다.

표면적으로는 이교도들과 그리스도인들 사이에 벌어진 거센 논쟁으로 보였지만, 그리스도인들 사이에서도 암암리에 신앙적 차원에서 이 사건에 대한 의혹과 궁금증이 해소되기를 바라는 눈치였다.

첫째, 이교도들은 이 사건의 책임을 기독교에게 돌리려고 했다. 이교도들의 입장은 두 가지였다.

하나는 기독교 교리가 세상을 포기할 것을 가르쳐왔다는 것이다. 그 결과 로마 시민들이 시민의 의무를 등한시하여 로마의 몰락을 초래했다는 것이다.

다른 하나는 로마의 운명이 언제나 제신 숭배와 밀접한 관련이 있었다는 것이다.

그런데 기독교의 확장으로 밀려났던 이교신들이 로마제국에 보복을 가해 왔다는 것이다. 이러한 주장이 처음에는 이해되지 않았지만, 시간이 지나가면서 설득력 있는 주장으로 변했다.

왜냐하면, 기독교 신자인 황제가 등장하여 이교 신전을 헐어 버리고 우상 타파와 이방 제의를 금지했는데, 공교롭게도 기독교가 국교화되고 나서 얼마 지나지 않아 역사상 처음으로 로마가 유린 당하는 사태가 벌어졌

첫째, 권력이 집중되는 한 사람의 위정자를 선거로 뽑는 제도가 없었다.
둘째, 빈부의 격차가 확대되었다.
셋째, 군비의 증강과 과도한 세금에도 불구하고 군사력은 약화되어 자기 임무를 다하지 못했다.
넷째, 중산층이 압박을 받을 때 부유층은 사치를 일삼고 통치의 책임을 회피하였다.
다섯째, 관료적인 중앙 정부가 시민에게서 멀어지고 법과 질서가 무너졌다.

기 때문이다.

둘째, 제국의 그리스도인들 역시 이 사건에 대한 하나님의 섭리적이고 신정론적인 답변을 듣고 싶어 했다. 그리스도인의 입장에서 밖으로 이교도들의 공격을 논박하는 것도 중요한 일이었지만, 내부적으로 그리스도인들의 신앙적 의문을 해소시켜 주는 일도 긴급히 요청되었던 것이다.

이런 긴박한 상황에서 마르켈리누스(Marcellinus)라는 사람이 자기의 부족함을 깨닫고 북아프리카 히포의 유능한 감독에게 적절한 답변을 의뢰하게 된다.

이에 『신국론』(City of God- De civitate Dei)이라는 책을 집필하여 이교도들의 주장을 논박하고 기독교를 변호하려고 했던 사람이 바로 아우렐리우스 아우구스티누스(Aurelius Augustinus, 354-430)였던 것이다.

실제로, 아우구스티누스가 저술한 『신국론』은 이교도들의 공격에 맞서 기독교 입장에서 반론이나 변론을 제공하기 위해 필요한 책이었고, 동시에 그리스도인들 내부에서 일어날 수 있는 여러 가지 신앙적 의문들을 해소하기 위해서라도 꼭 필요한 책이었다.[3] 이것이 바로 『신국론』의 집필 배경이자 의도였다고 할 수 있다. 그 당시 국제 정세와 국내 상황이 사회적 성격이 짙은 『신국론』을 태어나게 한 것이다.

『신국론』은 두 개의 중요한 부분으로 나뉜다. 제1-10권까지가 제1부이고, 제2부는 제11-22권까지이다. 제1부는 로마 멸망이 그리스도교 때문

---

3 이석우, 『아우구스티누스』 (서울: 민음사, 1986), 266.

이라고 비방하는 이교도들의 거짓된 주장과 허구성을 지적하고 있고, 제2부에서는 그리스도교의 진리를 설파하고 있다.

사상적으로 보면 전반부인 제1-10권까지는 호교론이며, 후반부인 제11-22권까지는 두 도성 이론으로 나누어 보아야 한다.

그러나 아우구스티누스는 『재론고』Ⅱ.43에서 아래와 같이 밝히고 있다.

> 『신국론』의 스물 두 권 전부가 양편 도성(하나님의 도성과 지상 도성)에 관해 기술된 것이므로 제목은 '하나님의 도성'이라고 하는 편이 낫겠다 … 이 저서는 '하나님의 지극히 영화로운 도성'이라는 구절로 시작한다.

결국, 이와 같이 스물 두 권으로 구성된 『신국론』은 하나님의 도성과 지상의 도성이라는 두 도성에 관한 논의라고 말할 수 있다. 특히, 아우구스티누스는 후반부에서 두 도성 이론을 세 가지 사항에 초점 맞추면서 발전시킨다.

첫째, 인류 역사의 시원으로 두 도성의 기원(제11-14권)
둘째, 두 도성의 역사적 전개과정(제15-18권)
셋째, 두 도성의 예견된 종말(제19-22권)

『신국론』에서 아우구스티누스는 세상의 창조와 종말, 역사의 시작과 종말이라는 구도 속에서 하나님의 도성(*civitas Dei*)과 지상의 도성(*civitas terrena*)의 기원과 출현, 진전 과정과 종말이라는 두 도성의 신학을 펼친다. 이 두 도성(*duae civitates*)은 역사를 통해 변증법적으로 전개·발전되면서 종말에 천상의 도성을 탄생시키는데 있어서 역사의 동인으로 작용한다.

두 도성 이론을 바르게 이해하기 위해서는 그 구성체인 도성(*civitas*)에 대한 개념을 정확하게 이해해야 한다. 도성은 벽돌이나 돌로 구축된 성곽이나 장소적 개념이 아니다. 그러나 도성은 도성 안에 속한 구성원들의 지향하는 바에 따라 형성된 관계성으로 파악된다. 아우구스티누스는 도성을 '*civitas*'(씨비타스)라고 부르고 '*republica*'(레플리카)로 부르지 않는다. 이것은 그가 '*civitas*'라는 용어를 정치적인 의미를 가능한 피하고 '사람들(*people*), 즉 인간들의 사회'에 더 가까운 의미로 사용하고자 했기 때문이다.

따라서 아우구스티누스는 도성을 '개인들로 구성된 조화의 집합체' 또는 '어떤 공동체적 인연에 의해 함께 묶여진 사람들의 무리'라고 보고 있다.

그가 두 도성을 구분할 때 두 개의 도성은 물리적인 경계선이 아니라 그 안에 속한 사람들의 의지에 의해 구분된 것이다. 이러한 이유에서 아우구스티누스는 도성을 표현할 때 '*civitas*'(도성)과 '*societas*'(사회)를 구별없이 사용했다.

아우구스티누스는 책의 제목에서 엿볼 수 있는 것처럼 두 도성 개념에 근거하여 그의 사회 사상을 전개시키고 있다.

그렇다면 두 도성 개념과 그의 사회 사상과는 어떤 관계가 있는 것일까?

두 도성과 그 시민들에 대한 아우구스티누스의 입장을 어떻게 해석하느냐에 따라 연구자들은 아우구스티누스의 사회 사상에 대해 아주 판이한 해석과 신학을 낳는 기로에 서게 된다.

당시에 로마제국을 신의 도성과 일치하는 것으로 해석하려 했던 제국주의 신학자들과 신의 도성과 지상의 도성은 결코 뒤섞일 수 없다는 도나투스주의자들의 이분법적 해석이 그 예라고 할 수 있다. 아우구스티누스는 두 입장 가운데 어느 입장도 따르지 않았으며, 오히려 두 도성과 그 시민들은 천사의 타락과 아담의 범죄 이후 지상에서 함께 뒤섞여 지내게 되었고 최후의 심판 때에 두 도성과 그 시민들에 대한 하나님의 영원한 심판과 분리가 있을 것이라고 주장했다.

그는 또한, 지상의 삶을 살아가는 동안에는 두 도성 시민들이 서로 뒤섞여 살아갈 수밖에 없기 때문에, 이러한 긴장 관계 속에 살아가고 있는 천상의 시민들에게 현실에 안주해서도, 현실을 도피해서도 안 되며, 현실의 사회적 삶에 충실하면서 천상의 삶을 소망하고 동경하며 순례자로 살아갈 것을 격려한다.

아우구스티누스에게 있어 두 도성과 그 시민들은 정의 및 다른 미덕 개념들을 통해 지상의 사회적 삶에 더욱 충실하면서 천상의 삶을 소망해야 한다. 천상의 시민들은 지상에서 나그네로서의 삶을 살아가면서 본향과도 같은 천상 도성의 도래를 고대해야 하며, 천상에서의 완전한 정의 실현을 기대하면서도 지상에서 정의 구현을 위해 최선을 삶을 살아가야 한다.

따라서 필자는 본서를 통해 두 도성 개념에 초점을 맞추어 그의 사회이론을 살피되 그의 정의 개념을 종합적으로 부각시키고자 한다. 그동안 수많은 학자들이 『신국론』에 나타난 아우구스티누스의 정의관을 다룰 때, 그의 사회이론인 도성 개념을 외면한 채 정치 사상의 관점에서만 다루어 왔던 것이 사실이다. 하지만 두 도성 개념은 아우구스티누스의 사회이론으로서의 지위뿐 아니라 지상에 거주하는 천상 시민들의 사회적 삶에 큰 이정표를 제시해 준다는 측면에서 중요한 역할을 한다.

본서의 작업을 위해 필자는 문헌 연구 방법으로 아우구스티누스의 『신국론』이라는 텍스트를 중점적으로 분석하되 두 가지 방향으로 연구를 진행할 계획이다.

첫째, 『신국론』 제19장에 나온 아우구스티누스의 정의 개념의 이론적 배경과 형성 과정을 의미론적으로, 역사적으로 고찰하려고 한다. 이를 위해 아우구스티누스의 정의관 형성에 영향을 주었다고 판단되는 고대철학자들의 문헌과 신구약성경, 그리고 교부들의 문헌을 차례로 분석할 것이다.

둘째, 아우구스티누스의 정의 개념에 기초하여 『신국론』에 나타난 그의 사회 사상을 텍스트를 중점적으로 분석하고자 한다. 아우구스티누스의 사회 사상과 그의 정의 개념이 골고루 퍼져 있는 『신국론』 제11-22권까지의 내용을 면밀히 검토하려고 한다. 후반부에 해당하는 제11-22권은 두 도성의 기원과 발달과 종말을 언급하면서 아우구스티누스의 정의 개념에 기초한 사회이론을 다양하게 제시하고 있기 때문이다.[4]

본서에서 논의하게 될 주제의 광의적 범위는 『신국론』에 나타난 아우구스티누스의 사회 사상이며, 협의적 범위는 『신국론』에 나타난 아우구스티누스의 정의 개념에 대한 연구라고 할 수 있다.

넓은 범위의 주제를 다루기 위해서는 『신국론』을 포함한 『질서론』(De ordine), 『자유의지론』(De libero arbitrio), 『삼위일체론』(De Trinitate), 『기독교

---

[4] 물론 제1-10권 내에서 정의와 도성 개념을 다루는 부분도 포함시킬 것이다.

교양』(*De doctrina Christiana*), 『참된 종교』(*De vera religione*) 등에서 아우구스티누스가 제시한 사상들을 고찰할 것이다. 그리고 좁은 범위의 주제를 다루기 위해 아우구스티누스의 정의론이 담겨 있는 서적들, 즉 『신국론』 후반부인 제11-22권을 중심으로 많은 서간문과 일부 설교 자료들을 참고할 것이다.[5]

1. 연구의 절차

필자는 본서의 목적에 맞게 『신국론』에 나타난 아우구스티누스의 정의 개념을 분석하기 위해 일차적으로 신국론의 역사적, 종교적, 사상적 배경을 살펴본다. 이러한 배경 속에서 『신국론』이 탄생했기 때문이다. 그 다음으로 아우구스티누스의 정의관 형성에 영향을 미친 여러 정의관들을 살피고, 아우구스티누스가 이러한 정의관들을 어떻게 수용하고 변형해 가는가를 분석할 것이다. 그리고 이어서 『신국론』 제19장에 나타난 아우구스티누스의 정의 개념을 중심으로 그의 사회이론을 면밀히 살펴볼 계획이다.

제2부에서는 아우구스티누스의 배경을 신국론의 역사적, 종교적, 사상적 관점에서 고찰한다. 로마가 유린되는 역사적 배경, 이교도와 기독교의 관계를 적시할 수 있는 종교적 배경, 신플라톤주의로 대표되는 사상적 배경을 순차적으로 탐색할 것이다.

---

5 E. M. Atkins & R. J. Dodaro, eds., *Augustine: Political Writings* (New York, NY: Cambridge University Press, 2004). 이 책 안에 들어있는 정치 관련 내용은 시민권, 감독과 세속 관계 당국, 사법적 권위, 전쟁과 평화 등이다.

제3부에서는 아우구스티누스의 정의관 형성에 영향을 준 이전의 정의관들을 분석한다. 아우구스티누스에게 영향을 미친 고대철학자들의 견해로는 '4주덕'으로 통찰되는 플라톤(Platon)의 입장과 '분배적 정의'의 아리스토텔레스(Aristoteles) 입장이 있다. 그리고 시대적으로는 오랜 간극이 있는 이 두 인물을 아우구스티누스에게 징검다리 역할을 한 로마의 스토아 철학자 마르쿠스 키케로(Marcus Cicero)가 있다.

그러나 무엇보다 이러한 고대철학의 정의 개념을 기독교적으로 변형시키는데 가장 큰 영향을 미친 것은 성경의 가르침과 교부들의 입장이라고 할 수 있다. 따라서 아우구스티누스에게 영향을 미친 이전의 정의관들로 고대철학자들의 견해, 성경의 가르침, 교부들의 견해 등을 고찰한다.

무엇보다도 고대철학자들의 견해 가운데 플라톤은 특별하다. '4주덕'과 '국가에 관련된 정의', '개인의 영혼과 관련된 정의'는 아우구스티누스에게 큰 영향을 미친다. 그리고 '각자의 몫을 돌려주는 것'이라는 분배적 정의를 표방하고 있는 아리스토텔레스 역시 중요한 고려사항이다.

또한, 시대적으로 오랜 간극이 있는 두 인물을 아우구스티누스와 연결시켜 준 인물은 로마의 스토아 철학자 '마르쿠스 키케로'였다. 아우구스티누스는 『신국론』에서 키케로의 정치 이론과는 다른 주장들을 제시하고 있으나 키케로는 아우구스티누스가 고대철학의 정의 개념을 수용해 기독교적으로 변환시키는 데 큰 도움을 준다.

아우구스티누스가 고대철학의 정의 개념을 기독교적으로 변형시키는 데 가장 큰 기여를 한 것은 성경의 가르침과 교부들의 입장이라고 볼 수 있다.

첫째, 성경의 가르침에 있어서는 성경의 정의 개념을 대표하는 구약의 '미쉬파트'(*mishpat*)와 '체테크'(*chedech*), 신약의 '디카이오쉬네'(*dikaiosune*), '디카이오마'(*dikaioma*) 등이 아우구스티누스의 정의관 형성에 큰 영향을 미쳤다고 볼 수 있는데 특히 하나님과의 올바른 관계맺음을 의미하는 바울의 '디카이오쉬네' 개념이 그의 회심과 정의관 형성에 지대한 영향을 주었던 것으로 여겨진다.

둘째, 교부들은 아우구스티누스에 앞서 고대철학의 정의 개념과 성경의 정의 개념을 조화시키려는 작업을 시도했다. 따라서 아우구스티누스는 앞선 교부들의 결과물에 기초해 더 완성된 기독교적 정의 개념을 확립한 것으로 보인다. 특히, 동시대의 암브로시우스(Ambrosius)와 제롬(Jerome)과 같은 인물들의 주장과 대비하면서 자기 입장을 더욱 정교하게 세워 갔음을 볼 수 있다.

셋째, 이와 같은 정의에 대한 역사적 배경을 통해 아우구스티누스가 어떻게 고전적인 정의 개념을 수용하고 동시에 기독교적으로 변형시켰는가를 종합할 것이다.

아우구스티누스가 성경의 가르침을 토대로 기독교적 사회 사상을 개진해 가는 과정에서, 정의 개념을 기독교적으로 변형시키는 데 활용한 이론 체계는 세 가지로 정리할 수 있다.

① 각자에게 그 몫을 돌려주는 것
② 사랑의 질서(*ordo amoris*)
③ 4주덕

아우구스티누스는 『삼위일체론』 제 8권에서 아래의 로마서 13:8에 기초해 정의 개념을 발전시킨다.

> 피차 사랑의 빚 외에는 아무에게든지 아무 빚도 지지 말라(롬13:8).

달리 말하면, 그는 '각자에게 자기 몫을 돌려주는 것'을 의미하는 고대 철학의 정의 개념을 사랑의 이중 계명에 따라 자기 몫을 가리키는 사랑을 하나님과 자기 이웃에게 돌리는 것으로 변환시킨 것이다. 따라서 정의롭게 사는 것은 이웃들을 사랑하는 것을 의미한다. 또한, 이것은 신적인 법에 의해 선포된 방식으로 자신과 이웃과 신을 사랑함으로써 정의롭게 살게 된다는 의미를 내포한다. 그래서 정의는 질서 개념과 관계되고, 특별히 사랑의 질서(*ordo amoris*)에 따라 그 자체를 향유하는 것으로 나타난다.

이러한 맥락에서 아우구스티누스는 고대 '덕' 전통의 정의관을 넘어서서 정의의 토대로서 '사랑과 질서'를, 정의의 열매로서 '평화와 행복'을 제시함으로 정의의 개념을 더욱 풍성하게 만들고 있다.

제4부는 『신국론』에 나타난 아우구스티누스의 정의 개념을 본격적으로 다룬다.

첫째, 아우구스티누스의 독특한 역사관과 함께 그가 역사를 해석하는 도구로 삼은 두 도성의 역사(기원, 발전, 종말)를 살펴본다. 그는 두 도성의 역사를 두 도성의 기원(제11-14권), 두 도성의 발전(제15-18권), 두 도성의 종말(제19-22권)로 나누어 설명하고 있다.

필자는 이러한 역사관을 배경으로 하여 아우구스티누스의 사회이론, 즉 '도성의 개념', '두 도성의 미덕', '두 도성의 사회적 삶'을 다룬다. 여기서 도성의 개념은 정치 체제로서의 국가를 말한다기보다는 같은 의식을 가진 사람들로 이루어진 연대 모임이나 사회를 가리킨다.

아우구스티누스는 두 도성의 원리를 '하나님 사랑'과 '자기 사랑'으로 구분한다. 그에 따르면 인류의 역사는 두 도성으로 소급되고 두 도성은 두 종류의 인간들로 소급되며, 두 부류의 인간들은 두 사랑으로 소급된다. 다시 말해, 두 종류의 사랑이 두 도성의 토대가 되는 것이다.

둘째, 우리는 두 도성에서 미덕(사랑, 정의, 평화, 행복)들이 어떻게 드러나는가를 살필 것이다. 두 도성의 정의, 두 도성의 평화, 두 도성의 행복은 아우구스티누스에 의해 표면상 서로 상반되어 보이지만 분리된 개념이 아니라 연결된 개념이라는 것을 엿볼 수 있다. 따라서 아우구스티누스는 불완전하고 일시적인 지상의 미덕을 단념하거나 부정적으로 판단하지 않는다.

그는 오히려 지상의 것을 천상의 것에 연결시켜 보다 더 완전하고 영원한 미덕을 소망하며 누리도록 성도들을 인도한다. 애초에 네 가지 덕, 즉 사랑, 정의, 평화, 행복은 지향된 목적이 있었으며, 이후에 천상의 도성에서 완전한 실현을 통해 종점에 도달하게 된다.

아우구스티누스가 지상에 있는 하나님의 백성들로 하여금 천상의 도성을 바라보는 가운데 지상에서 덕을 쌓아가며 나그네로서 사회적 삶에 충실할 것을 권면하는 이유가 여기에 있다고 하겠다. 이어서 두 도성의 미덕 가운데 정의와 사랑, 정의와 질서, 정의와 행복의 관계를 규명하면서 '사랑'은 정의의 선결 요건이고, '질서'는 정의의 토대이며, '평화'는 정의의 열매임을 밝힐 것이다.

셋째, 제시할 것은 '두 도성이 함께 공존하고 있는 현실 세계에서 하나님의 정의가 실현될 수 있는가'하는 문제이다.

아우구스티누스는 하나님을 사랑하는 기본 정의가 세워지지 않는다면 정의가 실현될 수 없다고 본다. 그는 세속 정의의 가치에 대해 긍정하면서도 이교도들은 '의로움으로서의 정의'(justice as righteousness)를 소유할 수 없고, 또 그로 인해 로마제국이 진정한 공화국이었던 적도 없었다고 비판한다.[6] 아우구스티누스에게 '의로움으로서의 정의'란 '참된 하나님을 경배하고 섬기는 정의'를 말한다.

이런 의미에서 이교도들은 하나님을 만나지 못하고 예배하지 않기 때문에 '의로움으로서의 정의'를 가질 수 없고, 로마제국에는 진정한 의미에서의 공화국이 존재한 적이 없었다고 말한다.

---

[6] Katherine Chambers, "Augustine on Justice: A Reconsideration of *City of God*, Book 19," *Political Theology*, vol. 19 (2018): 382-396. 여기서 체임버스는 클락(Mary Clark), 윌리엄스(Rowan Williams), 밀뱅크(John Milbank), 오도노반(Oliver O'Donnovan), 도다로(Robert Dodaro) 등과 같은 학자들이 모두 제19권을 분석하면서 이교도들 가운데 사회적 정의나 정치적 정의를 찾아볼 수 없다고 아우구스티누스가 주장했다는 결론을 내렸지만, 자기는 이에 동의할 수 없다는 입장을 밝힌다.

제2부

『신국론』의 형성 배경

제1장 역사적 배경: 로마의 유린

제2장 종교적 배경: 이교도와 기독교의 관계

제3장 사상적 배경: 신플라톤주의

폴 웨이트먼(Paul Weithman)은 『신국론』이 정치적 성격이 두드러지긴 하지만 전문 정치 철학 연구서로 볼 수 없다고 주장한다.[1] 그 근거로 『신국론』에 등장하는 주요 주제들이 국가와 통치, 국민, 시민계급, 정치, 정의, 전쟁과 평화, 사회이론(두 도성의 이론과 삶) 등과 같은 정치 관련 주제들임에도 불구하고, 이 책이 윤리학, 역사철학, 사회이론, 심리학, 신학 분야를 많이 의존하고 있기 때문이라고 한다.

웨이트먼의 주장이 정당하다면, 아우구스티누스가 의존하고 있는 배경에 대한 이해는 아우구스티누스의 정의를 이해하는 데 반드시 필요하다고 생각된다.

따라서 필자는 본장에서 아우구스티누스의 배경을 역사적, 종교적, 사상적 관점에서 고찰하려고 한다. 이 세 가지 배경은 『신국론』의 집필 배경이 됨과 동시에, 사회이론의 토대가 되기 때문이다.

---

1 Paul Weithman, "Augustine's Political Philosophy," in Eleonore Stump & Norman Kretzmann, *The Cambridge Companion to Augustine* (New York: Cambridge University Press, 2006), 234.

제1장

역사적 배경: 로마의 유린

1. 훈족의 침입과 게르만족의 이동

410년 로마에서 벌어진 약탈 사건은 서고트족이 독자적으로 결정하고 진행했던 것이 아니라, 다른 외부 세력에 의해 밀려나 로마제국 경내로 들어오면서 시작된 일이었다. 원래 동고트족과 서고트족이 거주하던 지역은 흑해 북서 연안이었다. 고트족은 3세기 초에 도나우강을 건너게 되면서 로마제국과 대치하게 되는데, 때에 따라 평화와 반목의 관계를 유지했다고 한다.[1]

332년에는 로마 군대에 신병을 지원하고 조세를 내면서 동맹관계를 맺기도 한다. 로마 시민들에게 야만인으로 알려진 고트족은 이후 로마와는 달리 아리우스파 기독교로 개종한다.[2] 이런 가운데 고트족의 모든 기반이

1　장 카르팡티에 프랑수아 르브룅 편, 『지중해의 역사』, 강민정·나선희 옮김 (서울: 도서출판 한길사, 2006), 166.
2　아리우스주의는 니케아 공의회(325)에서 이단으로 정죄 받은 기독교 분파로, 성부와 성자가 동일하지 않고 유사하다고 주장했다. 게르만족이 아리우스파 기독교로 개종했기 때문에, 로마를 약탈할 당시에도 예배당에 피신한 성도들과 제국의 시민들을 온건하게 대우했다고 한다.

흔들리고 민족의 대이동을 초래하는 사건이 375년에 발생한다. 동양의 강력한 유목민으로 다시 성장한 훈족이 중앙아시아를 거쳐 유럽 지역까지 영향력을 크게 확장시켰기 때문이다. 이에 속수무책으로 밀려난 동고트족과 서고트족, 그리고 반달족 등의 게르만족이 로마제국의 영토 안으로 민족의 대이동을 할 수밖에 없게 된다.[3]

게르만족의 이동 경로를 보면, 우선 동고트족은 그리스를 경유해 이탈리아에 정착했고, 서고트족은 이탈리아를 경유해 이베리아 반도에 정착한다. 그리고 동고트족과 서고트족보다 좀 더 유럽 중앙에 가까이 거주했던 반달족은 갈리아(Gaul)를 침략하고 스페인의 이베리아 반도를 경유하여 지브롤타 해협을 건넌 다음, 서로마제국의 북아프리카 해안 지역을 모두 장악했다.

반달족이 히포를 점령하려고 할 때 히포의 주교 아우구스티누스와 잠시 대치하기도 했다. 당시에 게르만족 가운데 가장 잔인하고 포악하기로 악명 높았던 반달족은 로마인들이 세워 놓은 찬란한 문명을 아무 거리낌 없이 파괴하면서 진격했다고 한다.[4]

---

[3] 훈족의 이동은 중국 수나라의 한무제가 훈족 또는 흉노족의 대토벌 사업을 추진했기 때문이다. 이후 세력이 약해져 중앙아시아 쪽으로 밀려난 훈족이 중앙아시아를 거쳐 이동하면서 큰 세력을 규합해 유럽 쪽으로 이동하게 되는데, 이것이 게르만 민족의 대이동을 초래한다. 유럽으로 진출한 훈족의 일부가 오늘날의 헝가리(Hungary)를 세웠다고 추정되기도 한다. 심지어 기후의 변화, 즉 기근과 한파가 중앙아시아에서 유럽으로 훈족의 이동을 초래했고, 그것이 결국 유럽에서 민족의 대이동과 로마제국의 멸망까지 이어졌다는 흥미로운 분석도 있다(김덕진, 『세상을 바꾼 기후』, 서울: 다른, 2013).

[4] 여기서 나온 말이 '반달리즘(Vandalism)'이다. 반달리즘은 5세기 초 유럽의 민족대이동 때 아프리카 왕국을 세운 반달족이 지중해 연안에서 로마에 걸쳐 약탈과 파괴를 거듭했던 데서 유래된 말이다. 현재는 문화유산이나 예술, 공공시설, 자연경관 등을 파괴하거나 훼손하는 행위를 가리키는 말로 사용된다(두산백과); 429년에 반달족은 아우구스티누스가 주교로 있던 북아프리카의 히포(Hippo)를 침략해 6개월 만에 점령했다. 아우구스티누스는 반달족에 맞서 시민들과 함께 군대를 조직하여 도시를 수호하려 애썼지

2. 서고트 왕 알라리크의 로마 침략과 약탈

　강력한 훈족의 유럽 진출로 인해 흑해 북서부 쪽에 주둔하고 있던 게르만족은 민족 대이동을 할 수밖에 없었다. 그 게르만족 가운데 서고트족(비시고트[VishGoth]족이라고도 함)의 남하는 쇠락해 가는 로마제국의 변방 지역에 지속적인 위협이 되었다. 이 족속은 계속 이동하여 377년에 콘스탄티노플을 점령했고, 401-411년에는 발칸 반도를 지나 이탈리아 반도까지 진출하여 로마제국을 괴롭혔다.[5]

　고트족은 이전에 로마제국의 용병으로 지원해 변방을 수비하거나 전투에 참여했었지만, 점점 세력이 커져 제국의 내정을 간섭하기까지 했고, 마침내 서로마의 황제 아탈루스(Attalus)를 세웠다가 폐위할 정도로 고트족의 위상은 상상 이상이었다.[6]

　서고트족의 왕 알라리크는 전술과 협상력이 뛰어난 지략가였다고 한다. 알라리크는 로마의 정복을 꿈꾸며 강력한 군대를 이끌고 진군해 408년과 409년, 410년에 각각 한 차례씩 로마를 포위했다.[7] 마침내, 마지막 포위 기간이었던 410년 8월 24일에 로마를 침략하여 3박 4일 동안 약탈을 하고

　　만, 히포가 반달족에게 포위되어 함락되기 직전 끝내 눈을 감고 말았다. 그리고 455년에 일어난 반달족의 로마 침략은 게르만족에 의한 두 번째 로마 약탈로 역사 속에 기록되었고, 드디어 476년에 서로마제국은 게르만족 대장 오도아케르(Flavius Odoacer)에 의해 멸망되었다(필자주).
5　알라리크의 자세한 이동경로와 로마의 약탈 사건에 대해서는 다음의 책을 참고하라. 에드워드 기번, 『로마제국 쇠망사』, 163-204
6　일례로, 서로마의 황제 아탈루스는 고트족과 로마인들에 의해 황제로 즉위했다가 409년 알라리크에 의해 폐위된다(에드워드 기번, 『로마제국 쇠망사』, 194-197).
7　수도는 이미 라벤나로 옮겨 황제와 궁전이 그곳에 있었지만, 알라리크는 '세계의 여왕'(로마제국)을 정복할 생각을 품고 로마로 진군했다(에드워드 기번, 『로마제국쇠망사』, 166).

8월 27일에 철수하는데, 로마에 들어가 대규모의 약탈과 방화를 서슴지
않았다고 한다.[8] 이 때문에 많은 포로와 도망자가 생겨나기도 했다. 피난
민들은 아프리카와 이집트는 물론 아시아 해안에서 콘스탄티노플과 예루
살렘까지 퍼져 나갔다고 한다.[9]

---

[8] Averil Cameron & Peter Garnsey (eds.), *The Cambridge Ancient History, XIII: The Late Empire, A.D. 337-425* (New York, NY: Cambridge University Press, 1989), 127; 알라리크는 로마를 약탈한 이후에 시실리를 거쳐 아프리카로 진군할 계획이었지만 준비한 배들이 모두 폭풍우에 난파되자 북쪽으로 퇴각할 수밖에 없었고, 콘센티아(Consentia)라는 곳에서 갑자기 병에 걸려 410년 말에 사망하고 만다. 고트족은 알라리크의 무덤 위치를 숨기려고 그의 주검을 묻은 자들을 모두 처형했다고 한다. 알라리크의 뒤를 이어 왕위에 오른 아타울프(Ataulf)는 고트족을 이끌고 갈리아(Gaul) 지역으로 이동했다.

[9] 에드워드 기번, 『로마제국 쇠망사』, 202-204; 이때 불가타 성경을 편찬한 히에로니무스(347-419)는 베들레헴에 거주하고 있었는데, 당시 상황을 생동감 있게 묘사한 다음의 글이 지금까지 전해오고 있다. "승리를 거듭하면서 탄탄한 기반을 구축했던 로마가 붕괴되고, 예전에 세계를 지배하는 막강한 도시의 주인이었던 그들이 동지중해, 이집트, 아프리카 해안 전역에 흩어져 노예로 전락하리라고 누가 믿을 수 있었겠는가? 고귀하고 부족함이 없는 지중해의 주인이었으나 지금은 성스러운 베들레헴으로 매일 찾아들어와 빈민 생활자로 전락한 그들의 상황을 받아들일 수 있겠는가? 우리는 그들 모두를 구제할 수는 없지만 그들과 함께 고통과 눈물을 나눈다."
『에제키엘서』의 풍자에 매료된 나는 (운집해 모여드는 그들의 소리를 듣지 않고는 책을 볼 수 없었기에) 한편으로는 이 작품에 대한 주해와 연구에 몰두하면서 성서의 말씀이 신성하게 실현되기를 갈망하고 있다. 내가 수없이 몰려드는 사제들을 맞으러 간 것은 단지 한 시간, 한 순간 만은 아니었다. 주인 없는 수도원은 숙소로 바뀌어 사람들로 가득했다. 겨울이 다가올수록 밤이 길어지기 시작하면서 나는 밤 시간을 이용해 작업을 했다. 나는 고약한 등불 밑에서 성서가 지닌 의미에 가치를 부여하며 해석해 내려 애썼고 과로한 정신의 피로를 주해를 통해 풀어보려 했다.
몇몇 독자들은 짐작하겠지만 동포들에 대한 대접은 결코 허풍이 아니었다. 서쪽에서 도피해 성지로 몰려든 망명자들은 이민족들의 분노를 샀고 그만큼 상처 받고 곤경에 처했다. 과거에 힘과 풍요로움의 상징이었던 그들은 은신처도, 양식도, 의복도 없었는데, 이렇게 비참한 그들을 나는 고통과 눈물 없이 보기 힘들었다. 물론 그 가운데서도 몇몇 거칠고 잔인한 자들은 망명자들의 배낭과 넝마를 털어 속박 가운데 있는 가난한 자들에게서조차 비굴하게 금을 찾아내려 했다.
(피에르 쿠르셀, 『게르만족 대이동의 문학사』 (파리: 아셰트, 1948); 장 카르팡티에·프랑수아 르브룅 편, 『지중해의 역사』, 166-167에서 재인용.

무엇보다도 알라리크의 서고트족 군대가 로마를 침공해 약탈하고 점령했다는 사실은 로마제국의 시민들에게 엄청난 충격을 가져다 주었다. 물질적인 손실보다 정신적인 충격이 더 컸을 것이라 짐작된다.[10] 이 사건이 발생하기 전까지 로마 시민들은 '팍스 로마나'(pax Romana, 로마의 평화)와 '영원한 로마'(Aetero Romani)라는 이상이 실현된 제국의 보호 아래 살면서 제국의 시민으로서의 큰 자부심을 갖고 있었다. 하지만 이 사건을 계기로 제국에 대한 자긍심에 금이 가기 시작했고 얼마 지나지 않아 서로마제국이 완전히 멸망함으로 그 자부심은 산산조각나게 된다.

'영원한 로마'라는 이상은 로마제국의 태동을 알렸던 기원전 1세기 베르길리우스의 『아이네이스』로 거슬러 올라간다. 베르길리우스는 『아이네이스』 제1장에서 제우스의 약속을 통해 그 이상을 제시했다. 해가 지지 않는 영원한 로마제국의 이상은 기독교를 국가 종교로 공인한 이후에도 로마 시민들의 마음 속에 계승되었다.

하지만 곧 이어진 로마제국의 쇠락과 멸망은 영원한 로마제국에 대한 시민들의 확고한 이상을 완전히 산산조각 냈던 것이다. 이러한 상황은 그 동안 기독교의 국교화와 그로 인해 시작된 이교 탄압에 강한 불만을 품고 있었던 이교도들에게 기독교를 공격할 빌미를 제공해 주었다.

---

10 에티엔느 질송, "신국론 서론", 성 어거스틴, 『신국론 요약 신앙 핸드북』, 심이석 옮김 (파주: 크리스천다이제스트, 1990), 166-167: "410년 8월 24일 알라릭(Alaric)이 로마에 침입해서, 기독교였지만 로마시를 사흘 동안 약탈했다. 나흘째 되는 날 그 군대는 로마시에서 철수했는데, 그들은 막대한 전리품과 함께, 산더미 같은 시체와 폐허를 뒤에 남긴 채 떠났다.…이것이 곧 로마제국의 종언을 의미하는 것은 아니었으나, 이와 유사한 많은 경험들 중에서도 특히 이 사건은 그 충격이 컸다.…로마가 이방인들에게 정복당했다는 사실이 제국 전역에 깊은 인상을 심어 놓았다."

제2장

종교적 배경: 이교도와 기독교의 관계

1. 로마제국의 종교와 기독교

1) 로마제국의 종교

로마제국은 만신전(*pantheon*)¹을 통해 알 수 있듯이 모든 신들을 수용하고 숭배했다. 당시 로마 시민들이 숭배했던 신들은 그리스 로마 신화에 등장하는 수많은 신들을 비롯해 근동의 여러 신비 종교의 신들까지 주변 지역에 있는 모든 신들이 총망라되었을 정도다.² 이는 로마제국이 시민들의 다양한 종교와 제사의식을 허용했다는 의미이기도 하다.

---

1 정태남, 『건축으로 만나는 1000년 로마』 (서울: 21세기북스, 2013), 258. 만신전은 B.C. 25년 아그리파에 의해 처음 세워졌는데, 수차례의 화재로 전소되었다가 도미티아누스 황제가 복원을 시도한 바 있고, A.D. 110년 하드리아누스 황제가 만신전을 아예 완전히 새로 지었다고 한다.
정태남에 따르면 이 신전은 당시 로마 시민들에게 국가에 대한 긍지를 갖게 하기 위해 지어졌다고 한다.

2 이상규, 『초기 기독교와 로마 사회 - 로마제국 하에서의 기독교』 (서울: SFC, 2016), 182-188.

이같이 로마 사회는 다신교적 특징을 지니고 있기 때문에 특정 신만을 섬기거나 다른 신을 배척하지 않고 모든 종교의 공존이 가능했다.

이에 대해 초기 변증가였던 펠릭스(Minucius Felix)는 『옥타비우스』(*Octavius*)라는 책에서 이처럼 말했다.

> 로마인들은 모든 인류의 예배의식을 떠맡게 되는 동시에 저들의 제국을 얻었다.

또한, 그리스인 역사가 아리아누스(Arrianus)도 이같이 말했다.[3]

> 인간들에 의해 숭배되었던 여러 가지 신들의 일부를 로마인들이 떠맡았다. 그리고 그것들을 로마인들의 신의로 숭배하였다.

이같이 로마 시민들이 다양한 종교와 신들을 수용할 수 있었던 이유는 다양한 신들이 이름만 다를 뿐 실제로는 동일한 신들이며, 제우스(Zeus)라는 최고의 신 아래 있는 지역 신들이라고 여겼기 때문이다. 또한, 많은 신을 숭배할수록 신에게 은총을 받을 기회가 많아진다고 믿었기 때문이다.[4]

종교 문제에 있어서 아무리 포용적이었던 로마제국도 만신들과 황제숭배를 거부하는 종교를 용인할 수 없었다. 당시 로마는 법률적으로 모든 종교를 합법적인 종교(*religio licita*)와 불법적인 종교(*religio illicita*)로 구분했다.

---

3   이상규, 『초기 기독교와 로마 사회 - 로마제국 하에서의 기독교』, 188-189에서 재인용.
4   이같은 이유로 고대 그리스 아테네의 아고라 광장에 "알지 못하는 신에게"라는 제단이 있었다고 한다(행 17:16-23).

전자는 로마가 행하는 국가 의식인 제사에 참여하고 희생 제사를 허용하는 종교였고, 후자는 이 의식들을 거부하는 종교로서 법의 보호를 전혀 받지 못했다.[5]

당시에 대부분의 종교들은 다신교였기 때문에 로마의 의식을 따르는 것이 전혀 문제가 되지 않았다. 하지만 유일신을 믿는 기독교에는 심각한 문제로 대두되기 시작했다. 게다가, 로마제국은 황제가 점점 신격화되어 감에 따라 황제숭배를 강요하기 시작하는데, 로마제국은 더 이상 만신들과 황제숭배를 거부하는 기독교를 용인할 수 없었다. 심지어 로마인들은 이 같은 행위를 시민의 의무를 져버리는 비애국적 행동이라고 간주했고, 기독교를 반사회적 집단으로 몰아갔다.

2) 제국의 기독교와 이교의 마찰

기독교는 313년 콘스탄티누스 황제에 의해 신앙의 자유를 인정받기 전까지 수많은 박해와 핍박을 받았다.

313년 밀라노 칙령에 의해 기독교는 종교의 자유를 보장받게 되었다. 이때 기독교가 신앙의 자유와 교회의 재산권을 인정받자 지하에 숨어있던 카타콤 교회들이 지상의 교회로 그 모습을 드러내기 시작했다. 밖으로 드러난 교회는 일반적으로 하늘의 숭고함과 웅장함을 상징하는 돔 천장과 예수의 십자가 모양을 형상화한 건물로 지어졌다.

---

5   이상규, 『초기 기독교와 로마 사회 - 로마제국 하에서의 기독교』, 193.

그리고 325년에는 콘스탄티누스 황제가 로마제국의 통일을 시도하기 위해 니케아 종교 회의를 통해 정통 신앙의 신조인 니케아 신조를 채택하게 되었다. 그리고 392년 테오도시우스 황제는 마침내 기독교를 국교로 공인하고 이교의 제단을 허물며 다른 종교의 우상 숭배를 법으로 금지하는 칙령을 선포했다.

이로 인해 기독교가 제국의 종교로 세워지는 기틀이 마련되었지만, 과거의 지위와 영광을 빼앗긴 이교도들에게는 기독교에 대한 노골적 불만이 갈수록 고조되는 형국이었다. 이런 상황에서 로마의 유린 사건은 이교도들이 그동안 쌓였던 불만을 터뜨리고 기독교에 그 책임을 추궁하고 공격하기에 시의적절한 사건이었다.

『신국론』 제1권의 서론을 살펴보면, 이 책은 크게 두 가지 요인으로 탄생했다. 근인(近因)은 서고트족의 로마 약탈에 있었고, 원인(遠因)은 기독교의 국교화에 있었다. 이때 이 사건들 간의 인과관계를 억지로 주장하며 기독교를 공격한 집단은 다름 아닌 이교도들이었다. 그들은 기독교가 로마제국의 국교가 되면서 제국의 쇠락이 시작되다가 일순간 천년 동안 이어온 제국의 명맥과 위상을 빼앗겼다고 보았던 것이다. 그렇지 않아도 로마제국에 기독교가 유입되면서 종교 논쟁을 벌여왔던 이교도들에게 알라리크의 로마 약탈 사건은 기독교를 공격할 좋은 빌미가 되었다.

이때 이교도와 기독교 사이에 벌어졌던 논쟁의 내용은 크게 두 가지로 요약된다.

첫째, 이 세상을 거부하라는 기독교의 가르침이 시민들로 하여금 국가에 대한 봉사를 소홀히 하게끔 만들었다는 것이다.

둘째, 로마제국의 운명은 항상 다신들의 숭배와 관련된 것으로 믿어 왔는데, 기독교의 전파는 이교신들에 대한 배반을 초래했고, 이로 인해 로마가 유린당하는 징벌을 받게 되었다는 것이다.

로마의 유린에 대한 책임이 전적으로 기독교에 있다는 이교도들의 공격은 기독교의 입장에서 볼 때 전혀 근거 없는 비난이었다.

아우구스티누스는 이교도들의 터무니 없는 공격에 맞서 논쟁에 대한 답변을 하는 것은 이교도들의 문제 제기에 대해서는 물론이요, 기독교 내의 의심을 해소하기 위해서라도 절실히 요청되는 문제였던 것이다. 아우구스티누스의 『신국론』은 이와 같은 종교적인 배경하에서 집필되었다.

2. 개인적 상황

알라리크가 로마를 약탈하고 방화할 때, 아우구스티누스는 이탈리아 반도의 지중해 맞은편에 위치한 북아프리카의 작은 도시인 히포(Hippo)라는 곳에서 주교로 사역하고 있었다. 아우구스티누스의 시대는 정치적으로나 종교적으로 엄청난 혼란의 시기였다.

당시의 기독교는 국교 승인 이후 외적인 핍박으로부터 자유로워졌지만, 내적으로는 교리적 차이로 인해 많은 분파가 생겨나기 시작했다.[6]

---

6 서고트족의 군사들 중에 기독교로 개종한 일부 군사들은 모두 아리우스파 신도였다. 군사들 가운데 그리스도인들이 꽤 있어서였는지 실제로 로마를 약탈할 때 그리스도인들이나 교회 또는 기독교 유적에 대해서는 상당한 자비를 베풀었으며, 교회당 안으로

이런 상황은 주교직을 맡고 있던 아우구스티누스로 하여금 아프리카 지역의 도나투스주의자들은 물론 소아시아 지역의 펠라기우스주의자들과도 논쟁에 휘말리게 만들었다.

로마는 정치적인 면에서 사회적 불안, 경제적인 면에서 사치와 기근의 만연, 그리고 도덕적으로는 정신적 타락에 의해 점점 더 쇠약해져가고 있었다. 이러한 요인들로 말미암아 로마는 외침의 위협을 자주 받게 되는데, 결국 알라리크의 군대에 의해 로마가 함락되고 만다. 로마의 많은 귀족들과 시민들은 로마에 약탈과 방화 등 엄청난 대재앙이 일어나자 상대적으로 안전한 북아프리카 여러 지역으로 피신하게 되는데, 아우구스티누스가 주교로 있었던 히포도 여기에 포함되었다.

이런 가운데 히포의 영적 지도자였던 아우구스티누스는 갈팡질팡하는 피난민들에게 로마 쇠망의 원인에 대한 답변을 해줘야 할 상황에 놓이게 되었다. 그는 이 상황에서 종교적 관점만이 아니라 정치적인 측면에서도 이 사건의 의미를 잘 알고 있었기에, 기독교와 로마제국이 앞으로 헤쳐 나가야 할 미래의 비전을 분명히 제시할 필요성이 있었다.[7]

한편, 아우구스티누스는 피난민들이 카르타고에 상륙하자마자 환락가를 찾는 것을 목격하고, 로마의 몰락은 도덕성의 부패라고 주장하기도 했다.

이 당시에 북아프리카의 로마 호민관이자 그리스도인이었던 마르켈리누스(Marcellinus)라는 사람도 이러한 사태의 심각성을 깨닫고 기독교에 대한 이교도들의 비난이 부당함을 역설하려고 했다. 하지만 곧 자신의 역부

피신한 자들에게 선처했다고도 한다(필자주).
7   움베르토 에코, 『중세 I』, 김효정 외 공역 (서울: 시공사, 2018), 374.

족을 깨닫고 아우구스티누스에게 도움을 요청하게 되는데(412년), 이것이 아우구스티누스가 『신국론』을 저술한 직접적인 계기가 되었다.

아우구스티누스는 『신국론』을 저술하면서 처음에는 기독교를 단순히 변호하는 차원에서 글을 쓰려 했지만, 나중에 신학적 체계를 완성하는 쪽으로 책의 방향을 바꾸게 된다(제1-10권에서 제11-22권). 그 기획의 핵심 주제는 '영원한 하나님 도성에 대한 열망'이었으며, 이는 두 도성의 시작과 발전과 종말을 다룬 내용이었다. 『신국론』의 집필을 마치고 나서 1년이 지난 즈음 완성한 『재고록』에서 아우구스티누스는 『신국론』의 집필 동기를 다음과 같이 밝히고 있다.

> 알라리크 왕의 통솔 하에 고트족의 침략과 이 엄청난 재앙과도 같은 폭력의 결과로 로마가 파괴되었다. 로마의 멸망을 기독교 탓으로 돌리려 하는 많은 거짓 신들을 숭배하는 자들-우리는 이들을 관례적인 이름으로 이교도들이라 부른다-이 참 되신 하나님을 평상시보다 더 신랄하고 참혹하게 모독하기 시작했다. 이에 '하나님의 성전을 위한 열심히 불타올라서!' 나는 그들의 모독과 오류에 맞서 신국론을 집필하기로 결심했다.[8]

아우구스티누스는 마르켈리누스의 부탁을 받기도 했지만, 하나님을 향한 특심으로 이 책을 집필했던 것으로 보인다. 이교도들이 로마의 쇠망 원인을 기독교에 돌리면서 하나님을 모욕하는 것을 더 이상 방관할 수 없었던 것이다.

---

8 Retr. 1.69.1; St. Augustine, *The Retractions* (The Fathers of the Church, vol. 60), tr., Sister Mary Inez Bogan (Washington, DC: The Catholic University of America Press, 1999), 209.

제3장

사상적 배경: 신플라톤주의

『신국론』을 보면 수많은 세속 저술가들과 철학자들이 등장하는데, 이는 아우구스티누스가 세속 저술가들과 철학자들을 잘 알고 있었고, 그들에게 영향을 받았음을 보여준다. 특히, 그 중에서도 아우구스티누스가 헬라 철학을 이해하고 해석하는데 키케로가 준 영향이 지대한 것으로 알려졌다.[1] 그는 18세의 젊은 나이에 키케로의 『호르텐시우스』를 읽고 철학에 깊이 매료되었으며, 기독교로 전향하기 전 플라톤 사상을 공부했다고 밝힌다.

아우구스티누스는 마니교에 환멸과 회의를 느끼기 시작할 무렵, 로마에서 신아카데미 학파의 회의주의자들과 접촉을 하면서 회의주의에 빠지게 된다. 그때 회의주의의 사슬로부터 그를 벗어나게 해 준 것이 신플라톤주의였다. 신플라톤주의는 아우구스티누스로 하여금 이교주의의 최후의 단계에 이르게 했다. 그리고 이것은 그로 하여금 그리스도 안에서 진리를 찾게 하는데 큰 역할을 했다.

곧 이 철학이 그가 마니교의 이원론과 회의주의의 속박에서 완전히 벗어나게 하는데 큰 도움을 주었다. 아우구스티누스는 신플라톤주의를 받아

1　John M. Rist, *Augustine: Ancient Thought Baptized* (New York, NY: Cambridge University Press, 1994), 8-9.

들이기는 했지만 그것을 반대 방향, 곧 적극적인 방향으로 전향시켰다.

신플라톤주의는 본래 소극적인 철학, 곧 세계 도피의 철학이었다. 아우구스티누스는 이 강조점을 뒤집어 놓았던 것이다. 아우구스티누스는 이러한 신플라톤주의에 대해 신적인 것이 영혼의 내면에서 지금 여기에 현존한다는 것을 강조했다. 아우구스티누스는 신플라톤주의의 책을 통해 많은 지혜를 얻었으나 그들의 학문이 진정으로 기쁨을 주지 못함을 깨닫고, 플라톤파의 서적에서는 발견할 수 없는 진리들을 성경을 통해 찾게 된다.

아우구스티누스가 보기에 모든 철학 중에 기독교에 가장 가까운 것은 플라톤 사상이었다. 플라톤 사상은 아우구스티누스로 하여금 기독교를 받아들일 마음의 준비를 하게 했다.

하지만 그는 기독교와 플라톤 사상의 일치와 불일치를 잘 알고 있었던 사람이었다. 그는 『신국론』 제8-10권에서 플라톤주의에 대해 설명하는데, 아풀레이우스와 포르피리오스 등과 논박을 하며 기독교와 모순된 부분을 지적한다. 『신국론』 제7권 30절에서는 그리스도의 성육신을 옹호하고 윤회론을 반박하면서 하나님의 초월성을 강조한다.

1. 철학 일반에 대한 이해

아우구스티누스는 고대 사상으로부터 철학이 '지혜에 대한 사랑'이라는 개념을 물려받았다.[2] 이것은 실제적으로 사물의 참된 본성을 간파하여 그

Conf. 3.8; *De civ. Dei.* 8.1.

에 따라 살아감으로써 행복을 추구하려는 시도라고 볼 수 있는데, 고대 후기의 사상가들은 이교도와 그리스도인을 막론하고 구원으로 표현하는 것을 선호했다. 아우구스티누스는 초기에 저술한 『아카데미학파 반박』(Contra Academicos)이라는 책에서 이 개념을 사용한다.[3]

그는 철학자들이 추구한 참된 지혜가 하나님이라고 여겼기 때문에, 하나님을 사랑하는 자만이 참된 철학자가 될 수 있다고 확신했다. 이는 바울(고전 1:24)과 플라톤의 견해와 일치하는데,[4] 아우구스티누스는 심지어 '참된 철학'이 곧 기독교이며,[5] 참된 철학과 참된 종교는 동일하다고 주장하기까지 한다.[6]

이와 같은 맥락에서 그는 그리스도로부터 멀어지게 하는 "이 세상의 철학"(골 2:8)을 신랄하게 비판하기도 한다. 그는 초기 저작들에서 "철학의 헛된 속임수"를 헬라 철학의 유물론을 지칭하는 것으로 여겼고,[7] 후에는 구속사의 가능성을 부정하는 플라톤주의에까지 적용시켰다.[8]

그가 세속 철학자들을 비판하는 주된 이유는 무엇 때문이었을까?

그것은 철학자들이 지닌 오만함 또는 교만(superbia) 때문이었는데, 그는 이 성경의 가르침에 따라 교만이 모든 죄의 뿌리가 된다고 간주했다.

그가 보기에 철학자들은 오만하게도 자기 자신의 덕으로 행복에 이를 수 있는 것처럼 가장한다.[9] 비록 플라톤주의자들이 하나님과 그 말씀의 진

---

[3] Cont. Aca. 1.1.
[4] De civ. Dei., 8.8.
[5] Cont. Iul. 4.27.
[6] De ver. reli. 8.
[7] Cont. Aca. 3.42; De ord. 1.32.
[8] De civ. Dei. 12.14.
[9] De civ. Dei. 19.4; 이는 주로 스토아 학파를 향한 비판이다.

정한 본질에 대한 통찰력을 얻었다 하더라도, 그들은 결코 신성한 '고향'으로 '회귀할' 수 없다. 왜냐하면, 그들은 여전히 성육신하신 그리스도의 중재를 거부하고 교만하고 악의적인 악마(전통적인 이교도 종파와 숭배)를 의지하고 있기 때문이다.[10]

아우구스티누스는 첫 번째 작품들에서 자신의 철학적 기획을 "신과 영혼을 아는 것"이라는 구절로 요약했다.[11] 그리고 그 기획이 성경 계시의 권위와 충돌하지 않는 범위 내에서 플라톤 철학이 제공하는 수단을 활용해 참된 앎을 추구할 것을 약속한다.[12] 따라서 그는 인간의 참된 본질과 실재의 제일 원리에 대한 오래된 철학적 질문들을 재진술하고, 우리의 참된 자아에 대한 지식이 그 신적 기원에 대한 지식을 수반하며 우리 자신으로 하여금 그곳으로 되돌아가게 할 수 있으리라는 신플라톤주의의 핵심 사상을 예시한다.

2. 신플라톤주의적 요소

아우구스티누스는 18세에 키케로의 『호르텐시우스』가 철학에 대한 열망을 불어넣어 주었다고 말한다.[13] 그리고 젊은 시절에 아리스토텔레스의

---

10 *Conf.* 7.27; 요한복음 2.2-4; De civ. Dei. 10.24-29.
11 Soli. 1.7; De ord. 2.47; Roland J. Teske, S.J., *To Know God and the Soul: Essays on the Thought of St. Augustine* (Washington, DC: The Catholic University of America Press, 2008).
12 Cont. Aca. 3.43.
13 Conf. 3.7.

『범주론』을 읽었으며, 신플라톤주의 서적들과 바울서신이 회개에 큰 영향을 미쳤다고 밝혔다.[14] 그는 마니교 문서들에 대해 분명 많이 알고 있었을 텐데, 마니교 교리에 대한 평가를 상대적으로 절제하는 것처럼 보인다.[15] 특히, 창세기, 시편, 바울서신과 요한 문헌 등과 같은 성경은 390년대 이후로 아우구스티누스의 사상에 중요한 기여를 했는데, 이 가운데 바울서신은 그의 회심과 정의관, 그리고 은총론을 형성하는데 결정적인 역할을 했다(395년).

사상적으로 아우구스티누스에게 가장 지속적인 영향을 준 사상은 신플라톤주의였다. 그가 386년에 읽었던 소위 "플라톤주의자들의 책들"은 4세기 기독교 신플라톤주의자 마리우스 빅토리누스(Marius Victorius)가 라틴어로 번역한 것인데,[16] 저자와 정확한 제목을 밝히지는 않고 있다.

20세에 접어들어 아우구스티누스에게 더 큰 영향을 준 사람이 플로티누스인지 포르피리오스인지에 대해 격렬한 토론이 벌어졌지만,[17] 대부분의 학자들은 나중에 "플라톤주의자들의 책들"이 플로티누스의 몇 편의 글들(EnneA.D.s 1.6, 1.2 5.1, 4.4-5)과 포르피리오스의 선집(명제집)으로 구성되었을 것이라는데 동의한다.

하여튼 이 문제의 중요성이 지나치게 과대평가될 필요는 없다고 생각된다. 아우구스티누스가 386년 이후에 신플라톤주의 작품들을 계속 독서해

---

14 신플라톤주의 서적들에 대해서는 *Conf.* 7.13, 바울서신에 대해서는 *Conf.* 7.27; *Cont. Aca.* 2.5를 참고할 것.

15 Johannes van Oort, "Augustine and the Books of the Manicheans," in Vessy, *A Companion of Augustine* (Oxford, UK: Blackwell Publishing, 2012): 188-199.

16 *Conf.* 7.13; 8.3.
  이 논쟁에 대한 요약은 J. J. O'Donnell, *Augustine: Confessions* 1992, 421-424.

왔던 것으로 보이기 때문이다.

아우구스티누스의 사상 속에 골고루 퍼져있는 신플라톤주의의 영향은 자료 비평을 통해 드러난다.[18] 주요 주제들은 하나님의 초월성과 비물질성, 변하는 것에 대한 변하지 않는 것의 우위성,[19] 하나님-영혼-육체의 존재론적 위계질서,[20] 영혼의 비물질성과 불멸성,[21] 지성계와 감성계의 이분법, 감각계 안에 지성계의 비공간적 편재,[22] 창조 세계 내에 하나님의 인과적 현존 등[23]이다.

또한, 하나님의 마음 안에 위치하고 감각 대상들의 범형으로 활동하는 지성적인 형상들의 존재,[24] 지성적인 것의 내성(*inwardness*)과 우리가 내면을 향함으로써 하나님과 진리를 발견한다는 생각,[25] 선의 결여로서의 악론, 영혼의 하나님 사랑을 참된 미에 대한 성욕과 유사한 욕망(*quasi-erotic desire*)으로 이해하는 것[26] 등이다.

여기서 뚜렷하게 발견되는 플라톤적 요소는 지적 상승 또는 영적 상승의 개념이다. 아우구스티누스는 육체에서 영혼으로(즉, 사물에 대한 지식에서 자기 인식으로), 감각적인 것에서 지성적인 것으로, 안쪽과 위쪽을 향함으로써 우리는 마침내 자신을 초월해 하나님께 다다름으로 우리의 가장 깊은

크리스천 토나우(Christian Tornau)는 심지어 아우구스티누스가 『삼위일체론』 후반부에서 마음의 요소들을 다룰 때, 마음의 문제와 관련된 신플라톤주의 작품들을 따랐을 것으로 추정하기까지 한다("Saint Augustine," at plato.stanford.edu/entries/augustine).

19 참조. 플라톤, 『티마이오스』, 박종현·김영균 옮김 (서울: 서광사, 2000), 28d.
20 Ep. 18.2.
21 *Cont.* Aca 3.37.
22 *Conf.* 1.2-4; Ep. 137.4.
23 De immort. anime. 14-15; De Geni. A.D. litt. 4.12.22.
24 De div. *quae.* 46.
25 De ver. reli. 72.
26 *Conf.* 10.38; 참조. John M. Rist, *Augustine: Ancient Thought Baptized*, 155.

자아보다 더 안에 계신 최상의 존재와 접촉할 수 있을 것이다.[27] 이런 종류의 상승(ascension)은 아우구스티누스의 작품 어디에서나 존재한다.[28]

우리가 고백록에 요약된 내용들을 신비한 경험의 보고서로 읽어야 하는지는 결정하기 어렵다.[29] 아우구스티누스의 상승에 대한 견해는 자유 학예(특히, 수학)의 한 교육과정으로 마음의 기원이 지성과 신에게 있다는 생각이었다.[30] 이 견해는 플라톤의 국가나 신플라톤주의에게서 영향을 받았을 가능성이 크다.

그는 『신국론』만큼이나 늦게 나온 물리학, 윤리 및 인식론의 전통적인 분야에 따라 조직된 간략한 학설집에서 플라톤주의와 기독교가 몇 가지 기본적인 철학적 통찰을 공유하고 있음을 인정하는데, 신이 제일 원리이고 최고선이며, 지식의 기준이라는 사실이다.[31]

이러한 중요한 통찰력에도 불구하고, 플라톤주의는 성경에서 말하는 구원을 가져올 수 없다. 왜냐하면, 이 사상이 그리스도의 중재를 흔쾌히 받아들이지 않기도 하거니와 그것을 받아들일 수 없기 때문이다. 따라서 아우구스티누스가 보기에 신플라톤주의는 철학적으로 결함이 있었던 것이다.[32]

---

27 Conf. 3.11; Scott MacDonald, "The Divine Nature: Being and Goodness," in David Melconi and Eleonore Stump (co-eds), *The Revised Cambridge Companion to Augustine* (Cambridge: Cambridge University Press, 2014), 22-26; Conf. 7.16에서 아우구스티누스는 롬 1:20을 성경의 증거 본문으로 제시한다.
28 예를 들면, De lib. arb. 2.7-39; *Conf*. 10.8-38; De Trin. 8-15.
29 『고백록』에 요약된 내용들은 각각 7.16, 7.23, 9.24-26에 위치한다.
30 Karla Pollmann & Mark Vessey, *Augustine and the Disciplines: From Cassiciacu to Confessions* (Oxford: Oxford University Press, 2005); 아우구스티누스는 De ord. 2.24-52에 이러한 개요를 설명했지만 곧 포기했다가 사실상 기독교 교양에서 철회했다.
31 De civ. Dei. 8.5-8; 참조. De ver. reli. 3-7.
32 De civ. Dei. 10.32.

마르쿠스 키케로는 아우구스티누스가 헬레니즘 철학 특히 아카데미아 학파의 회의론과 스토아 철학을 소개해 준 주요 원천이 된다. 아우구스티누스는 여러 저술들에서 자기 논거의 목적에 알맞게 키케로와 다른 라틴 고전을 인용한다.[33]

자신의 의지에 반하여 잃을 수 있는 모든 선에 독립적인 현자에 대한 그의 초기 이상은 스토아 윤리에서 물려받았다고 볼 수 있다.[34] 현자의 미덕이 이미 이생에서 그 행복을 보장한다는 의미는 나중에 환상적인 것으로 여겨 거부되기도 한다.[35] 기독교 순교자는 그 행복이 고문에도 아랑곳하지 않는 스토아 현자의 방식이라 불릴 수 있다.[36]

---

33 Harald Hagendahl, *Augustine and the Latin Classics* (Stockholm: Almqvist & Wiksell, 1967).
34 De bea. vit. 11; De mor. eccl. 1.5; James Wetzel, *Augustine and the Limits of Virtue* (Cambridge: Cambridge University Press, 1992), 42-55.
35 De Trin. 13.10; De civ. Dei. 19.4; Retr. 1.2; Nicholas Wolterstorff, "Augustine's Rejection of Eudaimonism," in James Wetzel, *Augustine and the Limits of Virtue*: 149-166.
36 Ep. 155.16; Christian Tornau, "Happiness in This Life? Augustine on the Principle That Virtue Is Self-Sufficient for Happiness," in Øyvind Rabbås et al (eds), *The Quest for the Good Life: Ancient Philosophers on Happiness* (Oxford: Oxford University Press, 2015), 278.

제3부

아우구스티누스의 정의에 대한 이론적 배경

제4장 고대철학의 정의관

제5장 성경의 정의관

제6장 교부들의 정의관

제7장 아우구스티누스의 수용과 변형

A Study of Augustine's
Concept of Justice in De Civitate Dei

이번 장에서는 아우구스티누스의 정의관을 형성하는 데 기여한 요소들을 정리하려고 한다. 아우구스티누스는 고대철학과 이전 교부들, 그리고 성경의 가르침을 통해 정의관을 형성했다.[1] 그는 이전의 정의관을 기반으로 자기만의 독특한 정의 개념을 규정한다. 그는 이전의 정의관을 수용하고 발전시켜 자기 나름의 기독교적 방식으로 정의 개념을 변환시키는 과정을 모색한다.

첫째, 고대철학의 정의관을 다루는 첫 번째 부분에서는 4주덕 안에 속한 정의 개념이 플라톤, 아리스토텔레스, 키케로를 거쳐 어떻게 아우구스티누스의 정의 개념 형성에 영향을 미쳤는지를 살펴볼 것이다.

둘째, 성경의 정의관에서는 구약성경의 '체데크'와 '미슈파트', 신약성경의 '디카이오쉬네'와 '디카이오마'를 대표적으로 살펴보면서, 이 개념들이 아우구스티누스의 기독교적 정의 개념을 형성하는데 어떤 영향을 미쳤는지 고찰할 것이다. 특히, 바울의 디카이오쉬네 개념은 아우구스티누스의 회심과 은총론, 그리고 정의관 형성에 가장 큰 영향을 미친 것으로 알려졌다.

셋째, 이전 교부들의 정의관이 아우구스티누스에게 실제로 미친 영향을 살펴볼 것이다. 초대 교부들과 동시대 교부들은 이미 아우구스티누스보다 앞서 헬라 철학과 성경의 정의 개념을 조화시키려는 작업을 시도했기 때문에, 그들의 정의관이 아우구스티누스에게 기독교적 정의 개념을 정립하는 데 직접적인 모델이 되었을 것이다.

---

1   John M. Rist, *The Cambridge Companion to Augustine*, 8-9.

제4장

고대철학의 정의관

아우구스티누스의 정의관을 형성하는 데 사상적으로 가장 큰 영향을 미친 사람은 키케로였다. 그는 자신의 정의 개념이 키케로에게 빌려온 것임을 직접 밝히기도 하였다.[1]

아우구스티누스는 스토아학파에 속한 키케로를 플라톤주의자로 알고 있었을 뿐 아니라 이미 4주덕에 대해서도 알고 있었다. 키케로의 정의관은 플라톤과 아리스토텔레스의 입장을 계승 발전시킨 것이기 때문에 여기서는 플라톤의 4주덕 개념을 중심으로 그의 정의관이 어떻게 키케로를 거쳐 아우구스티누스에 영향을 미쳤는지를 살펴볼 것이다.

4주덕은 정의와 나머지 세 개의 미덕(지혜, 절제, 용기) 사이의 긴밀한 상호 연관성을 말해주는 것인데, 이를 통해 개인과 국가와 정의의 관계를 규

---

[1] 아우구스티누스는 그리스 로마 신화에 대해 부정적인 입장을 갖고 있었지만(고백록), 『신국론』에서 로마제국의 신화적 기원을 언급하는 것을 보면 신화에 대한 지식이 꽤 있었던 것으로 보인다. 그리고 이때는 이미 성경의 하나님이 그리스 로마 신화의 유피테르를 대체한 시대였기 때문에 하나님이 최고 선이요 정의의 원천이라는 점을 아우구스티누스도 굳게 믿고 있었다. 그는 아마도 정의의 신화적 기원과 그 의미에 대해서도 잘 알고 있었을 것이며, 무엇보다 성경의 하나님이 이 모든 내용을 충분히 상쇄한다는 점도 알고 있었을 것이다. 따라서 신화에 나타난 정의관이 아우구스티누스에게 직접적인 영향은 미치지는 않았을 것이라고 조심스럽게 추정해 볼 수 있다(필자주).

정하고 있기에 고대철학자들이 생각한 국가와 정의의 관계와 아우구스티누스의 도성과 정의의 관계를 비교 분석하는데 큰 도움이 될 것이다.

1. 신화적 사고

고대 헬라 철학과 헬레니즘의 정의관은 허공에서 생겨난 것이 아니다. 이는 분명 그리스 신화의 정의관에서 영향을 받았다. 헬라어로 정의를 의미하는 단어는 '디케'(δικη)이다.

이 '디케'는 원래 그리스 신화에 등장하는 정의의 여신의 이름이었다. 이 여신은 제우스와 우라노스의 딸 테미스 사이에서 태어난 계절의 여신 호라이의 세 자매 가운데 하나다. 세 자매는 모두 자연의 힘을 의인화한 존재들로서 기후의 신 제우스를 도와 계절의 변화를 주관했다.[2] 따라서 각각 평화, 질서, 정의를 의미하는 에이레네, 에우노미아, 디케는 고대 농경 사회에서 풍년에 꼭 필요한 조건들이었다고 한다.[3]

헤시오도스의 『노동과 나날』을 보면, 제우스는 정의를 기반으로 세계 질서를 세웠고 정의의 여신을 통해 인간에게 정의를 중개하게 했다.[4] 그리고 정의는 전지전능한 제우스의 뜻과 일치하기도 했다. 헤시오도스는 『노동과 나날』에서 형제 페르세스에게 "정의에 귀를 기울이고 … 불의의 길을 버리

---

[2] 이진성, 『그리스 신화의 이해』, 개정2판 (파주: 아카넷, 2016), 176.
[3] 아폴로도로스, 『원전으로 읽는 그리스 신화』, 천병희 옮김 (고양: 도서출판 숲, 2004), 28.
[4] 김원익, "정의의 구현과 노동의 신성함", 헤시오도스, 『노동과 나날』, 김원익 옮김 (서울: 민음사, 2003) 177.

고 정의의 길을 가는 것이 더 좋다"고 충고하는 가운데, 어느 편을 선택하느냐에 따라 정의의 여신 디케가 번영과 재앙을 내릴 것이라고 충고한다.

> 이방인이든 내국인이든 누구에게든 정당한 판결을 내리고 정의로부터 한 치도 벗어나지 않은 사람들이 사는 도시는 번창할 것이고 또한, 그곳에 사는 사람들도 번영을 누릴 것이다. 그리고 그들의 나라에는 평화가 지속되어 청소년들은 무럭무럭 자라날 것이며, 선견지명이 있는 제우스 신은 그런 사람들에게 고통스러운 전쟁도 면하게 해주실 것이다. 또한, 그런 정의로운 사람들은 기아와 불행을 겪지 않을 것이며 … 그들의 양 떼는 걷기 힘들 정도로 털이 무성하게 자랄 것이다. 아내들 또한, 부모들과 비슷한 자식들을 낳아 줄 것이다. 이렇게 그들의 행복은 영원히 지속될 것이다.[5]

이와 같이 헬라인들의 신화적 사고 안에서 정의는 세상의 기본 질서인 동시에 세상에 널리 작동되는 근본 원리로 인식되었다. 제우스는 정의를 토대로 세상의 질서를 세우고 정의를 통해 세상을 다스리고 세상 위에 군림했던 것이다. 또 정의가 구현된 나라는 평화가 지속되며 정의로운 사람들의 행복은 영원히 지속될 것을 희구하고 있다.

그리스 신화의 정의관은 표면적으로는 성경의 정의 개념과 여러 면에서 비슷하다. 참고로, 헬라식 정의관의 출발점이 된 디케는 정의를 가리키는 디카이오쉬네(δικαιοσυνη, 의로움)와 디카이오마(δικαιωμα, 계명 또는 하나님의 요구) 등 관련 파생어들을 낳았다.[6]

---

5 헤시오도스, 『노동과 나날』, 132-133.
6 로마 신화에서 정의를 담당하는 여신은 유스티티아(Justitia)인데, 여기서 정의를 뜻하

2. 철학적 사고

1) 플라톤

(1) 정의 개념

플라톤은 『국가』 제1, 2, 3권에서 정의에 대해 언급한다.

제1권에서 정의는 "정직함과 남에게 받은 것을 갚는 것"으로, 다시 "각자에게 합당한 것(to prosekon)을 갚을 것(마땅한 것, to opheilomenon)"으로 발전하고, 다시 "친구들에게는 잘 되게 해주고 적들에게는 잘못되게 해 주는 것"으로 보완한다.

플라톤이 정의를 규명할 때 개인보다 국가를 먼저 살핀 것은 규모가 큰 국가의 정의를 먼저 이해하는 것이 개인의 정의를 이해하는 데 한결 쉬웠기 때문이다. 이어서 그는 국가의 정의를 개인의 영혼에 적용시키려고 한다.[7] 플라톤은 사회의 위계질서와 영혼의 위계질서를 유사한 구도로 배열하고 정의가 사회의 질서와 영혼의 질서를 주관하는 것으로 보았다.

플라톤에게 정의란 선한 것, 또는 악한 것에 관한 앎에 근거한 미덕으로 내적 자아의 문제이다. 정의는 '마치 육신의 건강처럼' 영혼 안에 존재한다. 정의는 형상(form)으로서, 그것에 관한 앎이 없이 그것을 정의라 생각할 수도, 말할 수도 없다. 정의는 여타의 존재와 마찬가지로 인간의 지적 이성 능력에 의해 발견되는 형상, 즉 공통의 속성을 가지고 있기에, 정의

는 라틴어 iustitia와 영어 단어 justice가 나왔다(필자주).
[7] 오트프리트 회페, 『정의- 인류의 가장 소중한 유산』, 박종대 옮김 (서울: 이제이북스, 2004), 27-28.

를 말하거나 행하기 위해 우리는 정의가 무엇인가에 대한 형상 또는 공통의 속성을 알아야 한다.

플라톤에게 '알려진 것'은 참된 것을 뜻한다. 알려진다는 것은 불변의 본질 안에 있음으로 가능한 것이기에 만일 알려지지 않는다면 그것은 참된 것이 아님을 의미한다. 다시 말해, 지식은 '검은 머리가 흰 머리로 변하는 것'과 같은 변화에 종속된 유한체에 관한 감각적 경험을 넘어선 영원불변의 진리 형상을 드러내는 것이다. 정의도 정의 그 자체의 형상으로서 이성을 통한 지식에 근거하며, 구체적 감각 경험의 세계를 초월해 존재한다.

지식은 정의의 형상을 우리에게 알려줌으로써 우리가 정의로운 삶을 살도록 돕는다. 만일 우리가 무엇을 어떻게 해야 할지를 안다면 우리는 정의로운 삶을 살 수 있다. 그것은 이성이 우리에게 정의의 형상을 알려주며 그 형상에 따라 행하도록 돕기 때문이다.

이 점을 플라톤은 그의 유명한 '영혼 갈등'의 유비를 통해 설명한다. 예를 들어, 영혼은 악을 행하려는 육신의 욕망과 악을 억제하는 이성의 긴장과 갈등 관계에 존재한다. 그러나 이성이 육신의 욕망을 눌러 이김으로써 인간에게 선과 악을 구별할 줄 아는 지식을 부여하고, 그리하여 최선의 것을 택하도록 돕는다.[8] 그러므로 우리가 불의를 행한다면 그것은 우리의 영혼에 내재된 이성의 비활용에 기인한다. 결국, 정의란 외적 행위의 문제가 아니라 이성의 활용을 통해 미덕을 함양하는 내적 영혼의 문제이다.

여기서 우리는 플라톤의 정의 이해가 영혼 안 육신적 갈망과 이성의 변증법적 대립을 전제하고 있음을 알 수 있다. 인간의 영혼은 늘 육욕적 감

---

8 플라톤, 『국가』, 4.439-444; 10.618.

정과 이성적 통제의 갈등 속에 존재한다. 이성의 승리는 선의 앎과 실행을 가져오지만, 반대로 감정의 승리는 악의 씨앗을 낳는다.

따라서 플라톤은 정의를 영혼 안에서 육신의 갈망들을 억제하고 정의의 형상을 구현시키는 이성의 지적 능력에 의존시켰다. 나아가 그는 이성으로 하여금 인간 영혼과 인간 사회를 연관시킴으로서 정의 이해의 범주를 개인에서 사회의 차원으로 넓혔다.

> 정의의 본질과 관련해 정의로운 사람과 정의로운 사회의 차이는 아무 것도 없다.[9]

여기서 정의의 본질이란 이성을 뜻하며, 정의는 사람으로 하여금 자신의 분수가 무엇인지를 알며 그것에 적절히 대응하도록 만드는 이성의 정도를 반영한다.

또한, 사람이 각자 스스로의 위치와 일을 분별해 알고 그것에 맞추어 적절히 행하는 것은 개인의 영혼 뿐 아니라 사회 공동체의 질서를 유지하는 것이기에 정의는 개인적일 뿐 아니라 사회적 속성을 갖는다.[10]

따라서 정의는 각 개인으로 하여금 영혼 안에서 육신의 갈망을 억제하고 각자의 실제 역할에 충실하게 하는 이성의 지적 능력을 통해 사회적으로 발현된다. 이성은 개인 영혼과 공동체 사회의 정의 질서를 유지시킴으로써 영혼과 공동체와의 유비 관계를 드러낸다. 영혼의 정의는 사회의

---

9 플라톤, 『국가』, 4.434.
10 플라톤, 『국가』, 4.433.

정의와 상응한다. 영혼의 이성적 앎은 공동체의 지식으로 확장된다.[11]

결국, 플라톤의 정의란 각 개인이 스스로의 위치와 역할에 충실할 때 공동체 사회 안에서도 유지되는 것으로, 아우구스티누스도 똑같이 말한 바와 같은 "각자 모든 사람에게 할당된 분수"를 유지하고 발전시키는 미덕인 것이다.[12]

이것은 이성적 능력을 가장 잘 활용하는 사람들에 의해 보호 발전될 수 있다.

그러면 그들은 누구인가?

플라톤은 그들을 무력에 의지하는 현실 정치의 통치자들이 아니라 "지혜의 도움에 의지하는 철학자들"이며, 그들이 통치하는 세상은 현실 세상이 아닌 이상 국가를 상징하는 것이라 주장했다.

이것은 플라톤이 한편으로는 정의 실현에 관한 이성의 지적 능력을 확신했지만, 다른 한편으로 현실 속에서의 사회 정의 완성의 불가능을 인정했음을 뜻한다. 개인의 영혼과 사회 속에서 이성이 감정적 욕망을 늘 통제하고 승리할 수 없음을 인정함으로써 결국 그는 정의 실현과 관련해 주장했던 이성의 도덕적 능력을 스스로 부정하는 자가당착의 오류를 범했다.

바로 이것이 아우구스티누스로 하여금 플라톤 철학의 우산을 떠나 신학적 정의 개념을 구성하도록 만든 출발점이었다.

---

11 플라톤, 『국가』, 4.441. "인간은 국가가 정의로운 것과 동일한 방식으로 정의롭다. 국가의 정의는 국가 내 세 계층(통치자, 군인, 생산자)의 사람들 각자가 자신의 일들을 적절히 수행하는 것이다. 그러므로 이와 같이 우리도 우리의 내적 본성들(육적 욕망, 이성, 영적 영예감)이 영혼 안에서 저마다의 기능을 적절히 발휘할 때 각자 정의로운 사람이 될 수 있다고 말할 수 있을 것이다."

12 De civ. Dei. 19.21.

(2) 4주덕

플라톤에게 있어 정의란 단순히 영혼의 각 구성 요소 또는 사회 각 사람이 저마다의 역할과 기능을 수행하는 영혼의 건강 또는 사회의 질서만이 아니라 구체적으로 지혜, 용기, 절제, 정의의 4주덕의 조화롭고 온전한 완성을 뜻했다. 특히, 그에게 정의는 다른 미덕들의 실행과 완성 가능의 질서를 제공하는 가장 중요한 미덕, 최고의 미덕으로 간주되었다.[13]

플라톤의 4주덕을 통해 나타난 정의관은 『파이드로스』(Phaedros)와 『국가』(Republic)에서 살펴볼 수 있다.

우선, 그는 『파이드로스』에서 인간 영혼의 삼분설을 통해 정의를 언급한다. 거기서 그는 이성을 가리키는 머리, 기개를 가리키는 가슴, 정욕을 가리키는 배를 구분하고 각각 발휘되어야 할 미덕이 지혜의 덕, 용기의 덕, 절제의 덕이라고 주장하고, 이어 이러한 덕들이 서로 조화를 이룰 때 개인의 정의가 실현된다고 결론짓는다.

이 원리는 인간 사회를 구성하는 세 부류의 계급에도 똑같이 적용되는데, 통치자는 지혜의 덕을, 무사에게는 용기의 덕을, 생산자에게는 절제의 덕이 요구된다고 그는 말한다. 각 계급의 미덕이 조화롭게 잘 발휘될 때 그 사회는 정의로운 사회가 될 것이다. 플라톤은 이 책에서 개인과 사회에서 찾아볼 수 있는 4주덕의 유기적인 관계를 보여 주었다.

다음으로, 플라톤은 『국가』에서 지혜, 용기, 절제, 정의의 4주덕을 강조했는데 특히 정의를 덕목, 즉 윤리적 원리로 파악했다.

---

[13] 플라톤, 『국가』, 4.427-440; Alasdair MacIntyre, *Whose Justice? Whose Rationality?* (Notre Dame, IN: University of Notre Dame Press, 1988), 74.

그에 따르면 지혜는 통치자(지배층)의 덕목이요, 용기는 수호자(중산층)의 덕목이요, 절제는 일반인 특히 생산자(당시 노예 및 시민)의 덕목이요, 정의는 이 셋의 조화 또는 모든 계층의 정의라고 주장했다.[14]

그리고 각 계층에 속한 사람들이 자기 본분에 맞게 행동하고 대우받으며 세 부류의 계층의 조화가 이루어질 때 정의가 실현된다고 보았다. 다시 말해, 플라톤은 정의를 각자가 자기 의무를 충실히 이행할 때 이루어지는 상태라고 보았던 것이다.

아우구스티누스는 키케로를 통해 플라톤의 정의관을 배우게 되었지만, 키케로의 정의관보다 플라톤의 정의관과 더 유사한 견해를 갖고 있는 것으로 보인다.

2) 아리스토텔레스

아리스토텔레스는 플라톤의 제자로서 플라톤의 사상을 이어받아 정의의 문제를 체계적으로 발전시킨 인물이었다.[15] 그는 정의를 사회적 원리로 파악하고, 『니코마코스 윤리학』(Éthika Nikomacheia) 제5권에서 보편적 정의, 분배적 정의, 시정적 정의, 교환적 정의, 정치적 정의로 구분했다.[16] 아리스

---

14 플라톤, 『국가』, 427e-434c; cf. 435b. 이 세 부류의 계층은 교육 과정에 의해 분류된다. 먼저 모든 사람을 대상으로 음악을 교육시킨다. 그리고 재능이 있는 자들에게는 체육 교육까지 시킨다. 나머지는 생산, 제조업에 종사하게 된다. 체육 교육까지 마친 이들 가운데 다시 선발 과정을 거쳐 군인과 정치가로 분류하여 육성한다. 플라톤에게 있어 계층 간의 넘나듦은 인정되지 않는다. 왜냐하면, 신분의 이동이 사회적 혼란을 야기하기 때문이다.
15 아리스토텔레스는 『수사학』에서 덕을 아홉 가지 형태(정의, 용기, 절제, 기품, 아량, 자율, 온유, 신중, 실천적 지혜, 사변적 지혜)로 세분하기도 한다(1.9).
16 아리스토텔레스, 『니코마코스 윤리학』, 이창우 외 옮김 (서울: 이제이북스, 2006), 159-

토텔레스에게 있어, 일반적 정의는 사회의 일원으로서 개인이 사회 때문에 져야 할 의무를 가리키며, 분배적 정의는 각자가 개인의 능력이나 사회에 기여한 정도에 따라 다른 대우를 받아야 하는 가치를 말한다.

그는 또한, 균등의 개념을 내세운 최초의 학자로 정의가 균등을 의미한다고 주장했다.[17]

그에 따르면 균등은 절대적 균등과 비례적 균등으로 구분된다.

전자는 교정적 정의와 관련된 것으로 범죄자의 죄악을 처벌하고 교정함으로써 정의를 구현할 수 있다고 본다. 절대적 균등이 중요하기는 하지만 이는 범죄인의 처벌이나 물물 교환 등 한정된 경우에만 적용된다.

후자는 분배적 정의와 관련된 것으로, 분배 시 비례적으로 균등하게 분배하는 것을 뜻한다. 아리스토텔레스가 키케로에게 영향을 준 정의관은 바로 이 분배적 정의라 할 수 있다.

아리스토텔레스에 따르면 정의는 곧 각자 갖고 있는 가치에 따라서 균등 배분하는 것을 말한다. 이러한 분배는 세 가지 특징을 지닌다.

첫째, 태어날 때부터 개개인의 가치는 정해지고 그 가치에 맞는 응분의 대가를 받는다.

183; 1129a5-1134b15. 그는 정의를 정의 자체와 제도 안에서의 정의로 양분했다. 그리고 정의 자체는 보편적 정의와 특수한 정의로 또한, 특수한 정의는 분배적 정의와 질서 및 교환에 따른 교환적 정의와 시정적 정의로 구분했다. 그리고 제도 안에서의 정의를 비정치적 정의와 정치적 정의로 나누고, 정치적 정의를 다시 성문화된 정의와 자연적 정의(자연법)로 구분한다(자세한 내용은 회페,『정의- 인류의 가장 소중한 유산』, 32의 도표를 참고할 것).

17 아리스토텔레스는 여기서 평등을 각자가 응분의 몫을 받는 것으로 간주했다.

둘째, 가치가 같은 사람끼리 동일한 대우를 받는다. 이것이 서로 다른 가치에 비례한 평등이 된다.

셋째, 누구나 똑같이 대우하는 것은 오히려 부정이다. 가치가 모두 다르므로 똑같이 대우해서는 안 된다.

아리스토텔레스가 염원한 이상 국가는 귀족 정치였는데, 그는 지적으로, 도덕적으로 덕스러운 사람(인간의 가치적 측면에서 우월한 존재)이 정치를 해야 한다고 주장했다.

그리고 나머지는 자기 가치에 맞게 제 역할을 해야 한다고 생각했다.

3) 키케로

키케로는 플라톤의 4주덕과 아리스토텔레스의 분배적 정의 개념을 빌려와 자신의 정의관을 확립한다. 그는 플라톤주의자로서 플라톤의 『국가』에 영향을 받아 국가와 정의 개념을 세우는데, 자신의 저서 『국가론』(*On the Republic*)에서 로마 공화정의 상황에 맞게 국가와 정의 개념을 재정립한다.

왜냐하면, 고대 그리스의 조그만 폴리스(*polis*)에 적용되었던 플라톤의 국가관과 정의관이 거대한 로마제국에는 적합하지 않다고 생각했기 때문이다. 그래서 그는 플라톤의 정의관 위에 로마제국의 격에 맞는 정의의 옷을 입히려 했던 것이다.[18]

---

18 성염에 따르면, 형용사 iustus는 키케로에 의해 완성되었다고 한다("IUSTITIA의 어원학적 고찰: 초창기 라틴 문학에 나타나는 IUS, IUSUS, IUSTITIA 용례", 『서양 고전학 연구』 4 (1990): 175-204); 성염에 따르면 "형용사 iustus는 키케로에게서 참으로 완성

키케로는 『국가론』 제3권에서 인간의 본성과 정의를 언급하며 정의에 근거한 정체(政體)만이 권력의 정당성을 가질 수 있다고 주장한다.[19] 그는 스키피오를 통해 국가를 정의하는데, 국가란 "인민의 것이며 인민은 군집한 인간의 모임 전체가 아니라, 법에 대한 동의와 유익의 공유에 의해 결속한 다수의 모임"[20]이라고 한다.

을 보았다고 하겠다. 그렇지만 우선 선대의 종교-관습적 의미를 충실히 고수하여 iusta facere(De leg. 2.42 제례를 치르다)를 쓰면서도 iustae exsequiae, iusta funera라는 어법도 새로 쓰기 시작한다. 페띠알레스 사제들(sodalicium fetialium)의 공식 선전 포고로 이루어지는 전쟁 만이 키케로에게는 iustum bellum(De officiis 1.36 합법적 전쟁)이 된다. 그리고 키케로에게서 가장 괄목할 만한 사실은(본서에서 다루지 않은 동시대 저자들까지 포함해서) iustus를 좀처럼 사람을 형용하는 호칭(epithetum)으로 사용 않던 라틴 문학의 전통을 벗어나 거의 전적으로 사람들에게 수식어로 해당시키는 일인데 특히 그의 연설문에 많은 용례를 보게 된다.
하지만 의인과 불의한 인간을 구분하는 선은 법률이다"(est lex iustorum iniustorumque distinctio: De leg. 2.13), "정의로운 인간, 선량한 사람이 할 바는 법에 복종하는 것이다"(iusti hominis et boni est viri parere legibus: De republica 3.18)라는 단언에서 '의인'(義人)을 규정하는 그의 철저한 로마식 사고 방식이 엿보인다.
키케로가 최고의 인간으로 일컫는 호칭 vir bonus ac iustus은 사사로운 덕보다는 공인(公人)으로서의 소임을 다하는 자세와 결부시키고 있다. 여태까지 로마 저술가들이 삼가고 있던 추상 명사 iustitia도 키케로는 150여 회를 사용하고 있으며 하나의 덕목으로 확립할 뿐더러 그 정의(定義)를 내리고 극도의 칭송을 보내고 있다. 그가 로마인 최고의 덕으로 꼽는 선량(善良 honestum)을 구체화한다면 아리스토텔레스 이래의 4주덕(四主(主)德)으로 구현되는데, 그것이 prudentia, iustitia, fortitudo, temperantia(현명, 정의, 용기, 절제)이며(De inv. rhet. 2.159), 정의야말로 "모든 덕들의 여주인이요 여왕"(De off. 3.6)이며, 인간은 "정의에 기초하여 선한 사람이라고 일컬어진다"(1.20). 덕을 정의 내리는 어구는 서론에서 인용한 바 있다.
그러나 정의를 결하면 선량이라는 것이 있을 수 없으며(1.62) 그것이 반드시 사회적 단서(端緖)를 달고 있음도 키케로의 로마다운 특성이라고 하겠다. 간단히 말해서 키케로는 로마인들의 고유한 전승에 바탕을 두고 ius, iustus 및 iustitia 라는 세 마디의 어휘를 결정적으로 완성한 인물이며, 그리스인들의 풍부하고 추상적인 개념을 남김없이 도입하면서도 로마인 고유의 어법과 색채를 보존하고 후대에 전수해 준 학자라고 하겠다.

19 김용민, <키케로의 정치 철학:「국가에 관하여」와「」법률에 관하여」를 중심으로>,『한국정치 연구』1호, 13.
20 키케로,『국가론』, 김창성 옮김 (서울: 한길사, 2009), 130.

그는 또한, 정의를 '법에 대한 합의와 유익의 공유'로 규정하고, 국가는 원칙적으로 인민의 것으로 합의와 유익의 공유에 따라 선과 정의에 맞는 국정 운영이 이루어질 수 있다고 본다. 그래서 인민의 정치 참여는 정의에 대한 합의를 도출하기 위해 반드시 필요한 요소라 할 수 있다. 그는 인민이 대중 전체의 모임이 아니라 법적 절차에 따른 합의와 공유에 의해 결속된 것이라 말하고, 국가는 선과 정의에 의해 통치되어야 한다고 거듭 주장했다.

키케로는 『국가론』(Poliiteià) 과 『최고선악론』(De Finibus Bonorum et Malorum), 그리고 『의무론』(De Officiis)에서 4주덕을 소개한다. 안타깝게도, 4주덕을 다루었을 것으로 추정되는 그의 『국가론』은 소실된 상태로, 아우구스티누스의 『신국론』 제2권 21장을 통해 부분적으로만 소개되고 있을 따름이다.

키케로는 『최고선악론』에서 4주덕을 이렇게 요약한다.

우선, 지혜는 진리를 사랑하는 미덕을 말한다. 정의는 부정의를 혐오하는 미덕을 가리킨다. 또, 용기는 불행을 견디어 낼 수 있는 힘을 지닌 미덕이다. 마지막으로, 절제는 다른 세 가지 덕목이 반대 방향으로 나아가는 것을 억제하는 미덕을 나타낸다.

책 제목이 선과 악의 대립을 보여주는 것처럼, 키케로는 이 책에서 4주덕을 정의할 때, 피정의항의 반대 개념을 중심으로 정의하는 특징을 발견한다.

키케로가 『의무론』 제1권에서 4주덕을 소개할 때는, '도덕적 선'(honestum, 미덕)에 대해 논의하면서 시작된다.[21] 그는 이러한 덕목들로부터 인간

---

21 마르쿠스 툴리우스 키케로, 『키케로의 의무론』(개정판) 허승일 옮김 (서울: 서광사, 2006); 키케로가 플라톤이 제시한 4주덕에 더하여 '이상적인 정치가'에게 필요한 8가지

이 마땅히 해야하는 바, 의무가 도출되어야 한다고 주장한다.

이런 차원에서 키케로의 덕론은 플라톤과 아리스토텔레스의 전통을 따른다고 볼 수 있는데, 그는 지혜 자체를 추구하는 것보다 정의에 대한 추구를 더 높게 평가한다는 특징이 있다.

다음의 표가 키케로의 이러한 특징을 잘 보여줄 것이다.

[표 1] 키케로의 4주덕

덕목	덕목을 얻는 방식	출전
지혜(Sapientia)	"진리에 대해 늘 숙고하고 모르는 것을 아는 체 하지 말라."	1:13-19
정의(Iustitia)	"각자의 것은 각자에게 나누어 주고, 공동을 위해 기술, 노동, 재능을 나누라."	1:20-65
용기(Fortitudo)	"고귀하며 굽히지 않는 정신의 강직함으로 위기의 순간에도 중심을 지켜라."	1:66-92
절제(Temperantia)	"행동하고 말할 때 절도를 지키고, 데코룸을 통해 질서를 유지하라."	1:93-151

여기서 주목해야 할 사항은 키케로가 제시한 4주덕의 순서다. 플라톤이 정의를 다른 덕목들의 결과에 배치했던 반면, 키케로는 4주덕을 지혜, 정의, 용기, 절제의 순서로 열거함으로써 정의를 하나의 과정으로 여겼다는 점이다.

덕목(지혜, 신중함[prudientiam], 정의, 자선[liberalitate], 용기, 고매한 정신[magnitudine animi], 데코룸[decorum], 절제)을 소개한다.
여기서 데코룸은 마음과 행실의 균형 또는 적절함을 의미하는 것으로, "개인의 의식이나 행위가 수치심, 질서, 자기 통제에 의해 균형을 이루는 것을 말하며 또한, 말, 행동, 옷차림 등등에 있어 내적인 감정이나 외적인 모양새가 적절함을 의미한다(김용민, "키케로의 정치 철학: 『국가에 관하여』와 『법률에 관하여』를 중심으로", 『한국 정치 연구』 제16집 제1호[2007], 9쪽과 각주 11번을 참고할 것).

이는 그가 정의의 실현보다는 정의를 추구하는 과정을 더 높게 평가했다는 점을 보여주는 것이다.

키케로는 또한, 『의무론』에서 미덕으로서의 정의를 다음과 같이 진술한다.

> 각자에게 할당된 것은 각자가 소유하게 하자. 만약 누군가가 자기 몫보다 더 많은 것을 탐낸다면, 그는 인간 사회의 법을 위반하는 것이다(1:21).

여기서 그는 먼저 분배적 정의의 실행을 권면한다. 그런 다음, 누군가 자기 욕심으로 분배적 정의를 실행하지 않는다면, 그것이 위법 행위라고 하여 곧바로 사법적 정의와 연관시키는 듯한 인상을 준다.

아우구스티누스도 『신국론』 제4권 제20장에서 4주덕을 짧게 소개한다.[22] 또한, 『83가지 다양한 문제집』(*De diversis quaestionibus octoginta tribus*) 제31장 1절에서는 정의가 "일반 효용을 보전시키면서 각자에게 합당한 것을 부여하는 영혼의 자세다"라고 진술한다.[23]

그리고 나중에 『재고록』에서 이 정의 개념이 자신의 것이 아니라 키케로에게서 빌려온 것임을 밝힌다.[24]

---

[22] De civ. Dei., 4.20.

[23] Iustitia est habitus animi communi utilitate conservata suam cuique tribuens dignitatem(De. div. quae. 31.1).

[24] Retr. 1.25. 2; St. Augustine, *The Retractations* (The Fathers of the Church, vol. 60), tr., Sister Mary Inez Bogan (Washington, DC: The Catholic University of America Press, 1999), 108. 여기서 아우구스티누스는 자신을 통해 자기 형제들이 키케로의 책(『창작론』[*De inventione*] 2.53.159-2.54.165)을 알게 되었다고 밝힌다.
그들은 키케로가 영혼의 덕목들을 어떻게 구분하고 규정했는지를 알고 싶어 했고 그들이 수집한 자료들 가운데 이 내용을 기록했다고 한다.

제5장

성경의 정의관

아우구스티누스는 성경 주석가(a biblical exegete)이자 기독교 철학자로서 특정 개념을 규정하고 서술할 때, 그 용어의 본래적 의미를 자세히 분석하고 성경적으로 충실하게 해석하려고 노력했다.[1]

바울서신이 아우구스티누스로 하여금 기독교로 개종하는 데 큰 영향을 미쳤고 그의 정의관을 형성하는데 크게 기여했다는 것은 분명한 사실이지만, 바울의 입장은 물론 아우구스티누스의 입장 역시 모두 성경에서 유래한 것들이다.

구약의 정의 개념과 신약의 정의 개념을 정리하는 가운데, 아우구스티누스가 키케로의 정의 개념을 그대로 빌려왔으나, 오히려 그것을 성경에 맞게 기독교적 정의관으로 재정립한 것을 확인할 수 있을 것이다.

바꿔 말하면, 성경적 정의관은 아우구스티누스의 정의 개념을 형성하는데 있어 근본적이면서도 결정적인 역할을 했다는 사실이다.[2]

---

[1] Frederick Van Fleteren & Joseph C. Schnaubelt, OSA. eds., *Augustine: Biblical Exegete* (New York, NY: Peter Lang, 2004). 아우구스티누스는 회심 직후부터 성경 주석을 쓰기 시작했다고 한다.

[2] Ernest Fortin, "St. Augustine," in Leo Strauss and Joseph Cropsey, eds., *History of Political Philosophy*, 3rd ed. (Chicago, 1987), 178. 여기서 포틴은 아우구스티누스가 정치 현상을

1. 구약의 정의 개념

구약성경에서 정의를 뜻하는 대표적인 단어 두 가지는 정의를 말하는 '미쉬파트'와 공의를 가리키는 '체데크'(여성형 '체다카')이다. 흔히 '미쉬파트'가 하나님이 주신 법도에 따르는 삶을 뜻한다면, '체데크'는 하나님과 사람 사이, 혹은 사람과 사람 사이의 올바른 관계를 의미한다.

'체데크'는 구약성경에서 "바른, 틀림없는, 정확한, 공정한, 공평한, 참된, 의로운, 옳음, 의로움, 진실, 옳은 것, 정의, 공의, 공정. 공평, 인간에 대한 하나님의 공의 등등의 의미로 274회 사용되었다"[3]

한편, '미쉬파트'는 구약성경에서 400여 회 정도 사용되는데,[4] '재판, 심판, 판결, 재판의 대상이 되는 사건, 공의, 공정, 법, 의 등등'의 의미로 사용되었다.

특히, 이 단어들이 하나님의 행위와 관련해 사용될 때는 법정적인 의미로 사용되는데, 이 경우에는 로마법에 따른 단순한 분배적 정의가 아니라[5] 실제적인 관계를 가리키는 개념을 나타낸다.

결코 이성과 경험으로만 다루지 않고 최고의 원리를 성경에서 가져왔다고 평가한다.

3 빌헬름 게제니우스, 『히브리어·아람어 사전』, 이정의 옮김 (서울: 생명의말씀사, 2011), 676. '체데크'는 주로 하나님의 성품과 하나님의 뜻을 의미하며, 율법적인 단어로 사용될 때에는 재판을 올바르게 집행할 때 한하여 사용되었다. 이 단어가 사용된 구절은 창 30:33, 시 52:3, 욥 22:3, 삼상 26:23 등이 있다.

4 게제니우스, 『히브리어·아람어 사전』, 475. 미쉬파트는 공정한 판결을 따라 정의를 수립하여 평화와 질서를 복구한다는 의미로 신 16:18, 사 58:2, 습 2:3 등에 사용되었다. Tim Keller, *Generous Justice: How God's Grace Makes Us Just* (New York, NY: Penguin Group, 2010), 3.

5 로마법의 세 가지 명제 중 하나가 각자에게 그 몫을 돌려주라는 것으로 분배적 정의를 가리킨다.

아이히로트(W. Eichrodt)는 이 정의를 추상적인 개념이 아니라 사람들이 처해 있는 특정한 교제 관계에서 생겨난 각 당사자의 권리와 의무를 의미한다고 주장했다.[6] 그는 구약성경에서 정의란 하나님과 인간, 인간과 인간 사이의 관계적 정의를 가리킨다고 보았던 것이다.

알렉 모티어(Alec Motyer) 역시 '의로움'에 대해 "하나님과 올바른 관계를 맺고 있는 까닭에 삶에서 맞닥뜨리게 되는 모든 관계를 바로잡는 일에 자연스럽게 헌신한다"라고 규정했는데, 이 주장은 관계적 정의를 피력한 아이히로트(W. Eichrodt)의 주장과 정확히 일치한다고 볼 수 있다.

두 단어는 성경에서 거의 똑같은 의미를 지니며 개별적으로 사용되기도 하지만 나란히 병치되어 등장하기도 한다. 이제 두 단어가 각각 사용되는 용례와 중복되어 사용되는 용례를 모세오경과 선지서로 나누어 살펴볼 것이다.

1) 모세오경

우선, 모세오경의 첫 번째 책인 창세기 15장과 38장에서 용례를 찾아볼 수 있다. 창세기 15:5-6에 하나님은 아브람에게 자손의 축복을 약속하셨고, 아브람은 하나님의 그 언약을 믿음으로 반응하였다.[7]

---

[6] 발터 아이히로트, 『구약성서신학 I』, 박문재 옮김 (파주: 크리스천다이제스트, 1994), 255.

[7] "그를 이끌고 밖으로 나가 이르시되 하늘을 우러러 뭇별을 셀 수 있나 보라 또 그에게 이르시되 네 자손이 이와 같으리라 아브람이 여호와를 믿으니 여호와께서 이를 그의 의로 여기시고."

창세기 15:6에 사용된 '의(義)'는 '체데크'가 사용되었는데, 아브람이 언약의 말씀을 믿음으로 의롭게 된 아브람과 하나님의 관계 개념으로 '체데크'가 사용되었음을 알 수 있다.

이러한 상대적인 '의(義)'의 개념은 창세기 38장에서도 동일하게 등장한다. 창세기 38장은 시아버지인 유다가 며느리인 다말의 속임수로 동침하게 되고 다말이 임신하게 되는 사건을 기록하고 있다.

다말의 임신 사실을 알게 된 유다는 다말을 화형시킬 것을 명하지만, 창세기 38:26에 사건의 정체가 드러나게 된다.[8] 창세기 38:25-26에 등장하는 유다와 다말의 대화를 통해 형사취수(兄死聚嫂) 관습을 지키지 않은 유다가 자신의 잘못을 인정하고, 다말의 행위에 정당성을 부여하고 있다.

여기서 사용된 '체데크'는 관습 혹은 법에 부합하는 행동임을 알 수 있고, 창세기 15:5-6에서 사용된 '체데크' 개념처럼 38:26절에서 사용된 '체데크' 역시 상대적인 관계 개념으로 설명하고 있다.

창세기 15장의 아브람의 행위도, 창세기 38장의 다말의 행위도 상대적이긴 하나, 그 행위가 하나님의 구속사역에 동참하는 행위이기에 그것은 구속사적 '의(義)'가 되는 것이다.

출애굽기에서는 '미쉬파트'가 주로 나오는데, '판결'(judgments)과 '법령'(ordinance, law)의 의미로 사용된다. 먼저 판결의 의미로 사용된 곳은 출애굽기 2:15과 28:30로써 제사장의 흉패 안에 있는 우림과 둠밈을 가지고

---

[8] "여인이 끌려 나갈 때에 사람을 보내어 시아버지에게 이르되 이 물건 임자로 말미암아 임신하였나이다 청하건대 보소서 이 도장과 그 끈과 지팡이가 누구의 것이니까 한지라 유다가 그것들을 알아보고 이르되 그는 나보다 옳도다 내가 그를 내 아들 셀라에게 주지 아니하였음이로다 하고 다시는 그를 가까이 하지 아니하였더라."

하는 판결은 인간에게 속한 것이 아니라 하나님께 속한 것임을 나타내고 있다.[9]

'미쉬파트'는 출애굽기 15:25에서는 순종의 판별 기준으로, 출애굽기 26:30에서는 성막 건축 양식에 대한 규례로 사용되어 개별적 법령의 의미로 사용되었을 뿐만 아니라 에스겔 5:7에서와 같이 모세의 율법 전체를 뜻하는 집합 개념적인 법령의 의미를 가지기도 한다.[10]

레위기 19:35에서 하나님은 재판할 때, 길이나 무게나 양을 잴 때, 불의를 행하지 말라고 명령하신다. 재판의 경우에, 레위기 19:15에서 가난하다고 편을 들지 말고 세력이 있다고 두둔하지 말고 공의로 재판하라고 할 때 공의를 가리키는 '체테크'가 사용되었고 재판을 나타내는 용어는 '미쉬파트'였다. 측량의 경우에, 레위기 19:36에서 공평한 측정 도구(저울, 추, 에바, 힌)를 사용하라고 할 때, 공평의 의미로 '체데크'가 사용되었다.

민수기에서는 '미쉬파트'만 등장하는데 특히 법령의 의미로 많이 사용된다. 대표적인 예로, 소제와 전제의 규례(민 15:16), 속죄제 규례(민 29:6), 도피성 규례(민 35:24) 등이 있다. 특히, 민수기 27:5에서는 '미쉬파트'가 기업을 분배함에 있어 사법적 판결을 요구하는 경우에 사용되고 있는데, 이는 사무엘하 15:4에서도 똑같은 용례로 사용되고 있다.[11]

신명기에 등장하는 '체데크'(신 1:16, 18)는 레위기에서 사용된 것과 동일한 의미를 나타낸다. 여기서 '체데크'는 재판할 때에 그 재판을 공의롭고

---

9 게제니우스, 『히브리어·아람어 사전』, 475.
10 게제니우스, 『히브리어·아람어 사전』, 476.
11 "또 압살롬이 이르기를 내가 이 땅에서 재판관이 되고 누구든지 송사나 재판(미쉬파트)할 일이 있어 내게로 오는 자에게 내가 정의 베풀기(차다크)를 원하노라 하고."(괄호 안의 밑줄과 굵은 글씨는 필자가 표시한 것임)

공정하게 해야 한다는 의미로 사용되고 있다. 그 이유는 재판이 오직 하나님께 속한 것이기 때문이다(신 1:17). 여기서도 '재판'을 가리키는 용어는 '미쉬파트'가 사용되고 있다.

여기서 주목해야 할 것은 '체데크' 안에 '자비로운 행위'라는 의미가 내포되어 있다는 점이다. 신명기 24:13에 해질 때에 그 전당물을 반드시 돌려주는 것이 하나님 앞에 공의가 될 것임을 말씀하고 있다. 신명기 24:13에 "그가 그 옷을 입은 자며"라고 기록된 것으로 볼 때 담보물은 의복이었을 것이다. 가난한 자들의 담보물은 보통 의복이었으며 이러한 담보물은 해가 지기 전 돌려주어야 하는데 그 이유는 "그 몸을 가릴 것이 이뿐이라 이는 그 살의 옷인 즉 그가 무엇을 입고 자겠느냐"(출 22:26)라는 말씀에서 잘 드러난다.[12]

여기서 '체데크'는 단순한 '의로움'만이 아닌 이웃을 향한 사랑의 행위까지 포함하고 있음을 보여준다.

2) 선지서

크리스토퍼 라이트(Christopher Wright)에 따르면, 정의는 하나님의 성품으로 역사를 통해 그리고 하나님의 행위를 통해 흘러나왔으며, 하나님의 정의에 대한 관심은 구약성경 전체에 스며들어 있으며 이스라엘의 삶의 어떤 영역도 정의에 대한 관심에서 배제되지 않았다고 주장했다.[13]

---

12 두아인 L. 크리스텐슨, 『W.B.C.: 신명기(하)』, 정일오 옮김 (서울: 솔로몬, 2007), 247.
13 크리스토퍼 라이트, 『현대를 위한 구약 윤리』, 김재영 옮김 (서울: 한국기독학생회 출판부, 2006), 351.

앞서 우리는 모세오경에 나오는 '체데크'와 '미쉬파트'의 용례들을 통해 라이트의 주장이 옳다는 것을 확인했다. 라이트의 이러한 주장은 구약의 선지서에서도 예외는 아닐 것이다. 매스턴(T. B. Maston)은 "특히 예언서만큼 오늘 우리 시대의 문제를 명확하게 지적해주는 부분은 없다"고 주장하기도 했다.[14]

그렇다면 과연 하나님의 정의는 선지서에서 어떻게 표현되고 있으며, 두 단어를 통해 보여주는 '정의' 개념은 무엇인지 살펴보도록 하겠다.

이사야 1:2-4은 이사야서의 전체 배경과 내용을 열어주는 도입부다.

여기서 하나님이 공표하신 이스라엘의 주요 범죄는 그들이 여호와를 버리고 하나님을 만홀히 여긴 것이었다. 그로 인해 이스라엘의 영적인 타락과 도덕적인 부패가 걷잡을 수 없이 퍼져나가 하나님의 원성과 심판을 불러오게 되었다.

이스라엘의 배역과 타락은 하나님으로 하여금 "신실하던 성읍이 어찌하여 창기가 되었는고 정의가 거기에 충만하였고 공의가 그 가운데에 거하였더니 이제는 살인자들뿐이로다"(1:21)라며 탄식하는 지경에 이르게 했다.

여기서 '체데크'와 '미쉬파트'가 나란히 사용되고 있는데, 똑같이 '행위의 의'를 의미한다.

하나님은 언약 백성인 이스라엘에게 '행위의 의'를 요구하셨지만, 이스라엘은 그 요구에 순종하지 않고 심판의 원인이 되는 악행을 저질렀다. 그들은 오직 이윤을 얻기 위한 목적으로 포도주에 물을 섞어 팔기도 하고 불

---

14 T. B. 매스턴, 『성경윤리』, 고재식 옮김 (서울: 대한기독교출판사, 1982), 101.

순물이 가득한 은을 판매하기도 했다(22). 그들의 손은 피가 가득했으며(15), 고관들은 사회적 약자를 보호하지 않고 뇌물을 사랑했다(23). 그들이 '행위의 의'를 상실한 것은 결국 하나님과의 관계를 단절시키고 하나님의 심판을 받는 처지로 전락시켰다. 이제 깨어진 관계의 회복은 다시 '행위의 의'를 따르는 데 있다. 그래서 하나님은 이스라엘에게 스스로 씻고 깨끗하게 하여 악행을 멈추며 정의를 구하고 공의를 행하라고 말씀하신다. 그러면 정의가 시온을 구속하고 공의가 돌아온 자들을 구속할 것이라고 회복을 약속하신다.

이사야 45:25에서 '체데크'는 '구원의 의' 혹은 '득의(칭의)의 의'로 사용된다. 게다가, 이사야 56:1에서는 '행위의 의'와 '구원의 의'에 더해, '심판의 의'가 사용되기도 한다.[15]

이사야서에서 '체데크'는 사람의 의로운 '행위의 의'를 나타내기도 하고, 하나님의 은혜로운 '구원의 의'를 표현하기도 한다. 하지만 이 둘은 서로 배타적인 것이 아니라 병행하는 것이다.[16] 사람의 올바른 행위인 도덕적 의는 하나님이 언약 관계를 토대로 이스라엘에게 요구하시는 것인데, 이스라엘은 하나님이 요구하시는 '의'에 순종하지 않아 심판의 대상이 된 것이다.[17]

한편, 하나님의 '구원의 의'로 의롭다 함을 받은 사람은 반드시 '행위의 의'를 따라 살아가야 하는데, 이 '행위의 의' 역시 하나님과의 올바른 관계

---

15 "여호와께서 말씀하시기를 너희는 정의를 지키며 의를 행하라 이는 나의 구원이 가까이 왔고 나의 공의가 나타날 것임이라 하셨도다."
16 임영섭, "이사야서의 '체덱/체다카'를 통해 본 이신득의와 사회정의의 상관성", 『개혁논총』 제8권 (2008): 12.
17 임영섭, "이사야서의 '체덱/체다카'를 통해 본 이신득의와 사회정의의 상관성", 48.

를 통해서만 따를 수 있다.

예레미야는 유다의 신실한 왕이었던 요시야 시대(B.C. 640-649)에 활동한 선지자였다. 요시야 왕 사후 20년이 지나지 않아 유다 왕국은 급속하게 쇠락해 멸망하게 되었다. 이 시기에 유다에서 활동한 선지자는 예레미야 외에도 나훔, 하박국, 스바냐가 있었다. 하나님은 예레미야를 통해 이렇게 말씀하셨다.

> 너희가 정의와 공의를 행하여 탈취당한 자를 압박하는 자의 손에서 건지고 이방인과 고아와 과부를 압제하거나 학대하지 말며 이곳에서 무죄한 피를 흘리지 말라(렘 22:3).[18]

'미쉬파트'는 예레미야에서 총 32회 정도 사용되는데, '공평'의 의미로 9회(4:2; 5:28; 9:24; 21:12; 22:3; 22:13; 22:15; 23:5; 33:15), '심판'의 의미로 4회(1:16; 4:12; 48:21; 48:47), '공의'의 의미로 2회(5:1; 7:5), '공도'의 의미로 2회(30:11; 46:28), '법'의 의미로 2회(5:4; 5:5)가 사용되었다.

예레미야 5:1에서 하나님은 예레미야에게 이렇게 말씀하신다.

> 너희는 예루살렘 거리로 빨리 다니며 그 넓은 거리에서 찾아보고 알라 너희가 만일 정의를 행하며 진리를 구하는 자를 한 사람이라도 찾으면 내가 이 성읍을 용서하리라(렘 5:1).

창세기 18장에서 아브라함이 주님을 설득하려 했던 것과는 달리, 이 말씀은 여호와께서 당신의 심판을 정당화하기 위해 예레미야를 설득하려는

---

[18] 예레미야 22:3은 이사야 1:17과 내용이 유사하다. "선행을 배우며 정의를 구하며 학대 받는 자를 도와주며 고아를 위하여 신원하며 과부를 위하여 변호하라 하셨느니라."

모습을 보여준다. 하나님은 예레미야에게 예루살렘 안에 의인이 단 한 명도 존재하지 않는다고 자신 있게 말씀하신다. 그 이유는 그들이 여호와의 길과 하나님의 법을 알지 못하기 때문이라고 하신다.

'체데크'는 예레미야 51:10에서 단독으로 사용된 것을 제외하고, 대부분 '미쉬파트'와 함께 사용된다(4:2; 9:24; 22:3; 22:15; 23:5; 33:15).

두 단어가 병치된 본문은 '공평과 정의'로 해석된다. 예레미야에서 두 단어는 정의와 관련해 하나님의 속성을 잘 드러낸다. '공평과 정의' 자체이신 하나님은 이스라엘에게 '공평과 정의를 행하라'고 명령하시는데, 이것은 현대인들에게도 동일한 구속력을 갖고 있다.

하나님은 호세아 선지자를 통해 바알을 숭배하고 영적으로 타락한 이스라엘 백성에게 장차 다가올 하나님의 심판을 예언하게 하셨다.

반면, 하나님의 심판이 도래하기 전에 이스라엘 백성들이 회개하고 하나님께로 돌아오면 하나님께서 그들을 용서하고 다시 받아 주실 것이라 말씀하심으로써 이스라엘을 향한 하나님의 사랑을 증거하고 있다.

호세아서에서 '미쉬파트'는 주로 '재판'의 의미로 사용된다(5:11; 6:5; 10:4). '체데크'는 '공의'의 의미로 사용되는데, 공의를 행할 때 인애를 경험할 수 있다고 한다(10:12).[19]

호세아서는 두 단어를 통해 사람들이 공의를 선포하지 않고 행하지 않을 때 하나님의 심판이 임하지만, 반대로 공의를 선포하고 행할 때 하나님의 긍휼이 임한다는 사실을 보여 주고 있다.

---

19 "너희가 자기를 위해 공의를 심고 인애를 거두라 너희 묵은 땅을 기경하라 지금이 곧 여호와를 찾을 때니 마침내 여호와께서 오사 공의를 비처럼 내리시리라."

아모스서는 하나님의 보편적 정의를 그 주제로 한다. 하나님께서는 아모스 선지자를 통해 이스라엘의 우상 숭배와 사회적 불의에 대한 심판을 선언하신다. 사회적 심판은 사회 전 영역에 걸쳐 발생하는데 특히 그 시대에는 권력이 생명을 억압하고 파괴하는데 사용되었기 때문에 사회질서를 통한 심판이 이루어졌다.[20]

아모스 선지자는 당시의 사회적 부패 상황을 이렇게 묘사했다.

> 정의를 쓴 쑥으로 바꾸며 공의를 땅에 던지는 자들아(암 5:7).

또한, 아모스 5:14-15에서는 이렇게 말한다.

> 너희는 살려면 선을 구하고 악을 구하지 말지어다 만군의 하나님 여호와께서 너희의 말과 같이 너희와 함께 하시리라 너희는 악을 미워하고 선을 사랑하며 성문에서 정의를 세울지어다(암 5:14-15).

여기에서 맨 뒤에 나오는 "성문에서 정의를 세우라"는 말씀은 재판을 바르게 하라는 의미다. 통치자는 공평하고 정의롭게 권력을 사용해야 하며 특히 강자의 횡포로부터 약자를 보호하기 위해 공평한 사법 제도가 올바른 기능을 발휘할 수 있도록 살펴야 한다.

이것은 아모스 5:24에서 또 다시 극적으로 강조된다.

---

20 최기수, 『아모스 다시보기』 (안양: 성결대학교출판부, 2010), 43.

오직 정의를 물같이, 공의를 마르지 않는 강 같이 흐르게 할지어다(암 5:24).[21]

이 말씀은 이스라엘 백성들이 '미쉬파트'를 수행하여 굽이굽이 땅을 적시며 흘러가는 강물처럼 사회 정의를 실현하라고 명령한다.

스바냐서의 전체적인 주제는 하나님이 온 땅의 심판주로서 유다와 이방 나라들을 똑같이 심판하시며, 언약에 신실한 분으로서 자기 백성이 언약 관계로 돌아오면 그들을 축복하신다는 것이다.

스바냐서에서 '미쉬파트'는 4회(2:3; 3:5; 3:8; 3:15), '체데크'는 스바냐 2:3에서 '미쉬파트'와 함께 한 번 사용된다. 2:3에서 '미쉬파트'는 '규례'를 의미하는데, 규례를 지키고 공의를 행해야만 여호와의 분노의 날을 피할 수 있다고 말씀한다. 3:5에 나오는 '미쉬파트'는 '공의'로 해석되었는데, 하나님은 의로우시며, 불의를 행하지 아니하시며 그의 '미쉬파트'를 어둠에 묻어 두지 않고 끊임없이 빛 가운데 드러내는 분으로 묘사하고 있다.[22] 그리고 3:8에서는 '하나님의 뜻'으로 번역되었는데, 구체적으로 하나님의 심판을 의미한다.

다음으로, 3:15에서는 이렇게 말씀하고 있다.

여호와가 네 형벌을 제거하였고 내 원수를 쫓아냈으며 이스라엘 왕 여호와가 네 가운데 계시니 네가 다시는 화를 당할까 두려워하지 아니할 것이라(습 3:15).

---

21 여기서 정의를 나타내는 미쉬파트는 개역한글판에서 '공법'으로 번역되었고, 공의를 나타내는 체데크는 개역한글판에서 '정의'로 번역되었다(필자주).
22 김희보, 『하박국 스바냐 주해』(서울: 총신대학교출판부, 1987), 297.

여기서 '미쉬파트'는 '형벌'로 번역되었는데, 8절과 같이 심판의 의미를 지닌다. 이 심판은 스바냐서 전체에 걸쳐 강조되는 핵심 주제로서, 그 하나님의 심판이 제거될 것이며, 이런 이유로 시온의 딸들은 기뻐하고 찬양해야 한다고 가르친다.[23]

구약성경은 여호와가 정의의 하나님이심을 선언하거나 찬양한다. 여호와 하나님은 정의의 근원이시며, 정의에 아주 집착하기까지 하신다.[24] 그리고 정의로운 성품을 갖고 계시어 정의를 행하실 뿐 아니라 자기 백성에게 정의로운 행동을 요구하기도 하신다.[25] 게다가, 하나님께서 세상을 세우고 보존하는 원리 역시 정의에 기반을 두고 있다고 성경은 말한다.[26] 하나님이 정의 그 자체이기에 그분의 인격과 사역 속에 정의가 반영되는 것은 자연스러운 결과일 것이다.

류호준에 따르면 구약성경의 정의에 관해 구약학자들 사이에 두 가지 기본적 입장이 있다.[27]

---

23 김래용, "스바냐서에 나타난 미쉬파트 연구", 『신학사상』 제162호 (2013): 32.
24 류호준, 『정의와 평화가 포옹할 때까지』 (서울: 도서출판 대서, 2006), 173. 유대교 신학자 아브라함 헤셀은 "정의를 향한 하나님의 관심은 인간을 향한 그의 긍휼과 연민으로부터 나온다. 예언자들은 정의라고 부르는 절대적 원리 혹은 개념과 하나님이 관계를 맺고 있다고 말하지 않는다. 그들은 자기의 백성과 모든 사람들과 관계를 맺고 있는 그러한 하나님의 관계성을 인식하는 일에 푹 취해 있었다"(Abraham Heschel, *The Prophets*, vol. 1 [New York: Harper & Row, 1962], 216).
25 "오직 공법을 물같이, 정의를 하수같이 흘릴지로다"(암 5:24); "사람아 주께서 선한 것이 무엇임을 네게 보이셨나니 여호와께서 네게 구하는 것이 공의를 행하며 인자를 사랑하며 겸손히 네 하나님과 함께 행하는 것이 아니냐"(미 6:8).
26 Daniel, H. Ryou, *Zebaniah's Orachles*, 357-358.
27 Daniel, H. Ryou, *Zebaniah's Orachles*, 166-167.

첫째, 구약 학계의 주류를 이루는 견해로 하나님의 정의를 구원론적으로 이해하는 입장이다. 이것은 '관계성'의 측면에서 이해할 수 있는데, 그 관계성이 필요로 하는 요건들을 충족시킬 때 정의가 이루어진다.[28]

둘째, 정의를 세계 질서로 이해하는 입장이다. 이러한 의는 창조에 그 뿌리를 두고 있기 때문에 창조 질서의 골격이라 할 수 있다. 세계 질서로서의 정의 개념은 특히 구약의 지혜문학에서 크게 부각되고 있다.

이와 같이, 구약에서 정의를 의미하는 '미쉬파트'와 '체테크'는 하나님이 세우신 세계 질서의 토대일 뿐 아니라 세계 안의 모든 관계성을 규정하는 원리이기도 하다.

2. 신약의 정의 개념

구약성경의 '미쉬파트'와 '체데크'가 신약에서는 어떤 단어로 대체되었는지 먼저 찾아볼 필요가 있다. 70인역(LXX)에서 '체데크'를 번역한 용어로는 '디카이오스'에서 유래된 '디카이오오'와 '디카이오쉬네'가 있으며, '미쉬파트'를 번역한 용어로는 '디카이오마'와 '크리시스'가 있다. '디카이

---

[28] 아브라함 헤셀 역시 『예언자』라는 책에서 정의가 하나님과 인류의 관계성에 미치는 결정적 요소라고 기술한다. "정의는 인간과 인간 사이의 관계성만이 아니다. 그것은 하나님을 포함하는 행위, 즉 신적 필요이다. 정의는 그 분의 측량줄이며, 공의는 그 분의 잣대이다(사 28:17). 정의는 그 분의 길들 중의 하나가 아니다. 정의는 그 분의 모든 길들 속에 있다…따라서 정의의 정당성은 우주적이고 보편적일 뿐만 아니라 영원하다"(Abraham Heschel, *The Prophets*, vol. 1 [New York: Harper & Row, 1962], 198-199, 류호준, 『정의와 평화가 포옹할 때까지』, 174에서 재인용-)

오쉬네'는 주로 '의로움', '의'라는 의미로 92회, '디카이오오'는 '의롭다고 하다'라는 의미로 45회 사용되었다.²⁹

그리고 '디카이오마'는 '규정', '법령', '의로운 행위'라는 의미로 10회, '크리시스'는 '결정', '판단', '판결'이라는 의미로 47회가 사용되었다.³⁰

여기서 필자는 예수님과 바울이 '디카이오쉬네'와 '디카이오마'를 어떻게 사용했는지 중점적으로 살펴봄으로써 복음서에 나오는 예수님의 정의관과 바울서신에 나오는 바울의 정의관을 정리하고 신구약의 정의관이 아우구스티누스의 정의관 형성에 어떤 영향을 미쳤는지 검토하려고 한다.

1) 복음서에 나타난 예수님의 정의

마태복음에서 가장 먼저 '디카이오쉬네'가 사용된 곳은 마태복음 3:15이다. 세례요한에게 예수께서 세례를 받으시는 장면인데 요한이 예수께 세례를 베푸는 것이 '의를 이루는 것'이라 말씀하신다. 이 때 사용된 '의'가 바로 '디카이오쉬네'이다. 이 문맥에서 '의'는 요한이 세례를 받으러 온 사

---

29 예수님은 마태복음 12:37에서 "네 말로 의롭다 함을 받고 네 말로 정죄함을 받으리라"고 말씀하실 때, 여기서 디카이오오가 사용된다. 이 단어는 '무죄로 선언된(acquitted)' 혹은 '의롭다고 선언된(declared righteous)'이라는 의미로 칭의적 개념과 법정적 개념을 동시에 가지고 있다(필자주).

30 '크리시스' 역시 히브리어 '미쉬파트'의 등가어로 사용되는데, 크게 네 가지 의미로 사용되었다.
첫째는 '재판이나 심판 혹은 판단'의 의미로 사용되었다(마 5:21).
둘째는 복음서에서 가장 많이 사용된 의미로 법적 의미에서 하나님 또는 예수님의 심판, 혹은 예수께서 제공한 구원을 거부함으로 불행과 형벌을 스스로 자초했다는 점에서 그리스도가 발생시킨 심판을 의미한다(마 11:22; 눅 10:14; 요 3:19).
셋째는 사람에 대한 사람의 심판이나 판단의 의미로 사용이 되었으며(요 7:24), 마귀에 대한 천사장의 판결(유 1:9)에 대해서도 크리시스를 사용하고 있다(필자주).

람들에게 요구했던 삶의 질과 관계된다.

 요한은 자신의 삶으로 의를 보여주었을 뿐만 아니라 다른 사람들에게도 바로 그러한 삶을 살라고 강경하게 도전했다. 예수님은 세례를 받으심으로써, 하나님이 다른 사람에게 요구하시듯 자신에게도 완전한 삶의 헌신과 인격의 거룩함을 요구하신다는 것을 인정하셨다. 그것은 순종하는 그분의 삶의 한 부분이며, 요한은 비록 그보다 '못한 자'이지만, 세례를 시행하는 것에 관해 어떠한 당혹감도 느낄 필요가 없었던 것이다.[31]

 이 '의'는 바로 하나님의 뜻에 합당한 행동을 이루는 것이며, 하나님이 요구하시는 행동인 것이다. 특별히 산상수훈이 기록된 마태복음 5:6, 5:10, 6:1에서도 3:15과 비슷한 의미로 '디카이오쉬네'가 여러 번 사용되었다. 이들은 하나님이 요구하시는 의를 행하며 살아가야 하며, 선망의 대상이 되는 그리스도를 열심히 닮아가야 하는 것이다.[32]

 마태복음 6:33에서 사용된 '디카이오쉬네'는 하나님이 요구하시는 의를 말한다. 하나님의 나라를 우선으로 여긴다는 것은 하나님을 왕으로 모시고 최우선으로 여겨 충성한다는 의미이며, '의'는 이 결정에서 비롯되는 생활방식인 것이다.[33]

 마태복음 21:32에서 등장하는 '디카이오쉬네'는 의의 길로 행함의 의를 나타내고 있다. 21:28-32의 '두 아들'에 관한 간단한 이야기는 말과 행함 사이의 차이를 예시하고 있으며, 하나님이 우리의 말로만 하는 약속보다

---

31 마이클 그린, 『BST 시리즈. 마태복음 강해』, 김장복 옮김 (서울: 한국기독교학생회 출판부, 2005), 103.
32 J. A. 모타이어 외, 『IVP 성경주석』, 임용섭 외 공역 (서울: 한국기독학생회출판부, 2008), 1253.
33 J. A. 모타이어 외, 『IVP 성경주석』, 1256.

는 우리의 행위에 더 감동하신다는 것을 나타낸다. 예수님은 직접 그 이야기를 대제사장들과 장로들에게 적용하시면서 그들이 경멸한 '세리들과 창녀들'의 반응을 대조하신다.

이 '도무지 가망 없는 자들'은 세례 요한을 믿었기 때문에 먼저 '하나님의 나라'에 들어갈 것이라 말씀하고 있는 것이다.[34]

> '디카이오쉬네'는 누가복음 1:75에서 다시 등장한다. 여기서 등장하는 '의'는 하나님의 백성이 하나님 앞에서 거룩하고 의로운 삶을 살아가는 것을 뜻하는 것으로 이 또한, 하나님 앞에서 바른 행위를 뜻한다고 할 수 있다.[35]

요한복음은 16:8, 16, 10에서는 '디카이오쉬네'가 사용된다.[36] 8절과 10절은 하나의 문맥으로 하나의 대상을 지시한다. 8절은 성령이 죄에 대하여, 의에 대하여, 심판에 대하여, 세상을 책망하기 위해 오신다고 말한다. 10절에서 의에 대한 것을 "내가 아버지께로 가니 너희가 다시 나를 보지 못함"과 연관시키는데, 이것은 그리스도가 죽음과 부활과 승천을 통해 자기의 의로움을 입증하는 것을 말한다.

즉, '디카이오쉬네'는 예수께서 하나님과 올바른 관계 속에 있음을 보여주며, 죄와 관련해서는 예수가 죄인의 의가 되는 것을 말한다. 다시 말해, '디카오쉬네'가 그리스도를 증언하는 경우, 그의 고결함, 죄 없으심, 완전

---

[34] J. A. 모타이어 외, 『IVP 성경주석』, 1281-1282.
[35] J. A. 모타이어 외, 『IVP 성경주석』, 1355.
[36] "그가 와서 죄에 대하여, 의에 대하여, 심판에 대하여 세상을 책망하시리라 죄에 대하여라 함은 그들이 나를 믿지 아니함이요 의에 대하여라 함은 내가 아버지께로 가니 너희가 다시 나를 보지 못함이요."

무결한 도덕성을 나타내는 것이다.

70인역에서 150회 정도 등장하는 '디카이오마'는 신약성경에서 10회 정도만 나온다. 복음서는 누가복음 1:6에서만 사용된다. 여기서 의미는 '계명'으로 로마서 2:26, 히브리서 9:1에서도 동일한 용례로 사용되었다.

'디카이오마'는 '규정'이나 '법령'을 의미하기도 하는데, '미쉬파트'의 등가어(等價語)로 사용된다.

예수님은 선지서를 배경으로 당시의 타락을 비판했고, 유대인들이 하나님의 백성으로 살아가도록 가르치시며 본을 보이셨다. 예수님은 사회의 비리, 권력의 남용, 부정 등을 비판하고 정의를 실천하라고 강조하셨다.

더 나아가 당시 사회에서 소외당하는 세리, 죄인, 사마리아인, 가난한 자들을 직접 영접하시어 말씀을 전하시고 함께 식사하시며 사랑을 베풀어 주셨다.

반면, 종교 지도자들에게 그들의 어리석은 삶의 방식과 직면하게 하셨고, 그들을 바른 길로 불러내셨으며, 그들이 그렇게 행동한 결과를 감수할 수 있기를 기대하셨다.

그리고 예수님은 개인의 행위와 사회적 실천에 대한 도덕적 판단을 수립하기 위해 하나님의 형상을 닮아가는 것, 실제 삶에서 율법과 그것의 성취가 가지는 도덕적 중요성, 가난하고 힘없고, 버려지고, 폭력에 희생당한 자들을 위한 정의에 깊이 관여하셨다.[37]

이러한 행위는, 예수께서 사용하신 '디카이오쉬네'의 의미에서 자연스럽게 흘러나오는 삶의 양태인 것이다. 하나님께서는 우리 삶의 완전한 헌

---

37 글렌 H. 슈타센, 『하나님의 통치와 예수 따름의 윤리』, 신광은·박종금 옮김 (서울: 대장간, 2011), 464.

신과 인격의 거룩함을 요구하신다. '행위의 의'로서 하나님의 뜻에 합당한 행동을 하며 살아갈 때 우리의 삶 가운데 정의를 위한 행동이 자연스럽게 발현되는 것이다. 예수님의 의는 하나님 나라를 최우선으로 생각하며 살아가는 삶의 방식인 것이고 하나님 앞에서 거룩하고 의로운 삶을 살아가는 것이다.

2) 서신서에 나타난 바울의 정의

앞에서 소개한 바와 같이, '체데크'의 등가어인 '디카이오쉬네'는 신약성경에서 총 92회 사용되는데, 그 중 52회가 바울서신에서 사용되었다. 이는 바울에게 '의' 혹은 '정의' 개념이 그만큼 상당한 비중을 차지하고 있음을 보여준다.

바울서신에서 '디카이오쉬네'는 특별한 의미를 지닌다. 로마서 1:17에서 사용된 '디카이오쉬네'는 자신의 백성과 관계를 회복하기 위한 하나님의 구원행위로 사용되었고, 로마서 3:5에서는 하나님의 진노와 구원의 모든 행위가 포함된 의미로 사용되었다. 3:21의 '디카이오쉬네'는 율법과 다른 것이지만, 율법과 완전히 분리된 것은 아닌 의미로 사용되었다.[38]

또한, '디카이오쉬네'의 의미를 이해하기 위해 특히 다음의 사실들이 주목되어야 한다. 한 민족으로서의 유대인과 그들 가운데서 기독교로 개종하게 된 매우 많은 유대인들은 모세 율법의 요구사항에 부합하는 행위를 행함으로 말미암아 하나님의 은총을 받았다고 생각하며, 영원한 구원에

---

38 한천설, "δικαιοσύνη θεου 개념에 대한 재조명: 바울서신에 나타난 하나님의 의 이해를 위한 예비적 고찰",『신학지남』통권 313호 (2012): 57-60.

이를 수 있다고 생각했다.

그러나 이 율법은 모든 가르침에 완전히 복종할 것을 요구하며, 그러한 복종을 이행하지 않는 자들을 정죄한다(갈 3:10). 이런 식의 복종은 유대인도 이방인도 그 누구도 이행할 수가 없다.

이러한 이유로 바울은 하나님의 사랑, 즉 그의 독생자 그리스도를 인간의 죄를 속하는 희생 제물로 죽게 내어 주심으로 말미암아 인류에게 그의 은총과 선한 뜻을 입증하셨고, 그리하여 인간이 마치 죄를 짓지 않은 양, 구원을 소망할 수 있게 한 그 사랑을 선포한다.

그러나 이 소망을 얻는 길은 오로지 믿음을 통하는 것뿐이라고 가르친다. 이 믿음으로 인간은 그리스도 안에 계시되고 보증된 하나님의 그 은총을 전유할 수 있다. 그리고 하나님은 이 믿음을 인간에게 '디카이오쉬네'로 간주하여 주는 것이다. '디카이오쉬네'는 "한 죄인이 하나님께서 제공하신 은총을 받아들이는 그 믿음을 통하여 그 죄인이 주인이 되시는 하나님께 용납(열납)될 수 없는 상태"를 나타낸다.

고린도전서 1:30에 이러한 의미가 명확하게 드러나고 있다. 하나님은 우리를 대우하실 때 우리의 모습을 보시고 평가하시는 것이 아니라 우리 안에 계신 예수님을 보시고 우리를 평가하신다. 예수님이 완전히 의로우신 것을 보시고 우리를 의로운 하나님의 백성으로 평가하시고, 죄로 죽어야 했던 우리를 우리 안에 계신 예수 그리스도 때문에 하나님 앞에서 의인으로 여겨지는 것이다.[39]

---

39 이상원, 『십자가에서 아가페로』(서울: 솔로몬, 2016), 111-112.

이런 의미에서 '디카이오쉬네'는 바울서신 여러 곳에서[40] 수식어구 없이 사용된다.

정리해 보면, 복음서와 서신서에 나오는 정의 개념은 구약에서 사용된 정의 개념과 기본적으로 같다고 볼 수 있다. 히브리어 '체테크'에 상응하는 신약의 헬라어는 '디카이오쉬네'(δικαιοσυνμ)이고,[41] '미쉬파트'에 해당하는 헬라어는 '디카이오마'(δικαιωμα)이다.

따라서 '미쉬파트'와 '체데크'의 관계처럼, '디카이오마'는 '디카이오쉬네'의 외적인 발현이라고 간주할 수 있다.

정의에 대한 복음서의 용례들을 살펴보면 이와 같다.

첫째, 마리아의 남편 요셉(마 1:19)를 의로운 사람이라고 지칭한다.

둘째, 아벨을 비롯한 구약의 성도들을 의롭다고 한다(마 13:43-49; 25:35-46).

셋째, 율법을 철저히 지키려는 바리새인에 대해서는 외면적으로 의롭다고 한다(마 23:28).

이것은 유대 율법의 세부 규정들을 지킨다는 차원에서 형식적인 의를 말한다.

넷째, 절대적으로 선하고 의로운 분은 오직 하나님 한 분 밖에 없다고 한다(눅 18:19).

다섯째, 예수님을 의인이라고 칭한다(눅 23:47).

---

40 롬 4:5 이하; 4:11; 5:17; 9:30; 14:17; 갈 5:5.
41 G. Schrenk, "δίκη" in Gerhard Kittel, ed., *Theological Dictionary of the New Testament* II (Grand Rapids, from 1964), 178-225.

상기한 용례들을 볼 때, 복음서에 나타난 '의'는 통상적으로 율법과 관련해, 혹은 사람의 성품과 행실과 관련해 판단하는 기준으로 간주할 수 있을 것이다.

다음으로, 바울서신에 등장하는 '디카이오쉬네'는 복음서보다 '의' 개념을 밝히는 데 더 유용하다.[42]

바울의 '의' 개념의 핵심은 로마서에서 쉽게 찾아볼 수 있다. 로마서 1:16-17에 나오는 "하나님의 의"는 세 가지 의미로 해석될 수 있다.

첫째, 단순한 소유의 뜻으로 해석될 수 있다. 이 경우에, 하나님의 품성 가운데 한 속성을 가리킬 수 있다.

둘째, 언약 속의 백성과 하나님과의 관계에서 드러나는 하나님의 의를 가리킨다. 이 '의'는 옳고 그름에 대한 축복과 심판의 의미보다는 하나님으로부터 시작된 언약 관계에 근거를 두고 있다는 것이다.

셋째, 바울 자신의 독자적인 의미를 갖고 있다. 이 '의'는 유대인과 이방인을 모두 포함한 죄인들 개개인을 향한 것이다. 이것은 의로운 하나님이 불의한 자를 받아들이면서도 여전히 의롭다는 점을 명시하는 것과 같다.

> 곧 이때에 자기의 의로우심을 나타내사 자기도 의로우시며 또한, 예수 믿는 자를 의롭다 하려 하심이라(롬 3:26).

---

[42] 정인찬 편, "의", 『성서대백과』 6권 (서울: 기독지혜사, 1980), 790.

신약성경에서 사용되고 있는 '의'의 개념을 종합해 볼 때, 복음서와 바울서신에 나오는 '의' 개념은 하나님과의 관계 속에서 두 가지 특징을 지닌다.

첫째, '의'는 하나님 뜻에 합당하게 행동하는 것을 말한다.
예수님은 세례를 받으실 이유가 없음에도 불구하고 요한에게 세례를 받는 것이 의를 이루는 것이라고 하셨다(마 3:15). 이에 따르면 우선적으로 "하나님의 나라와 그 의를 구하는" 삶의 방식이 하나님 앞에 '의'가 되는 것이다.

둘째, '의'는 하나님과의 올바른 관계를 가리킨다.
특히, 바울서신에서 말하는 '이신칭의' 교리는 성도와 하나님의 올바른 관계를 함의한다. 성도는 예수를 믿음으로 예수의 의를 전가 받아 하나님에게 의롭다함을 얻는 것이다.

아우구스티누스가 영적, 사상적 방황을 극복하고 기독교로 전향하는 과정에서 가장 큰 영향을 받은 것은 바울의 이신칭의 교리이다.
이신칭의 교리의 핵심인 바울의 '디카이오쉬네' 개념은 하나님이 죄인들을 의롭다고 선언하신다는 법정적 의미를 내포하고 있다. 하나님의 '의롭다'는 선언은 죄인들 자신의 선행과 공로 때문이 아니라 예수를 믿음으로 그 의가 전가되었기 때문에 받는 것이다.
성경에서 율법을 행함으로 얻는 의와 믿음으로 얻는 의는 구원의 측면에서 크게 구별되지만, 모두 하나님과의 올바른 관계 맺음을 내포하고 있다. 그러기에 죄인들이 의를 획득하여 하나님과 올바른 관계를 맺게 되면 하나님과의 샬롬(평화)을 누리게 되는 것이다.

아우구스티누스는 정의의 열매가 평화라고 주장한다. 성경의 관계적 정의 개념을 정확히 이해하고 따르고 있었기에 가능했던 주장이라고 필자는 생각한다. 아우구스티누스에게 영향을 준 바울의 '디카이오쉬네' 개념은 바울이 독자적으로 만들거나 다른 세속 학자들에게서 빌려온 것이 아니라, 정의에 대한 구약의 가르침과 예수의 가르침을 그대로 전수받은 것이다.

그러므로 성경적 정의관은 다른 어떤 것보다도 아우구스티누스가 기독교적 정의 개념을 형성하는데 가장 중요한 토대를 제공했다고 볼 수 있다.

제6장

교부들의 정의관

1. 초기 교부들

2세기의 교부들은 헬라 철학과 로마법에 근거한 정의 개념에 익숙했을지라도, 대체로 성경에서 하나님과 인간의 올바른 관계에 토대를 둔 '의' 개념 또는 '정의' 개념을 선호했다.[1]

먼저, 순교자로 잘 알려진 유스티누스(Justinus the Martyr, 100-165)는 '정의'를 하나님과 동일시한다. 그에 따르면 하나님은 덕으로서의 정의를 인간에게 전달해주신다.[2]

그는 『유스티누스의 기독교 변증론 제1변증서』 제2장에서 재판장들에게 정의로운 판결을 탄원할 때 재판장들을 가리켜 경건한 철학자요 정의의 인도자라고 칭한다. 그리고 건전한 이성이 경건하고 진리를 사랑하는 이 철학자들을 지도하는데, 구체적으로 그들이 잘못된 것을 가르치거나 지도하는 것을 방지할 뿐 아니라 심지어 그들에게 그러한 의무를 부과한

---

1 Robert J. Dodaro, "Justice," in Allan D. Fitzgerald, O.S.A., *Augustine through the Ages* (Grand Rapids, Michigan: Wm. B. Eerdmans Publishing Co., 1999), 80.
2 유스티누스, 『변증학』 6.1; 10.1.

다고 주장한다.

다음으로, 리용의 이레나이우스(Irenaeus of Lyon, 140년경-203년경)는 정의의 근원이 하나님에게 있다고 역설하면서, 정의와 선이 하나님 안에서 양립할 수 없다는 영지주의자들의 주장을 반박한다. 이레나이우스 역시 좀 더 구체적으로 정의가 하나님의 율법 계시를 통해 이스라엘의 역사를 구성하는 특징으로써, 그리스도 안에서 온전히 성취된다고 설명한다.

그는 하나님의 정의로운 통치와 사단의 불의한 폭력 및 그 불의에 맞선 그리스도의 순종과 인내가 하나님의 공의를 온전히 성취하며, 그 결과 사탄의 불의가 심판받을 수밖에 없다고 주장한다.[3]

즉, 사탄은 불의를 범하지만 그리스도는 정의로 이 불의를 꺾었다는 것이다. 그에 따르면 여기서 그리스도의 정의는 곧 순종이요 대속적 보혈을 가리킨다.

알렉산드리아의 클레멘스(Titus Flavius Clemens 또는 Clemens of Alexandria, 150년경-215년경)도 이레나이우스의 견해와 유사하다.[4] 그는 특히 정의를 4주덕 가운데 가장 중요한 자리에 올려놓고 스토아학파의 인간관을 따라 인간이 자연스럽게 정의에 이끌리는 존재라고 설명했다.

오리게네스(Origenes, 185년경-254년)는 인간의 정의에 대해 '어떤 것을 그 가치에 따라 분배하는 능력'으로 간주했다. 오리게네스의 정의관 속에 이미 아리스토텔레스의 분배적 정의 개념이 들어 있음을 엿볼 수 있다. 그는 하나님의 정의이자 정의의 완전함을 드러낸 그리스도의 중재를 통해 신적

---

3 '정의'의 관념과 관련해 유스티누스의 사상 안에서 이후 안디옥 학파의 기본 관념이 되는 하나님의 정의로운 정치와 사탄의 폭군적 부정의의 흔적을 엿볼 수 있다(필자주).
4 플라톤, 『파이드로스』, 1.18.4 참조.

인 정의와 연속선 상에 있는 것으로 이해했다.

라틴 기독교 저술가들 중에서, 락탄티우스(Lucius Caecilius Firmianus Lactantius, 340-320)는 『신의 교훈』(Divine Institutiones)이라는 작품에서 정의를 가장 중요한 주제로 다루고 있다.[5] 그는 스토아의 이신론적 신과는 달리 기독교의 하나님이야말로 인간의 불의를 바로 잡는 일에 개입할 수 있다고 주장했다. 더욱이 '평등'(aequitas)이라는 라틴어 개념에 기초한 로마의 정의는 그리스도의 중재를 통한 보편적 형제애를 강조하는 기독교 안에서 보다 더 완전해질 수 있다고 보았다.

그는 또한, 하나님이 정의롭고 공정한 심판자임을 주장하기 위해 플라톤, 키케로, 세네카 등의 정의관과 성경적 정의 개념을 조화시킨다. 아울러 그리스도가 정의를 가르치기 위해 육화하셨으며, 정의는 하나님에게 드리는 올바른 예배 안에 현존한다고 주장했다. 이는 로마가 한때 '공화국'(res publica)을 건설한 적이 있다는 키케로의 주장[6]을 반박하려고 내세운 주장이었다고 한다.

이것은 아우구스티누스가 『신국론』에서 키케로의 입장을 비판하는 내용과 일치한다.

---

5   Lactantius, *Divine Institutes*, 5권.
6   마르쿠스 T. 키케로, 『국가론』, 2.70.

2. 4세기의 교부들

4세기의 헬라 교부들과 라틴 교부들은 초기 교부들의 정의 개념을 좀 더 응용하여 체계적으로 발전시켰다.

먼저, 『교회사』(Historia Ecclesiastica)라는 작품으로 잘 알려진 가이사랴의 유세비우스(Eusebius of Caesarea, 미상)는 예수 그리스도의 행적과 가르침이 사람들로 하여금 불의에서 떠나 정의로 되돌아갈 수 있게 한다고 주장했다.

요한네스 크리소스토무스(Johannes Chrisostomos, 약 349년경-407년)는 정의가 모든 계명의 성취에 있다고 단언한다.

이 두 교부의 정의 개념은 지나칠 정도로 성경의 테두리 안에서만 규정된 것이 아닌가 하는 인상을 준다. 이들은 시대적으로 아우구스티누스와 가장 근접한 시기에 살았지만, 그에게 미친 영향은 아주 미미했다.

반면, 동시대 교부였던 암브로시우스와 제롬은 특히 4주덕 개념을 통해 아우구스티누스의 정의관 형성에 직간접적으로 큰 영향을 미쳤던 것으로 보인다.

따라서 필자는 여기서 4주덕에 대한 암브로시우스와 제롬의 입장을 먼저 소개함으로써, 아우구스티누스가 4주덕 개념을 계승해 기독교적 정의관을 구체화했다는 전거를 마련하고자 한다.

1) 암브로시우스

암브로시우스(Ambrosius, 339-397)는 밀라노의 주교로서 4주덕(virtutes cardinales, 또는 *virtutes principales*[7])이란 용어를 최초로 사용한 인물로 알려져 있다.[8] 그는 주로 키케로에게 배운 개념 이면에 있는 철학적, 사법적 전통을 성경적이고 신앙적인 의(righteousness)로서의 정의(justitia) 개념과 통합한다. 게다가, 그는 『토빗 이야기』(*Book of Tobit*)라는 책에서 놀음과 도박을 멀리하라는 경제 정의와 사회 정의를 외치기도 했다.[9]

암브로시우스는 정의를 주덕들 가운데 하나로 취급하고 그것을 분배적이고 교환적 기능에 맞게 규정한다.

가장 주목할 만한 점은 서방 기독교에서 4주덕을 기독교화하는 과정이 암브로시우스에게서 시작되었다는 것이다. 따라서 기독교 덕 윤리의 역사에서 차지하는 암브로시우스의 역할은 분명 선구적이었다고 볼 수 있다.

그는 심지어 4주덕을 성령의 은사로 표현할 정도로 적극 수용했다.[10] 보는 사람에 따라 약간은 알레고리적 해석같기도 하고, 매우 인위적인 해석같기도 하지만, 암브로시우스는 이를 통해 분명한 메시지를 전달하려고 했다.[11]

---

[7] *De parA.D.iso* 3.18; *Expositio Psalmi* CXVIII 11; *De officiis* 1.24.115; 150.252; 12세기에 이르러 덕에 대한 체계적인 윤리적 성찰이 이루어지는데, 그때까지는 virtutes cardinales 보다 virtutes principales가 더 일반적으로 사용되었다고 한다.

[8] Ambrose, *Expositio in Lucam* 5.49; 5.62.

[9] 암브로시우스, 『토빗 이야기』, 최종원 역 (왜관: 분도출판사, 2014)

[10] *De sacramentis* 3.2.9.

[11] István P. Bejczy, *The Cardinal Virtues in the Middle Ages*, 14-15. 그는 『낙원에 대하여』(*De ParA.D.iso*)와 몇몇 작품들에서 낙원의 네 줄기 강을 지혜의 샘에서 솟아나와 영원한 생명에 이르는 4주덕으로 해석한다(*De ParA.D.iso* 3.14-18; *De Abraham* 2.10.68; *Explana-*

그에 따르면 고대의 주덕들은 그리스도인들이 수용할 만하며, 실제로 그들을 천국으로 인도하기까지 한다.

암브로시우스는 자기 형제 사티루스(Satyrus)의 장례식 설교에서 특히 고전적인 덕의 가르침에 대해 미묘한 접근을 한다. 언뜻 보기에, 스토아 개념들을 따르고 있지만, 자기 형제를 진정한 신자요 경건한 사람으로 표현

---

tio Psalmorum XII.
이러한 해석은 알렉산드리아의 필로에게서 빌려왔다고 한다). 그는 『의무론』(*De officiis*)에서 솔로몬의 지혜서 8:7("만일 사람이 덕을 사랑한다면 온갖 덕은 곧 지혜의 노고의 산물이다. 지혜는 사람에게 절제와 현명과 정의와 용기를 가르쳐 준다. 현세에서 사람에게 이러한 덕보다 더 유익한 것이 있겠느냐?")을 언급하지 않은 상태에서 고대인들이 성경에서 4주덕의 틀을 차용했다고 주장할 정도로 멀리 나아간다(*De officiis* 2.13.65). 그는 『낙원에 대하여』의 후속작인 『가인과 아벨에 대하여』(*De Cain et Abel*)에서 4주덕을 적용해 독자들을 권고한다. 종교의 진리를 인식하기 위해 기도에 지혜를 부여하고 정숙한 가운데 그 대신 기도하라는 바울의 명령을 따라 절제를 부여하며, 꾸준히 기도하기 위해 용기를 부여하고 하나님의 정의를 간청할 때 부당한 편견에서 헤어나오기 위해 정의를 부여하라고 권고한다(*De Cain et Abel* 2.6.21).
게다가, 암브로시우스는 자기 작품들에서 4주덕을 성경의 네 쌍 구조(quartet)와 연결시키는데, 예를 들어 구원사의 네 시대(*De ParA.D.iso* 3.19-22.
여기서 창조에서 홍수의 시기는 지혜, 족장들의 시대는 절제, 율법의 시대는 용기, 기독교 시대는 정의와 연결시킨다), 에스겔 1장에 나오는 네 생물(*De virginitate* 18.114-115. 여기서 사람은 지혜를, 사자는 용기를, 황소는 절제를, 독수리는 정의를 상징한다; *De Abraham* 2.8.54에서는 덕목들을 피조물 각자가 아닌 모든 피조물의 네 날개와 결부시킨다), 중풍병자를 예수님에게 들고 온 네 명의 친구들(막 2:3-4, *Expositio in Lucam* 8.40) 등이 있다.
『이삭 또는 영혼에 대하여』(*De Issac vel anima*)에서는 그리스도가 몰고 네 마리의 선한 말이 끄는 영혼의 전차라는 강력한 이미지를 소개하는데, 선한 말들은 영혼의 덕을 나타내며, 방해하는 네 마리의 악한 말은 육체의 탐욕을 나타낸다(*De Issac vel anima* 8.65). 끝으로, 『누가복음 강해』(*Expisitio in Lucam*)에서 그는 각각의 주덕을 누가복음에 나오는 사복 중 하나와 연결시킨다.
암브로시우스에 따르면 절제와 마음의 가난(눅 6:20; 마 5:3)은 죄를 삼가는 데 있고, 정의와 의에 대한 목마름(눅 6:21; 마 5:6)은 긍휼과 자선 행위에 있고, 지혜와 우는 것(눅 6:21; 마 5:5)은 세상의 현실을 슬퍼하고 영원한 것을 추구하는 데 있고, 용기와 그리스도를 위해 미움 받는 것(눅 6:22; 마 5:10)은 종말에 이르기까지 하나님의 뜻을 따르는 데 있다(*Expositio in Lucam* 5.65-68).
암브로시우스는 여기서 네 가지 덕을 누가복음에 나오지 않은 마태복음의 나머지 사복과 연결시킨다.

하기 위해 덕의 의미를 재조정한다.

그는 사티루스를 스토아의 '자연에 따른 삶'(secundum naturam vivere)의 원리에 따라 하나님에게 드리는 '자연스러운' 감사로 생각한다.¹²

이러한 감사를 지혜와 연결시킨 암브로시우스는 지적하기를, '현명한 자들'은 지혜를 최고선이신 하나님을 인정하고 수용하는 것이라고 규정한다. 자애(사랑)의 이중 가르침(마 22:37-38)을 따라 지혜를 하나님 사랑과 이웃 사랑과 같게 하는 방법으로 그들의 견해를 바꾸어 말하기도 한다.¹³

사티루스의 지혜에 대한 모든 예들은 그의 하나님에 대한 사랑과 연결시킨다. 정의는 고대 사회의 최고 사회적 미덕으로서 자신의 모든 소유를 자기 이웃과 하나님에게 돌려주는 것으로 설명된다. 하지만 암브로시우스에 따르면 최상의 역할은 다른 사람들을 돌보는 것이다.¹⁴

이것은 가난한 자들을 도와준 사티루스에게서 여실히 드러났다. 그래서 암브로시우스는 지혜(하나님 사랑)와 정의(이웃 사랑)라는 고대의 미덕을 복음적인 사랑의 두 요소로 구분한다. 용기와 절제의 미덕 역시 스토아의 개념에 따라 더 면밀하게 분석하는데, 암브로시우스는 용기를 하나님에 대한 신뢰와 연결시키고, 절제로 대체된 단순함(simplicitas)은 팔복 중 첫 번째 지복인 마음의 가난함과 연결시킨다.¹⁵

---

12 *De excessu fratris* 1.45.
13 *De excessu fratris* 1.42: "Non mediocris igitur prudentiae testimonium, quae ita a sapientibus definitur: bonorum primum esse deum scire et verum illud atque divinum piamente venerari, illam amabilem et concupiscendam aeternae pulchritudinem veritatis tota mentis caritate diligere, secundum autem in proximos a divino illo atque caelesti naturae derivare pietatem."
14 *De excessu fratris* 1.57-58.
15 *De excessu fratris* 1.44.

암브로시우스의 『의무론』(De officiis)은 스토아와 기독교의 가르침이 혼재되어 있다. 학자들은 암브로시우스의 『의무론』이 키케로의 『의무론』에 대한 기독교식 대체물이라는 주장을 동의하지 않지만,[16] 암브로시우스가 주덕을 정의한 내용을 보면, 기독교적인 전망이 곳곳에 퍼져 있음을 알 수 있다.

사티루스의 장례식 설교에 나온 바와 같이, 지혜와 정의는 각각 자애의 한 가르침을 구성한다, 곧 지혜는 하나님에 대한 헌신에 있고 정의는 다른 사람들에 대한 관심을 선호한다.[17]

고대의 정의 개념을 공동체를 위한 미덕으로 재정립하면서, 암브로시우스는 보복이나 개인 자산의 보호와 같은 사적인 이익들에 해당되는 요소들을 거부한다. 진정한 정의는 키케로의 식대로 자비(benevolentia)와 자유(liberalitas)로 이루어진 선행(beneficentia)과 일치하며, 다른 사람들에게 자유롭고 후하게 주는 것으로 이해하는 것이 가장 좋다고 암브로시우스는 주장한다.[18]

기독교의 미덕은 여기서 스토아의 옷을 입고 나온다.

용기와 절제는 더욱 스토아다운 특징을 갖고 있지만, 암브로시우스는 그리스도인들이 이러한 덕목들을 가장 잘 드러내야 한다고 역설한다. 용기는 구약의 많은 지도자들이 보여주는 것처럼 전쟁에서의 육체적 강인함뿐 아니라 특히 사제들이 매일의 훈련을 이수해야만 하고 순교자들이 완

---

16 Colish, *The Stoic TrA.D.ition* 2, 58-70.
17 *De officiis* 1.27.126-127.
18 *De officiis* 1.28.130ff; 1.30.143ff; 참조. 2.9.32.

벽하게 지니고 있는 정신적 용맹으로 이루어진다.[19]

절제는 특히 욕망을 절제하고 세상의 부를 포기함을 통해 데코룸(deco-rum)과 호네스툼(honestum)에 맞게 인생을 질서 지우는 것을 의미한다.[20]

암브로시우스가 덕을 가장 자주 반복하는 예는 구약의 인물(노아, 아브라함, 야곱, 요셉, 욥, 다윗 등등)인데, 그가 보기에 그들은 고대철학자들이 덕목들을 발견하기 아주 오래 전부터 이미 덕목들을 알았을 뿐 아니라 실천하기까지 한 인물들이었다.[21] 비록 『의무론』 안에 체계적인 덕 윤리가 들어 있지 않더라도, 암브로시우스가 기독교적인 내용에 스토아의 덕목들을 부여하려고 했던 것은 분명해 보인다.

암브로시우스는 덕목들의 우열과 순서를 명확하게 밝히고 있지 않지만, 『의무론』에서 이것을 조금 가늠하게 해 준다. 그에 따르면 네 가지 덕목들 가운데 지혜는 나머지 다른 덕목들의 원천이며(1.27.126), 정의는 다른 덕목들을 연결시켜주는 요소이며(1.27.129), 용기는 나머지 다른 덕목들보다 더 높은 자리에(excelsior ceteris) 위치한다. 한편, 절제는 '다른 덕목들보다 훨씬 더 주목을 받는다'라고 하면서, 최상의 자리에 위치시킨다.

심지어 암브로시우스는 신앙적인 덕목들을 이 주덕들과 연결시키기도 한다. 그는 경건(pietas)을 '모든 미덕의 근본'(fundamentum omnium virtutum)이라 했고(1.27.126), 신앙(fides)을 정의의 근본(fundamentum)이라고까지 했다(1.29.142).

---

19 De officiis 1.35.175ff.
20 De officiis 1.43.210ff.
21 De officiis 1.21.94; 1.25.118.

고전적인 주요 덕목들을 대하는 암브로시우스의 태도는 그대로 수용하려는 자세보다는 무언가를 얻으려고 하는 자세인 것처럼 보인다.

4세기 후반까지 주덕에 대해 단지 고전적인 도덕 철학의 요소들 정도로만 치부되었지만, 암브로시우스는 기독교식으로 이 체계를 손에 넣을 필요성을 깨달은 최초의 라틴 저자였으며, 이 필요성을 아주 잘 표현하였다. 또한, 열심히 스토아의 가르침을 수집해 그 의미를 기독교적인 것으로 채택했다.

그뿐만 아니라 그는 주덕에 대한 기독교적 해석을 더욱 정교히 했다. 게다가, 그는 기독교 청중들에게 주덕이 신앙에 맞게 해석된다면 신자들에게 유용하고 하나님이 기뻐하실 뿐 아니라 영혼의 구원을 확고히 한다고 가르쳤다. 이것은 그때까지 라틴 교회에서 들어보지 못한 메시지였다.

2) 제롬

제롬(Jerome, 348년경-420년경)은 현대 성경 주석가들에게 철학에 진정한 관심이 별로 없었던 성경 주석학자로 평가받는다.[22]

그가 성경 주석을 하면서 덕에 대해 주로 언급한 것들은 철학적 관심보다는 차라리 오리게네스에게 받은 영향 때문이었다. 제롬은 오리게네스의 작품을 많이 번역한 인물이었다. 실제로, 덕에 대한 오리겐의 일부 표현들은 제롬의 라틴어 번역판에만 보존되어 있을 정도다.

---

22 Colish, *The Stoic TrA.D.ition* 2, 70-72.

아마도 제롬은 암브로시우스에게도 영향을 받았을 것으로 추정된다. 암브로시우스는 375년경 『낙원에 대하여』에서 덕들을 소개했다. 제롬의 최초 언급은 387-388년에 집필된 것으로 추정되는 『바울서신 주석』에 등장한다. 그의 주석 작품과는 별도로, 제롬이 쓴 네 편의 편지만이 주덕을 언급하는데,[23] 그의 작품들에는 이 구조가 빠져 있다.

서방 기독교에서 제롬이 주덕의 기독교화에 기여한 바를 평가하기 위해, 제롬과 암브로시우스의 진술을 비교하는 것이 유익할 것이다. 최초의 관찰은 암브로시우스는 자신의 주석에서 일반적으로 주덕을 성경의 4중 양식과 연결시키는 반면, 제롬이 언급한 대다수는 다른 맥락에서 등장한다. 물론 제롬도 에스겔 1장의 네 생물, 니느웨의 전차를 그는 네 마리의 말들(나 3:2), 스가랴 1:20-21에 나오는 네 명의 대장장이들, 천상의 예루살렘으로 들어가는 네 문 등과 덕들을 연결시키기도 한다.[24]

하지만 일반적으로 그의 주석 작품에서 덕들은 하나님 안에 완전히 포함되고 하나님이 자기를 따르는 자들에게 부여하신 영적 자질들로 나온다. 제롬은 모든 덕이 하나님에게 귀속된다고 거듭 강조하는데,[25] 이는 암브로시우스의 글에서 찾아볼 수 없고 오리게네스가 지지한 내용이다.

또한, 제롬이 다른 세 편의 글에서 반복하는 것처럼, 지혜(*prudentia/sapientia*), 정의(*iustitia*), 용기(*fortitudo*), 절제(*temperantia*)는 그리스도의 이름들 가

---

23 Jerome, *Epp.* 52:13; 64.20; 66.3
24 *Commentarii in Hiezechielem* 1 (on 1:6-8); *Commentarii in Naum* (on 3:1-4); *Commentarii in Zachariam* 1 (on 1:18-21;)
25 *Commentarii in A.D. Ephesiaos* 1 (on 1:6; 1:15-18); *Commentarii in A.D. Ephesiaos* 3 (on 4:32; :17); *Commentarii in A.D. Galatas* 2 (on 5:5).

운데 포함되기도 한다.²⁶ 오리게네스의 견해에 동조하여, 제롬은 기독교 신자들이 그리스도의 존재에 참여하는 것만큼이나 그리스도 안에 있는 이 덕목들을 즐겨야 한다고 제안한다.

그리스도 안에 사는 것은 모든 덕들을 소유함을 의미하는 반면, 그리스도 없이 사는 것은 어떤 실제적인 덕도 소유할 가능성을 배제한다.²⁷

의인은 믿음으로 말미암아 살리라(갈 3:11)는 사도 바울의 말씀을 갈고 다듬으면서, 제롬은 그리스도 없이 모든 덕 특히 불신자들이 자랑하는 주덕은 결국 악덕이 된다.²⁸ 하지만 신자들조차 이생에서 부분적으로만 덕스럽게 살아간다. 그들 대부분은 개별적으로 하나의 덕을 발휘하고 성도들도 완벽하게 모든 덕을 좀처럼 따르지 않는다.

하지만 내세에서 전부 채워질 때(엡 1:23) 하나님은 선택한 백성들을 그의 덕의 충만함에 참여하게 할 것이다.²⁹

그때 덕들이 제롬의 주석 작품 안에서 주로 철학적인 특징이나 심지어 도덕적인 특징을 지니지 않는다는 것은 사실이다. 덕은 오히려 은혜의 상태에서 살아가는 조건적인 요소들로 나타난다. 즉, 덕을 따름으로 인해 신자들은 하나님을 따르고, 하나님을 따름으로 인해 신자들은 덕을 따르는 것이다.

한편, 제롬은 조심스럽게 철학의 함정을 피한다. 덕이 하나님에게 귀속되고 그리스도의 이름들 가운데 계산된다고 말할 때, 그는 결코 하나님이

---

26 *Commentarii in A.D. Ephesios* 2 (on 4:20); *Commentarii in Esaiam* 6 (on 14:31-32); *Commentarii in Abacuc* 2 (on 3:4)
27 *Commentarri in A.D. Galatas* 1 (on 1:15-16; 2:20)
28 *Commentarri in A.D. Galatas* 1 (on 3:11-12)
29 *Commentarii in A.D. Ephesios* 1 (on 1:22-23)

실제로 덕을 갖거나 소유한다고 말하지 않는다. 이는 아우구스티누스가 받아들인 입장으로 덕들이 하나님의 우유적 속성이라기보다는 신적인 존재에 내재한다는 신플라톤주의의 견해를 암묵적으로 고려한 것이다.³⁰

이상하게도, 제롬이 덕을 신성시하는 것은 이 구조 자체의 통합에 대해 명백히 사려 깊지 못해서 생겨난 일이다.

우리가 살펴본 것처럼, 암브로시우스는 때로 다른 덕들을 4중 구조에 첨가했지만, 이 경우에 주덕은 여전히 함께 등장한다.

이와 반대로, 제롬은 종종 이 구조를 깨뜨리고, 다른 덕들을 혼합하거나 다른 몇 가지 덕과 함께 세 가지 주덕만 언급한다.³¹ 하지만 제롬 역시 4주덕의 필연적 관계에 대한 스토아의 가르침을 알고 있었고, 암브로시우스와 같이 인정하고 있었기 때문에, 무심결에 이렇게 했다고 보기는 힘들다.³²

베이치(Bejczy) 같은 경우는 제롬이 불완전하게 언급한 이유는 덕들의 충만함이 오직 하나님 안에서만 발견된다는 생각을 강조하고 위해서였을 것이라고 추정한다.³³

---

30 De Trin. 6.4.
    다른 덕들과 함께 섞은 것은 *Commentarii in A.D. Galatas* 1 (on 1:2); "fortis et prudens, pius, castus, iustus, et temperans"; *Commentarii in A.D. Ephesios* 1 (on 1:22-23). 세 가지 주덕을 다른 덕들과 함께 뒤섞은 것은 *Commentarii in A.D. Philemonem* (on 1:20): "totum quod Christus dicitur pro varietate causarum: sapientiam videlicet, justitiam, continentiam, mansuetudinem, temperantiam, castitate."; *Commentarii in A.D. Ephesios* 1 (on 1:15-18): "Iesus Christus ipse est sermo, sapientia, veritas, pax, justitia, fortitudo."
32 *Commentarii in Esaiam* 15 (on 56:1); *Commentarii in Hieremiam* 5.63 (on 29:1-7); *Commentarii in Amos* 3 (4:12-15).
33 István P. Bejczy, *The Cardinal Virtues in the Middle Ages*, 20.

그럼에도 불구하고, 제롬은 아내와 사별한 팜마키우스(Pammachius)에게 보낸 유명한 편지에서 덕의 구조를 사용한다. 그는 거기서 스토아 학파의 견해를 소개하는데, 네 개의 덕 가운데 하나를 잃어버린 사람은 모든 덕을 잃어버린 것과 같을 정도로 서로 긴밀히 관련돼 있다고 한다.

팜마키우스의 네 식구는 아주 친밀한 관계였다. 그들은 모두 주덕을 소유하고 있는데, 개별적으로 하나의 덕이 특출나다. 팜미키우스의 최고의 덕은 지혜인데, 그의 아내(Paulina)가 죽고 나서 세상을 단념하고 그리스도에게 헌신했다. 정의는 그의 모친(Paula)이 대표적인데, 그녀는 부를 삼가하면서 자기 소유를 자녀들에게 물려주었고 그들 각각의 몫을 하나님에게 드리라고 권고했다. 팜마키우스의 누이(Eustochium)는 자기의 순결을 지속적으로 지키기로 하여 용기를 나타냈다. 마지막으로, 그의 아내는 결혼 생활 속에서 지킨 겸손과 자제에서 분명히 드러나듯 절제의 대변자였다.[34]

팜마키우스에게 보낸 편지는 스토아 주의의 4주덕이 그리스도인의 삶에 윤리 안내서로 해석된 제롬의 몇 안 되는 글들 가운데 하나다.[35] 이 편지는 망자를 애도하면서 덕을 수사적으로 사용한 것은 물론 사티루스에 대한 암브로시우스의 장례 설교를 떠올리게 한다. 하지만 이 편지가 제롬을 특별하게 해주는 것은 신자들이 지상의 삶에서 오직 하나의 특수한 덕만을 완전히 깨달아야 함을 제안한다는 사실이다.

도덕 철학에 대한 흥미가 없었음에도, 제롬은 암브로시우스의 작품에 등장하는 주덕에 대해 두 가지 이상의 고전적 견해를 거듭 논의한다.

---

34 *Ep.* 66.3.
35 참조. *Ep.* 52.3

첫째, 제롬은 몇몇 주석에서 영원한 것과 신적인 것에 관련된 지혜(*wisdom*)와 지상의 현실과 관련된 신중(*prudence*)으로 나누는 스토아 식의 구별을 채택한다.[36]

제롬에 따르면 지혜와 신중은 모두 삶에 필요하다. 실제로, 인간의 신중은 신적인 지혜가 없으면 무의미한 반면, 하나님이 부여한 지혜는 신중을 포함한다.[37] 따라서 지혜와 신중의 고전적 구분은 믿음에 비추어 볼 때 그 의미가 상당히 축소된다.

둘째, 제롬은 스토아의 가르침에 따라 두 번에 걸쳐 주덕과 네 가지 근본 욕망(욕구나 희망, 두려움, 슬픔, 기쁨)을 대립시킨다.[38] 하지만 다른 경우에, 그는 욕망이 도덕적으로 가치중립적이라고 제시하고, 오히려 주덕과 네 가지 악덕(어리석음[*stultitia*], 불공평[*iniquitas*], 사치[*luxuria*], 두려움[*formido*])을 대비시키기도 한다.[39]

다른 두 편의 글에서는 동일한 대조가 욕망에 대한 언급이 없이 반복된다.[40] 제롬의 나중 견해는 락탄티우스, 아우구스티누스, 그리고 후기 교부 작가들이 만들어낸 것으로 스토아 식의 덕과 욕망의 대립을 간접적으로 비판한다. 이 작가들에 따르면 욕망은 스토아의 가르침대로 전혀 악한 것이 아니고 사람들이 미덕이나 악덕으로 바꿀 수 있는 가치 중립적인 정신

36　Colish, *The Stoic TrA.D.ition* 2, 75.
37　*Commentarii in A.D. Ephesios* 1 (on 1:9)
38　*Commentarii in Zachariam* 1 (on 1:18-21); *Commentarii in Hiezechielem* 1 (1:6-8). 제롬은 네 가지 욕망에 대한 자료 문헌으로 베르길리우스『아이네아스』6.7.33과 키케로의『투스쿨룸과의 대화』를 언급한다. 그리고 4주덕에 대해서는 키케로의『의무론』을 언급한다.
39　*Commentarii in Naum* (on 3:1-4).
40　*Commentarii in Esaiam* 15 (on 15:12-13).

력을 말한다.

대체로, 제롬은 서방 기독교권에서 암브로시우스의 작품에서 시작된 주덕의 기독교화에 중요한 측면을 추가했다. 성경적인 관점에서 주덕을 해석하는 것과는 별도로, 제롬은 오리게네스를 따라 주덕을 신적인 본질에 속하는 것으로 생각했다.

그가 보기에 사람들은 그리스도 안에서 살아가는 한 덕으로 살아가고, 하나님이 자기 본질을 하늘의 성도들에게 전달해 줄 내세에 덕을 온전히 향유할 것이다. 구원의 도구들보다 덕은 제롬의 작품에서 신자들이 현재와 미래의 삶을 통해 스스로 하나님의 임재를 경험하는 범주들로 등장한다. 이 영적인 관점은 고전의 도덕 철학과 심지어 주덕 자체의 구조에 대한 제롬의 상대적인 무관심을 설명해 줄 수도 있다.

그러나 자기 견해의 철학적 함의에 대한 제롬의 예민함은 그의 작품에 분명히 나타난다. 덕들의 관계, 지혜와 신중의 대립, 덕과 욕망의 대립에 대한 그의 논의들은 제롬이 스토아의 개념을 기독교 사상으로 각색한 암브로시우스만큼이나 정당했다는 것을 입증한다.

하지만 암브로시우스와 달리, 제롬은 주로 고전의 도덕 철학을 사유화하는 데 관심이 없었다. 그가 보기에, 기독교의 덕은 사람들로 하여금 선을 행하기보다 선의 신적인 본질을 갖고 살아가게 할 수 있었다. 그것은 고대의 도덕철학이 제공할 수 있는 것보다 훨씬 더 많았다.

제7장

아우구스티누스의 수용과 변형

아우구스티누스는 확실히 고대철학의 고전적 정의 개념을 물려받았는데, 그 징검다리 역할을 한 인물은 키케로였다. 또한, 교부 철학을 집대성한 인물로 잘 알려진 아우구스티누스는 기독교적 정의관을 확립하는데 신앙과 이성을 조화시킨 앞선 교부들의 작업에 직간접적인 영향을 받았다. 그러면 이제 이전의 정의 개념을 어떻게 재해석하거나 기독교화했는지 그 내용을 검토하는 것이 중요한 과제로 남는다.

이를 통해 발견한 아우구스티누스의 정의관은 앞으로 『신국론』에 나타난 하나님의 정의를 분석하는 데 좋은 토대가 될 것이다.

로버트 도다로(Robert J. Dodaro)에 따르면 아우구스티누스는 고전적 정의 개념을 다각적으로 적용했을 뿐 아니라 무엇보다 '사랑의 질서'(*ordo amoris*)에 기반하여 재정립했다.[1]

---

[1] Robert Dodaro, "Justice," in A. Fitzgerald, *Augustine through the Ages*, 866.

1. 4주덕의 응용

아우구스티누스는 『가톨릭 교회의 도덕』(*The Morals of Catholic Churches*)에서 논의를 위해 인간의 '최고선'(*hominis optimum*)을 제일 먼저 꺼내든다.[2]

'최고선'은 행복을 추구하는 인간이 최후에 도달하게 될 행복을 말한다.[3] 아우구스티누스에게 있어 이 '최고선'은 하나님을 가리키는데, 이는 인간이 행복하기 위해서는 반드시 소유하고 사랑해야 할 대상이다. 따라서 그는 인간이 하나님을 소유하고 사랑하는 삶 만이 참된 행복이라고 말한다.[4]

아우구스티누스는 이를 통해 행복에 가치를 부여하는 작업을 수행했다. 하나님은 다른 어떤 것보다도 인간이 지향해야 할 최고의 가치인 것이다. 그러므로 '덕'이란 이 하나님을 전심전력으로 사랑하는 것이라 할 수 있으며,[5] 인간은 사랑을 통해 하나님에게 동화되는 것이다.[6]

이어서 아우구스티누스는 고전적 4주덕을 기독교식으로 변형시킨다. 그는 4주덕을 네 가지 형태의 사랑으로 치환하여 설명한 후에, 곧바로 4가지 형태의 하나님 사랑으로 진술한다.

---

2 존 버너비에 따르면, 이 작품은 아우구스티누스가 세례를 받고 나서 몇 달 동안 로마에 체류하며 오스티아(Ostia)에서의 신비 체험과 모친상을 당하고 마니교의 금욕주의를 반박할 목적으로 기획하고 저술한 책이었다(John Burnaby, *Amor Dei: A Study of the Religion of St. Augustine* [Norwich, UK: The Canterbury Press, 1991], 85).
3 De mor. eccl. 3.4.
4 De mor. eccl. 6.10; 11.18.
5 De mor. eccl. 15.25.
6 De mor. eccl. 13,23.

우리를 행복한 삶으로 인도하는 미덕에 관해 말하자면, 나는 그것이 다름 아닌 하나님의 완전한 사랑이라고 생각한다.

미덕의 네 가지 구분은 사랑의 네 가지 형태에서 비롯된 것이라고 생각한다. 이 네 가지 덕에 대해 … 나는 조금도 주저함 없이 정의할 수 있다.

절제는 사랑받는 대상에게 전적으로 몸을 맡기는 사랑이고, 용기는 사랑받는 대상을 위해 모든 것을 기꺼이 견디는 사랑이며, 정의는 오롯이 사랑받는 대상에게만 봉사함으로써 바르게 다스리는 사랑이고, 지혜는 그것을 방해하는 것과 그것에 도움을 주는 것을 현명하게 구별하는 사랑이다. 이 사랑의 대상은 다른 어떤 것이 아니라, 최고선, 최고의 지혜, 완전한 조화가 되시는 오직 한 분 하나님이시다.

그래서 우리는 다음과 같이 정의 내릴 수 있을 것이다. 절제는 하나님을 위해서 스스로를 온전하고 부패하지 않은 상태로 유지하는 사랑이고, 용기는 하나님을 위해 기꺼이 모든 것을 견디는 사랑이며, 정의는 하나님만을 섬김으로써 인간에게 종속되는 그 밖의 모든 것을 잘 다스리는 사랑이고, 지혜는 하나님께 향하도록 도움을 주는 것과 그 일을 방해할지도 모르는 것을 올바르게 구별하는 사랑이다.[7]

이와 같이, 아우구스티누스는 4주덕을 하나님의 사랑의 네 가지 유형으로 해석한다. 그가 주장을 정리해 보면, 덕은 하나님의 완전한 사랑 안에 거하며, 네 부분으로 구성된다.

---

7   De mor. eccl. 15.25.

절제는 하나님을 향한 그 순수함을 지켜주는 사랑이고, 용기는 하나님을 위해 모든 것을 유지시켜주는 사랑이며, 정의는 하나님을 독점적으로 섬기는 사랑이고, 지혜는 하나님에게 상승하는데 도움이 되는 수단들을 선택하는 사랑을 말한다.[8]

여기서 보여주는 아우구스티누스의 정의는 그리스 철학자 플라톤의 4주덕의 이론에 착안하여 기독교의 사랑 개념에 기초한 독특한 정의 개념을 제시하고 있다고 볼 수 있다.

이것은 기본적으로 로마의 정치가 키케로의 정의 개념을 따르고 있다.[9] 더 나아가 정의는 사랑의 대상이신 하나님을 섬기고 사랑하기 위하여 모든 것을 절제하고 견디며, 최고선이신 하나님을 잘 섬기기 위하여 이로운 것과 해로운 것을 잘 분별하고 세상의 모든 것들을 정의롭게 다스리는 것이라고 말한다. 따라서 이것은 아우구스티누스가 고전적 정의 개념을 기독교의 사랑 개념에 기초하여 기독교적 정의 개념을 재정립한 것으로 보아야 한다.

아우구스티누스는 자기 스승 암브로시우스보다 더 발전된 윤리 이론을 만들지 못했지만, 4주덕의 위치를 기독교 윤리의 맥락 속에 확립했다는 평가를 받는다.[10]

8　De mor. eccl. 1.15.25.
9　"지혜는 진리에 대한 통찰과 이해이다. 정의는 인간 사회를 유지하게 한다. 각자의 것은 각자에게 나누어 주며, 계약된 것에 대한 신의에서 생각되는 것이 정의이다. 용기는 고귀하며 굽히지 않는 정신의 위대함과 강직에서 나온다. 절제는 행해지고 말해진 모든 것에 절도와 안내가 내재해 있는 질서와 온건함 속에서 나온다." 마르쿠스 T. 키케로, 『키케로의 의무론』, 허승일 역 (서울: 서광사, 1989), 제5장.
10　Henry ChA.D.wick, "The Influence of St. Augustine on Ethics," 10.

그는 암브로시우스만큼 4주덕을 많이 활용하고 표현하지는 않았고 이따금씩 자기 작품 속에 반영한 것이 전부다. 초기의 여러 작품에서 그는 신플라톤주의의 관점을 따라 4주덕을 영혼이 하나님을 받아들이도록 이생의 삶의 굴레에서 벗어나게 해주는 성향들로 간주한다.[11]

그가 쓴 『음악론』(De musica)에서 이 덕목들은 하나님에게 상승하는 과정에서 영혼을 정화시켜주는 역할을 한다. 신중(prudence)은 선과 악을 분별할 뿐 아니라 영혼에게 한시적 선은 열등해서 영원한 것들만 추구할 가치가 있다는 점을 알게 해 준다. 절제(temperence)는 영혼이 하나님의 도움으로 열등한 아름다움에서 벗어나게 해주고, 그 반대로 하나님을 사랑할 수 있게 해 준다(conversio amoris in Deum).

절제는 자애와 동일하다. 그것은 하나님에게 나아갈 때 역경이나 죽음을 두려워하지 않는다고 규정된 용기와 영적인 깨끗함과 육체의 길들임 속에 하나님을 섬기려는 욕구인 정의를 수반한다.[12]

그는 정의가 핵심 덕목으로 등장하는 『참된 종교』(De civitate Dei)에서 이와 유사한 진술을 한다. 정의는 열등한 욕망들로부터 돌이켜서 자신을 영원한 진리로 인도하기 위해 하나님의 자비로 움직여지는 데 있다.

나머지 다른 덕들은 보조 역할을 한다. 지혜는 이생의 유혹들을, 용기는 고난을, 절제는 번성을 다스린다.[13]

---

11 István P. Bejczy, The Cardinal Virtues in the Middle Ages: A Study in Moral Thought from the Fourth to the Fourteenth Century (Leiden, The Netherlands: Brill, 2011), 22.
12 De mus. 6.13.37; 6.15.50-52, 80-82, 100-102.
13 De ver. reli. 15.29.

아우구스티누스의 덕에 대한 입장은 초기 작품과 후기 작품에 차이가 있다. 초기에는 주로 낙관적이고 긍정적으로 보다가 후기에는 좀 더 부정적으로 보는 경향으로 나타난다.

그의 초기 작품은 신자들이 덕에 숙련된 덕분에 현세의 삶에서 "영원한 복락을 이해하고 거의 파악할 수 있다"고 제안하지만, A.D. 400년 이후에 집필한 작품들에서는 현세에서 덕의 사용을 상대화한다. 그 결과 덕은 오직 내세에서만 하나님에 대한 영혼의 애정 어린 충성을 보장한다는 점을 강조한다.

사실상, 아우구스티누스는 이미 「음악에 대하여」라는 논문에서 천상에 존재하는 미덕에 대해 논의하는데, 지혜와 절제와 용기와 정의가 세상에서 일하는 도구로 신자들을 도와줄 뿐만 아니라, 이 4주덕이 그 영혼으로 하여금 하나님을 향유하도록 몰두하게 해주는 네 가지 효능, 곧 명상(*contemplatio*)과 성화(*sanctificatio*)와 불가변성(*impassibilitas*)과 배열(*ordinatio*)을 가리킨다고 한다. 또, 이는 천상에서 "완성되고 완전해질 것이다"라고 주장한다.[14]

그는 후기 작품들에서 현세의 불완전한 덕들과 하나님에 대한 영혼의 방해받지 않는 천상의 완전한 덕들을 훨씬 더 뚜렷하게 구별한다. 특히, 『삼위일체론』(*De Trinitate*)에서 이생과 내세에서 덕의 다른 기능들이 더욱 강조된다.[15]

아우구스티누스의 덕 사상의 핵심은 무엇보다 기독교적인 사랑 개념이라 할 수 있다.

---

14 De mus. 6.15.55.
15 De Trin. 14.9.12.

하나님에 대한 사랑은 덕이 지닌 단 하나의 고유한 동기인 동시에, 고유한 목적이기도 하다. 그래서 아우구스티누스는 『신국론』에서 덕을 '사랑의 질서'(ordo amoris)로 묘사하기까지 한다.[16]

비록 아우구스티누스의 사상이 명백하게 신플라톤주의적인 선례를 갖고 있을지라도, 그것은 두 가지 측면에서 새롭다.

첫째, 그것은 미덕이 거하는 곳으로 기독교의 의지 개념과 관계가 있다. 사랑과 미덕은 선한 의지, 곧 하나님에게 복종하는 의지에서 나온다.[17]
둘째, 그것은 신적인 은혜 개념과 관계가 있다. 왜냐하면, 아우구스티누스의 개념 안에 타락으로 말미암아 부패한 인간의 의지는 너무 연약해서 신적인 도움이 없으면 하나님께 복종할 수 없기 때문이다. 그래서 미덕은 기독교 신앙 없이는 불가능하다.[18]

이러한 교의들이 기독교의 참된 미덕과 불신자들의 거짓 미덕을 구별하는 적절한 기준을 아우구스티누스에게 제공해주었다. 그는 후기 작품들에서 고전적인 덕의 가르침에 대해 비판적인 태도를 견지하게 된다.

412년에 쓴 한 편지에서 고대 로마인들의 시민의 덕이 종교적 미덕을 향해 한 걸음 전진한 것으로 평가하기는 하지만,[19] 그는 일반적으로 사랑과 믿음으로 동기 부여되지 않은 미덕을 악덕이나 진배없는 것으로 폄

---

16 De civ. Dei. 15.22.
17 De lib. arb. 1.13.27.90-93.
18 De Trin. 13.20.26.
19 Ep. 138.3

하한다.

그가 가장 크게 반대하는 것은 미덕을 스토아 철학과 에피쿠로스 철학에 나오는 인간적이고 세속적인 현실에 한정하는 것과 관계가 있다. 몇몇 작품에서 그는 스토아의 주덕 개념이 인간적인 특성이라고 거부하고, 대신에 하늘로 올라가는 순례길에서 신자들을 돕는 신령한 은사라고 미덕을 묘사한다.[20]

아우구스티누스는 스토아의 인간적인 덕 개념을 하나의 목적 그 자체로도 받아들이지 않는다.

만일 미덕이 그 고유의 목적과 분리된 채로 존속한다면, '지혜롭게' 돈을 벌고, 부의 추구와 관련된 어려움을 '강인하게' 견뎌내고, '절제'로 비용을 줄이며, '정당하게' 부동산 법을 존중하는 구두쇠를 칭찬하는 것이 마땅할 것이다.

마찬가지로, 어떤 사람이 자기 친구들과 모든 것을 공유했다는 이유로 그의 정의를 칭찬하고 자기 야망이 역경을 이겨내게 했다는 이유로 그의 용기를 칭찬할 수도 있을 것이다.[21]

여기서 아우구스티누스가 주장하고 싶어 하는 것은 미덕도 사랑의 의도가 없으면 악덕으로 변한다는 사실이다. 4주덕과 다른 덕의 망토를 걸치고, 이기적인 욕망이 피난처를 발견할지도 모른다. 기민함은 자기를 지혜로, 인색함은 절제로, 보복은 정의로, 성급함은 용기로 가장할 수 있다.[22]

---

20 Ep. 155.12; Serm. 150.7; De civ. Dei. 22.24; 참조. Cont. Aca. 1.7.20.
21 Cont. Iul. 4.3.19.
22 Cont. Iul. 4.20; Ep. 167.6.

『신국론』에서 아우구스티누스는 스토아학파가 쾌락을 덕이 그 종잡을 수 없는 생각을 채워주는 과민한 여왕으로 풍자한 것을 흔쾌히 인용하면서, 쾌락을 윤리적 행위의 적절한 동기로 보는 에피쿠로스 학파의 견해를 비웃는다.

하지만 명예를 덕의 동기로 받아들이는 스토아주의자들도 결코 더 좋은 것만은 아니다. 참된 덕은 틀림없이 하나님을 향한 진정한 경건과 사랑에서 나오기 때문이다.[23]

지상의 행복을 향상시키기 위해 덕을 사용하는 것은 여하튼 헛된 기획이라고 아우구스티누스는 단언한다. 악이 한시적인 세상에 있는 덕 개념에 내재하기 때문이다. 악이 없으면 선악을 분별할 지혜가 전혀 필요하지 않을 것이다. 역경과 유혹이 없으면 용기와 절제는 무용지물일 것이다.

마지막으로, 정의는 영혼에게 맞서는 육체의 저항과 하나님에게 맞서는 영혼이 없다면 나태해질 것이다.[24]

다른 고전적 가르침들에 대해 아우구스티누스는 더 많은 자비를 보여준다. 그는 지혜를 선악을 구별하는 것으로, 정의를 자기 몫을 모든 사람에게 주는 것으로, 용기를 역경을 견디는 것으로, 절제를 세상의 유혹을 이겨내는 것으로 설명한다.

그런데 그가 자주 반복하는 4주덕에 대한 이 설명은 『창작론』(*De inventione*)에 나오는 키케로의 정의를 따르고 있으며, 『다양한 토론들』(*De diversies*

23　De civ. Dei. 5.20. 명예를 덕의 동기로 보는 에피쿠로스주의자들의 견해를 공경하는 내용은 Cont. Iul. 4.3.21; Serm. 150.7에 나온다.
24　De civ. Dei. 19.4; 참조. Ambrose, *De parA.D.iso*, 3.18.

quaestionibus)에서는 한 글자도 틀리지 않고 정확히 일치한다.[25]

하지만 『재고록』(*Retractationes*)에서는 고대인들이야말로 지혜서 8:7(*sobrietatem enim et sapientiam docet et iustitiam et virtutem*)에서 네 가지 덕 체계를 그대로 빌려왔다는 알렉산드리아의 클레멘스의 주장을 거듭 언급한다.[26]

또한, 아우구스티누스는 보통 네 가지 덕의 관계에 대한 스토아의 가르침을 받아들이지만, 때로는 그것을 고전 작품들과는 다르게 사용하기도 한다. 그래서 『삼위일체론』에서는 오직 정의만 불멸한다는 키케로의 신념이 틀렸다고 결론짓는다.[27]

반면에, 그는 『율리우스에 대한 반박』(*Contra Iulianum*)에서 정의가 믿음을 요구하기 때문에(갈 3:11), 주요 덕목들이 항상 붙어 다닌다는 사실을 생각할 때 믿음이 없는 사람들은 참된 덕을 전혀 소유할 수 없다고 주장한다.[28]

제롬에게 보낸 편지에서 아우구스티누스는 원칙적으로 관계 이론을 인정하지만, 동일한 사람 안에 다른 덕목들이 다양한 수준으로 존재하며, 동일한 사람 안에 미덕과 악덕이 공존하며, 주덕들과 달리, 다른 덕목들을 수반하지 않는 일부 덕목들이 존재한다는 사실을 고려한다.[29]

게다가, 그는 같은 편지에서 미덕이 두 악덕 사이에 위치한다는 아리스토텔레스의 생각에 동조한다. 이러한 악덕들은 보통 덕스러운 특성의 결

---

25 Cicero, *De inventione* 2.53.160-2; De div. quae. 31.1. 정의를 하나님 사랑 및 이웃 사랑(dilectio Dei et proximi)과 동일하게 간주한 내용은 De div. quae. 61에 나온다.
26 Retr. 1.7.3.
27 De Trin. 14.9.12.
28 Cont. Iul. 4.17.
29 Ep. 167.10-14. 『삼위일체론』 제6권 4장 6절에서는 4주덕이 필연적으로 어떤 사람에게나 동일한 수준으로 존재한다고 주장한다.

핍 내지 과잉으로 이해되지만, 아우구스티누스는 실제로 대조되는 악덕과 해당 미덕과 비슷하게 보이는 악덕을 구별한다.[30] 그는 나쁜 의도로 동기 부여된 미덕이 후자에 속한다고 주장한다.[31]

주요 덕목들을 다루는 데 있어 아우구스티누스와 암브로시우스를 비교해 보면 다음과 같다.

첫째, 아우구스티누스는 적어도 후기 작품들에서 주요 덕목들이 기독교 제국의 적법한 자산이라고 주장하는 암브로시우스의 전망을 공유한다. 하지만 고전적 가르침을 계시된 진리에 미묘하게 동화시키는 대신에, 아우구스티누스는 대결을 구한다. 참되고 기독교적인 덕목과 불신자들의 거짓 덕목들을 대비하면서, 아우구스티누스는 스스로 스토아와 신플라톤주의에 빚을 졌음에도 불구하고 종교와 도덕 철학을 분리시킨다.

둘째, 아우구스티누스는 복된 삶의 범주로 규정하는 제롬의 덕 개념을 어느 정도 공유하지만, 여기서 다시금 아우구스티누스의 생각들은 타협하지 않는 특징을 지니고 있다.

제롬에게 있어, 그리스도의 덕 안에 사는 것은 부분적으로 지상에서 실현되고 천상에서 완전히 실현될 수 있는 것이었다. 젊은 아우구스티누스에게 미덕은 신자들로 하여금 지상의 삶에서 거의 완전한 지복의 삶을 갖게 할 수 있지만, 나이가 든 아우구스티누스에게 미덕은 주로 세상의 악을 억제하는 역할을 하며, 다만 내세에 살아계신 하나님의 임재 양식이 될 뿐이다.

---

30 Ep. 167.6.
31 Cont. Iul. 4.3.19.

셋째, 암브로시우스 및 제롬과의 주된 차이점은 덕목이 기독교적인 사랑과의 친밀한 관계 때문에 아우구스티누스의 신학에 중요해진다는 점이다. 아우구스티누스의 신학은 하나님과의 사랑의 연합으로 들어가기 위해 이생의 한계를 초월하기를 갈망하는 신자에게 집중하고 있다.

아우구스티누스의 초기 저작들에서 사랑 자체와 동일시된 주요 덕목들은 지상에서 거의 이루어지고 천상에서 완벽하게 이루어진다. 후기 저작들에 나타난 4주덕은 우리를 악에서 건져줄 수 없고 하늘나라를 바라보면서 악덕을 억누르도록 도와줄 수 있을 뿐이다. 그러나 덕목들은 여전히 하나님의 사랑에 의해 동기를 부여받고 내세에 이 사랑을 완전히 향유할 수 있게 해 준다. 이런 의미에서 그것들은 목표로 삼고 살아갈 가치가 있는 전부가 된다.

2. 각자에게 각자의 몫을 돌려줌(unicuique suum tribuere): 자아와 신

『신국론』에 등장하는 아우구스티누스의 정의관은 독창적인 것이 아니라 이전의 사상가들과 성경에 영향을 받은 것이다.

'각자에게 각자의 몫을 주라!'(suum cuique)는 사상은 그리스 신화 시대에 시작해 플라톤, 아리스토텔레스, 키케로, 암브로시우스, 로마법, 그리고 아우구스티누스 등을 거쳐 서양 전통의 정의 개념이 되었다.[32]

---

[32] J. 피이퍼, 『정의에 관하여』, 강성위 옮김 (서울: 서광사, 1994), 19; 토마스 역시 "정의란 확고하고 변함없는 의지가 각자에게 각자의 권리를 인정해 주는 그런 습성(habitus)

특히, 아우구스티누스는 『83개의 다양한 질문들』에서 정의를 "일반효용을 보전시키면서 각자가 각자에게 합당한 것을 부여하는 영혼의 자세다"(*Iustitia est habitus animi, communi utilitate conservata, suam cuique tribuens dignitatem*)라고 규정하였다.³³

『재고록』 제1권 25장에서는 이것이 본인의 것이 아닌 키케로의 것이라고 밝히며, 키케로의 『창작론』(*De Inventione*)을 각주에 표기하고 있다.³⁴

아우구스티누스가 '각자에게 자기 몫을 돌려주는 것'(*unicuique suum tribuere*)이라는 고전적 정의 개념을 키케로를 통해 그대로 차용한 것은 사실이지만, 그가 독창성을 보여주는 지점은 바로 키케로의 개념을 해석하고 사용하는 방식에 있다.

아우구스티누스는 고대철학자들이 설정한 사람들 간에 수평적 상호 관계에 더하여 인간과 하나님의 수직적 관계는 물론 자기 자신과의 내적 관계를 첨가했던 것이다. 그리고 수직적 차원과 내적 차원은 단순히 수평적 관계에 더해진 것만이 아니라 실제로 수평적 관계에 결정적인 영향을 미친다.

그는 인간이 자신과 올바른 관계에 있을 경우에만 동료 인간들과의 수평적 관계가 올바르게 되고, 사람이 먼저 하나님 앞에서 정의로울 경우에만 자신과의 관계가 올바르게 된다고 보았다.

이다"라고 정의했다(*ST*. II-2, q. 58, a. 1).
33　De div. quae. 83. 31,1.
34　김광채,『신국론 연구노트』, 64에서 재인용. Sister Mary Inez Bogan, R.S.M., Ph. D., *The Retractions* (The Fathers of the Church 60) (Washington, DC: The Catholic University of America Press, 1968)108; Cicero, *De Inventione* 2.53.159-2.54.165.

한마디로 아우구스티누스에 따르면 정의는 하나님을 향한 영혼의 내적 자세였다. 그는 정의가 하나님과 나와의 올바른 관계 내지 나의 올바른 내면성까지도 의미하는 것이라고 주장했다. 올바른 자세를 가진 영혼, 곧 의로운 영혼은 하나님을 사용(*uti*)의 대상으로 보지 않고 하나님을 향유(*frui*)의 대상으로 본다. 반대로, 그릇된 자세를 가진 영혼, 곧 불의한 영혼은 하나님을 사용의 대상으로 보고 물질을 향유의 대상으로 본다.

이 세상에 문제가 많은 것은 이러한 전도된 자세의 영혼이 많기 때문이다. 하나님께만 우리에게 참된 기쁨을 줄 수 있는 영원한 재화가 된다. 물질은 가변적이요 순간적인 재화일 따름이다.

아우구스티누스에 따르면, 이러한 사실을 깨닫고 물질적, 차안적 재화의 소유를 필요한 만큼만 최소한으로 제한하고, 반대로 영원한 재화를 사모하는 사람의 영혼이 올바른 자세를 지닌 의로운 영혼이었다.

타인에 대한 정의는 '내가 받고자 하는 대로 남에게 대접하라'는 황금률로 요약될 수 있다. 선을 행하려는 욕구는 악을 행하기 원치 않음을 의미한다. 다시 말해, 황금률 안에 이웃 사랑의 계명이 들어있다. 이는 모든 사람의 양심 안에 새겨진 자연법에 대한 설명인 것이다. 황금률 안에 있는 '의지'는 참된 선을 나타내는 이성적이고 덕스러운 욕구를 가리킨다.

우리는 의지(*voluntas*)와 욕망(*cupiditas*)을 혼동해서는 안 된다. 우리가 이성으로 충동을 통제할 때 적절히 의도하게 된다.

아우구스티누스에 따르면 사람 안에 있는 이성이 충동보다 우세하며, 영적 측면이 육적 측면보다 우세할 때 사람은 자기 자신과 올바른 관계에 있다. 그래서 황금률에 압축된 정의의 수평적 차원은 정의의 내적 차원을 전제한다. 내적 차원은 사람이 자기 안에 지니고 있는 질서를 가리킨다.

사람 안에 있는 이 질서는 인류의 첫 조상의 죄로 말미암아 손상되었다. 하나님에게 불순종하여 하나님보다 자기 자신을 더 사랑함을 드러낸 인간들은 내적 균형을 잃어버리는 형벌을 받았다. 곧 그들의 육체적 측면이 영적인 측면에 저항했고 욕정은 이성이 결코 통제할 수 없는 폭력을 가져왔다.

창세기에 따르면, 아우구스티누스의 입장에서 이것은 아담과 하와가 죄를 범한 후에 즉시 느꼈던 수치심과 벌거벗음에 대한 의식이었다. 그들의 죄책과 음욕은 후손들에게 전이되었는데, 후자는 내적인 무질서를 가리킨다. 자기에게 행한 불의는 곧이어 타인에 대한 불의로 이어지는데, 이는 먼저 하나님에게 행한 불의, 즉 하나님에 대한 반항과 불순종에 기인한다.

따라서 정의의 수직적 차원은 정의의 내적, 수평적 차원을 결정짓는 데 중심적인 역할을 한다고 볼 수 있다.

아우구스티누스가 배분적 정의를 강조한 가장 근본적인 이유는 모든 인간은 하나님께 드려야 할 경배와 찬양을 마땅히 드려야 한다는 것을 역설하고자 함이었다. 하나님께 돌려야 할 영광을 마땅히 돌리지 않는 인간, 그리고 그러한 사회는 필연적으로 죄악의 지배를 받을 수밖에 없다. 왜냐하면, 하나님과의 올바른 관계에서 비로소 인간의 모든 의가 나오기 때문이다.

3. 사랑의 질서(*ordo amoris*)

위에서 살펴본 대로, 아우구스티누스의 정의 개념은 기본적으로 고전적인 정의 개념에서 비롯된 것이었다. 하지만 그의 작품을 자세히 살펴보면, 그의 정의관에 근본적인 변화가 있었음을 찾아볼 수 있다. 고대철학자들은 덕으로서의 정의를 인간 사회에 반드시 필요한 것으로 간주했던 반면, 아우구스티누스는 하나님과 이웃에게 마땅히 돌려야 할 사랑을 덕과 동등하게 간주함으로써 성경과 라틴 교부들의 정의관을 더욱 강화한다.

실제로, 그는 사랑(*amor, caritas, dilectio*)[35]에 기반한 채 두 입장을 종합한다. 그는 고전적 정의 개념을 기독교적으로 변용하여 마태복음 22:40에 나오는 사랑의 이중 계명에 따라 하나님과 이웃에게 마땅히 베풀어야 할 사랑을 부여하는 것으로 규정했다(*dilectio Dei et proximi*).

아우구스티누스는 정의의 두 측면을 명쾌한 설명과 함께 발전시킨다.

첫째, 정의의 한 측면은 하나님의 사랑에 관한 것이다. 그는 하나님의 가치가 아닌 인간의 능력에 따라 하나님이 사람에게 사랑을 받아야 함을 정의가 요구한다고 주장한다.

하나님은 마땅히 사랑받아야 할 만큼 절대 사랑받지 못할지라도, 전적으로 사랑받고 모든 인간에게 사랑받을 수 있고, 또 사랑받아야 마땅하다.[36] 하나님을 올바로 사랑하는 것은 하나님을 한량없이 사랑하는 것이다.

둘째, 정의의 다른 측면은 이웃에 대한 사랑이다.

---

35 Robert Dodaro, "Justice," in A. Fitzgerald, *Augustine through the Ages*, 86.
36 De mor. eccl. 1.8.

그는 『삼위일체론』 제8권에서 로마서 13:8의 "피차 사랑의 빚 외에는 아무에게든지 아무 빚도 지지 말라"라는 말씀에 기초하여 정의 개념을 발전시킨다.[37]

좀 더 구체적으로 말하자면, 그는 '각자에게 자기 몫을 돌려주는 것'을 의미하는 고대철학의 정의 개념을 사랑의 이중 계명(마 22:40)에 따라 자기 몫을 가리키는 사랑을 하나님과 자기 이웃에게 돌리는 것으로 변환시킨 것이다.

이를 종합해 보면, 정의로운 삶이란 율법의 규정과 그리스도의 본을 좇아 자신과 자기 이웃과 하나님을 사랑하는 삶을 가리킨다.

여기서 정의는 아우구스티누스의 질서 개념과 함께 이해해야 하는데, 이 질서를 가리켜 '사랑의 질서'(ordo amoris)라 한다. 사랑의 질서는 사랑의 성격을 규정하고,[38] 인간에게는 덕(德)과 같다.[39]

이러한 질서 개념에 기초한 정의 개념은 사랑의 자발적인 측면(의지적 측면)과 자연의 창조 질서를 조화시킨다. 이런 관점에서 정의는 하나님이 계획한 질서(존재의 질서)에 따라 가치가 상승하는 일련의 올바른 관계를 나타낸다고 볼 수 있다.

37　성 아우구스티누스, 『삼위일체론』, 김종흡 역 (서울: 크리스챤 다이제스트, 1997), 244-45: "참으로 의로운 마음을 바르게 보는 그 마음은 그 자체가 마음이며, 아직 의로운 마음이 아니면서도 자체 안에서 의로운 마음을 보는 것이다.
생활과 행위에서 의식적, 의도적으로 모든 사람에게 당연히 받아야 할 것을 돌리는 마음이 의로운 마음이라고 알며 말할 뿐 아니라, 자체도 의롭게 살며 의로운 성격이 되어, 모든 사람에게 그 마땅히 받을 것을 돌리며, 아무에게도 서로 사랑하는 것 이외의 빚을 지지 않게 되는 것이다(롬 13:8)."
38　De civ. Dei., 15.22.
39　De civ. Dei., 15.22.

이와 같은 맥락에서 아우구스티누스는 정의를 '오롯이 하나님을 섬기며, 인간에게 복종하는 피조물들을 잘 다스리는 사랑'으로 규정한다.

1) 사랑의 질서로서의 '카리타스'

'사랑과 의지를 서로 연결해서 호환한다'는 것은 사랑을 주체의 관점에서 규정하고 있다는 말이다.

이런 관점에서 사랑은 항상 어떤 대상을 지향하는 것으로, 지향성이 그 핵심이 될 수 있다. 또한, 이런 맥락에서 사랑이 행복을 가져오는 미덕이 될지, 악덕이 될지의 여부는 바로 의지가 지향하고 있는 대상이 무엇이냐에 따라 달라질 수 있다.

아우구스티누스는 이 점에 착안하여 존재하는 모든 것에 대해 가치론적 위계질서(hierarchy)를 세우고자 했다.

그리고 이를 보다 효과적으로 설명하기 위해 도입한 것이 질서(ordo)의 개념이다. 그는 모든 것이 그 고유한 자리가 있고 질서가 있다는 점을 강조한다.[40] 여기에 등장한 질서의 개념은 플로티누스의 존재 유출의 단계에 관한 이론과 성경의 창조론이 결합된 것으로 아우구스티누스에게 있어서 세계에 대한 존재론적 이해와 가치의 위계를 설정하는 잣대로 작용한다.

아우구스티누스의 질서의 개념은 영혼의 움직임인 사랑의 질을 결정하는데 있어 지대한 역할을 한다. 플로티누스의 영향을 받아 아우구스티누스는 일자로부터 질료에 이르는 유출의 단계에 관한 논의에 착안하여 질

40　De lib. arb. 2.19.

서의 개념을 윤리학의 영역에 적용한다. 플로티누스의 유출설에 있어서 존재의 위계질서는 미학적 개념이었으나 아우구스티누스는 플라톤의 전통을 따르면서도 성경의 창조론에 기초해 존재의 위계질서와 선의 위계질서를 상정한다.

아우구스티누스에게 있어서 세계는 질서 잡혀 있으며(*ordinatus*) 저급한 것과 영원한 것이 위계적으로 구분된다.

이 질서의 개념은 신의 창조로부터 도출된다. 신은 존재 자체이며, 창조된 사물들은 신에 의해 무로부터 존재에로 이끌어져 온 것이므로 신과 동등한 존재일 수는 없다. 신은 개개의 존재자에게 위계적으로 존재를 부여했다. 어떤 피조물에는 더 풍성한 존재를 부여했고, 어떤 것에는 더 제한적인 존재를 부여해 존재의 등급에 따라 존재자들을 정돈했다.[41]

즉, 신은 창조의 과정에서 피조물들에게 양태(*modus*), 형상(*species*), 그리고 질서(*ordo*)를 부여했다.[42] 크든 작든 간에 모든 선이 신에 의해 존재하고 질서가 신에 의해 존재한다.

그러므로 양태, 형상, 질서는 신에 의해 창조된 존재자들 안에 있는 보편적인 선으로서 영적 존재자들에게도, 물질적 존재자들에게도 똑같이 존재한다.[43]

또한, 사물의 선한 본질은 존재를 창출하는 최고선인 신으로부터 유래하며 다만 그 정도에 따라 위계가 정해진다. 그는 이 존재의 위계를 다음

---

41 De civ. Dei. 12.2.
42 W. J. Roche, "Measure, Number, and Weight in St. Augustine," in *The New Scholaticism* 15 (1941), 350-376.
43 De nat. boni. 3.

과 같이 일괄적으로 설명한다.

> 크든 작든 사물들의 서열을 통해 선한 모든 것들은 신에 의해서가 아니면 존재하지 못하므로 모든 존재자들은 그것이 하나의 자연 본성인 한에서 선하다.
> 그리고 일체의 존재자는 최고의 참된 존재인 신에게서가 아니면 존재하지 못한다. 왜냐하면, 모든 것들이 최고선이 아니라 최고선에 가까울 따름이며 동시에 최고선으로부터 가장 멀리 떨어진 최저의 선들도 역시 바로 그 최고선에 의해서가 아니고서는 존재하지 못하기 때문이다.[44]

이러한 전제로부터 아우구스티누스에게 있어 질서의 관념은 지고의 것과 저급한 것, 육체적인 것과 영적인 것, 더 사랑해야 할 것과 덜 사랑해야 할 것 등의 구분으로 나타난다. 아우구스티누스는 이를 향유하기 위한 것과 사용하기 위한 것, 그리고 사용하고 향유하기 위한 것으로 구분한다.[45]

이것은 모두 사랑의 양태를 표현하는 용어들이다. 그것은 사랑이 지향하는 대상의 관점에서 질서를 전제로 하여 구분한 사랑의 양태들이다. 마땅히 지향해야 할 대상을 두 부류로 나눈다면 그것은 아마도 인간 이상의 존재와 인간이 장악하고 좌우할 수 있는 존재로 구분될 것이다. 이러한 의미에서 향유와 사용은 목적과 수단의 관계와도 동일하다.

---

[44] De nat. boni. 1.
[45] De doc. chr. 13.

향유한다(*frui*)는 것은 그것 자체를 위해 사랑하는 것을 말하고, 사용한다(*uti*)는 것은 보다 더 상위의 목적을 위한 수단적 사랑을 말한다.[46] 달리 말해 향유한다는 것은 더 이상의 목적이 없는 최고선에 대한 사랑에 직결되고 사용한다는 것은 잠정적인 것에 대한 집착이 아닌 사랑을 통해 최고선에 이르려는 수단적 사랑을 의미하는 것이기도 하다.

위에서 지적한 것처럼, 의지의 방향에 의해 행복과 불행이 구분되며 특히 저급한 것을 지향하는 의지는 저급한 것이 될 수 있다. 만일 인간이 사랑의 주체로서 자기 의지나 사랑을 존재 자체일 뿐 아니라 행복의 근원인 신에게로 향하게 한다면 그는 지고의 것을 통해 최고의 행복을 얻게 될 것이다. 그 반대는 당연히 악덕과 불행으로 귀착될 것이다.

따라서 사랑의 대상이 저급한 것이면 그 사랑과 의지도 저급한 것이 되고, 우리의 사랑과 의지가 최고선을 지향한다면 우리는 최고 행복에 도달해 그 행복을 누리게 될 것이다.

아우구스티누스에게 있어서 진정으로 향유해야 할 대상은 최고선인 신뿐이며 그 밖의 대상들은 신에 대한 사랑, 즉 최고선에 이르기 위한 수단으로 족하다.[47] 다시 말해 피조물 자체는 좋은 것이지만, 바르게 사랑할 수도 있고 무질서하게 사랑할 수도 있다. 피조물을 그 존재의 계층을 따라 분수에 맞게 사랑한다면 바른 사랑이요. 역으로 분수에 맞지 않게 사랑한다면 옳지 못하게 사랑하는 것이다.[48]

46　De doc. chr. 1.4.
47　De doc. chr. 1.37.
48　De civ. Dei. 15.22.

이러한 논의의 결론으로서 아우구스티누스는 단적으로 덕이란 사랑의 질서라고 말한다. 즉, 질서 있게 사랑할 수 있는 능력이 덕이라는 것이다.[49] 또한, 질서의 법칙에 비추어 본다면 덕이란 올바른 사랑의 규칙 이외의 다른 것이 아니다. 즉, 덕스러움이라는 것은 제대로 사랑해야 할 것을 분별하기를 요구하는 영원한 규칙에 순응하는 것을 의미한다.

요컨대 인간으로 하여금 선을 행하게 하는 덕은 근본적으로 의지가 최고의 가치로서 향유해야 할 것과 이용해야 할 것을 제대로 구분하고 인간의 관심을 질서 있게 정돈하는 것이다. 이것은 가치의 위계를 올바른 관점에서 보게 하는 능력을 의미한다.

사랑의 질서가 왜곡되는 것은 향유해야 할 대상을 멀리 하고, 오히려 사용해야 할 대상을 향유함을 뜻한다. 반면, 질서 있는 사랑이나 올바른 자애(caritas)는 향유해야 할 대상을 향유하고 사용해야 할 대상을 사용함을 말한다. 따라서 사랑의 질서를 잃어버리고 한시적이고 가변적인 것들에 집착하여 행복해지려는 것은 왜곡된 욕망(cupiditas)을 낳을 뿐이다.

달리 말하자면, 바르게 사랑하는 것은 '그 자체를 위한'(propter se) 사랑이요, 그렇지 못한 사랑은 '다른 것을 위한'(propter aliud) 사랑이다.

바르게 사랑한다는 것은 '카리타스'(caritas)라는 용어로 표현되었고, 그 역은 '쿠피디타스'(cupiditas)이다. 카리타스와 쿠피디타스는 모두 무엇인가에 대한 사랑이다. 단지 그 대상의 차이가 있을 뿐이다. 즉, 영원한 것과 한시적인 것, 상실되지 않는 것과 상실되는 것의 차이다.

---

49 De civ. Dei. 15.22.

카리타스와 쿠피디타스는 이러한 점에서 "완성된 사랑"(love fulfilled)과 "미완성의 사랑"(love unfulfilled)으로 구분되기도 한다.[50]

2) 사랑의 무질서로서의 쿠피디타스

아우구스티누스의 악론은 인간의 의지에 의해 불행해질 수도 있으며 의지에 의해 행복에 이르기도 한다는 점에서 덕 윤리의 연장선상에 있다. 이런 관점에서 보면, 악은 의지의 하강 운동에 따른 것이며, 무질서한 사랑, 즉 쿠피디타스에서 비롯된다.

이같이 악의 문제를 해명해주는 질서 개념은 쿠피디타스를 보다 정확하게 파악하도록 도와준다.

아우구스티누스는 『자유의지론』에서 선의 등급을 나누었는데, 인간의 소유가 될 수 있는 것들을 세 가지로 분류했다. 최상의 선은 신에 대한 사랑으로서의 미덕이고, 중간적인 선은 이 둘의 중간에 위치한 의지이며, 가장 저급한 선은 물체적인 것이다.

아우구스티누스에 따르면 의지가 추구할 수 있는 대상은 우선 행복 자체인 신이다. 두 번째 선은 우리의 이웃이다. 그들이 신의 피조물인 이상, 그들 역시 선하며 우리 의지의 목적이 된다.

그러나 성경이 규정한 대로 남을 사랑하기 전에 우리 자신을 먼저 사랑해야 한다. 자신을 사랑함에 있어서는 육체가 악한 것은 아니지만 육체 때문에 사랑하는 것이 아니라 우리 영혼이 신의 형상으로 지어졌으므로 영

---

50 BaB.C.ock, *The Ethics of St. Augustine*, 23.

혼의 관점에서 사랑해야 한다. 이 점은 이웃 사랑 역시 마찬가지다.[51]

쿠피디타스는 사랑의 질서를 무시하고 저급한 것을 사랑하고 그것에 집착하는 것을 말한다. 다시 말해, 악은 악한 의지(*voluntas mala*), 선한 의지의 결여, 또는 왜곡된 사랑(*cupiditas*)이라고 할 수 있다.

이러한 맥락에서 그는 의지와 악의 문제를 염두에 두고 인간의 행위에 대한 도덕적 평가는 의지의 방향에 따라 달라질 것이라고 말한다. 불변하는 선으로부터 돌이켜 한시적이고 열등한 선으로 향하는 것은 의지의 죄이며,[52] 악은 의지의 자유로운 행사의 결과로서, 이를 가리켜 행위의 동기로서의 쿠피디타스라고 한다.

이러한 의미에서 쿠피디타스란 의지의 자유로운 추락에 자신을 내어맡기는 것을 말한다. 거기에서 타락이 비롯된다.[53] 즉, 악은 외부에 있는 것이 아니라 행위 자체에 잠재해 있으며 무질서한 욕망이 그 근원이라는 것이다.[54] 다시 말해 악이란 가치의 전도, 즉 신이 지향하지 않은 목적이나 인간이 궁극적으로 행복해질 수 없는 것을 향하는 것이다.

아울러 아우구스티누스는 죄에 대해 정의를 거스르려는 고집센 의지인 것처럼 설명하기도 하다. 『재고록』에서 그는 "죄는 정의가 금지하는 것을 보유하거나 획득하려는 의지이다"라고[55] 규정한다. 큰 선을 등지고 작은

---

51 Gilson, *The Christian Philosophy of St. Augustine*, 168.
52 De lib. arb. 2.53.
53 De lib. arb. 3.1.2.
54 De lib. arb. 1.3.8.20.
55 Retr. 1.14.4; St. Augustine, *The Retractations* (The Fathers of the Church, vol. 60), tr., Sister Mary Inez Bogan (Washington, D.C.: The Catholic University of America Press, 1999), 66-67.

선을 향하는 것이 바로 악인 것이다.[56]

그러므로 아우구스티누스는 이렇게 말한다.

> 사악에 대해 즐거움을 누리는 것은 더 나쁘다. 물론 그러한 즐거움도 하위의 선을 추구함에서 비롯되는 것은 분명하지만 보다 나은 선을 유기하는 데에 사악함이 있다.[57]

즉, 가치의 질서를 위반해 최고의 존재로부터 최하의 존재로 향하는 행동은 악하다는 것이다.[58] 한걸음 더 나아가, 단순히 부패가 나쁜 것이 아니라 부패하는 과일이 나쁜 것처럼, 단순히 무질서하다고 나쁜 것이 아니라 타락한 본성이 나쁘다고 해야 하는 것이다. 그것도 본성이 애초부터 나쁘다는 것이 아니라 타락한다는 점에서만 나쁘다는 것이다.[59]

이렇게 본다면 악이란 마땅히 있어야 할 것보다 더 적거나 본래 적합하도록 되어 있는 사물들이 아닌 다른 것에 맞추어졌을 경우에 해당되는 것이다.

아우구스티누스에 따르면 누가 선하게 행동하지 않았다고 할 때는 마땅히 해야할 바에 미치지 못했다거나 마땅한 정도를 넘었다거나 부적절하게

56　아우구스티누스는 지향성의 관점에서 죄인을 "자아가 자신을 향해 굽어있는 사람"(homo incurvatus in se)이라고 묘사했다. 젠슨은 이러한 아우구스티누스의 견해가 마르틴 루터와 칼 바르트에게서 나타나고 더 발전되었다고 주장한다(Matt Jenson, *The Gravity of Sin: Augustine, Luther and Barth on 'homo incurvatus in se'* [New York: T&T Clark, 2007]).
57　De nat. boni 20.
58　Conf. 12.8.
59　Ench. 4.

되었다는 말이다.[60]

그리고 이러한 악의 근원은 다름 아닌 인간 내부의 자유의지에서 찾아야 한다. 가령 다음과 같은 예문에서 나타나는 것처럼 도덕적 악은 자유의지를 지니고 있다는 것 때문이 아니라 그 방향이 잘 되었다는 데 있다.

탐욕은 황금에 대한 죄가 아니라, 황금과 비교될 수 없을 정도로 존중해야만 하는 정의를 무시하고 황금을 편애하는 인간의 죄이다. 사치는 아름답고 매력 있는 육체의 허물이 아니라 잘못되어 육체적 쾌락을 사랑함으로 정신적 아름다움과 비교될 수 없는 매력의 높은 가치와 일치하는 절제를 가볍게 여기는 마음의 죄이다. 명예욕은 칭찬을 받는다는 것 때문에 허물이 아니라, 양심의 증거를 무시하고 잘못되어 인간의 칭찬을 사랑하는 잘못된 마음이 죄인 것이다. 교만은 권력 자체의 허물이 아니라 최고의 권력자의 정의를 무시하고 자기의 권력을 사랑하는 마음의 죄이다.[61]

아우구스티누스에 따르면 인간은 각각 그 자신의 행악의 원인이며,[62] 비록 모든 것은 신으로 말미암아 존재하는 것이지만 죄의 원인은 신에게서 찾을 수 없다.

오히려 인간의 자유의지에서 찾아야 한다. 신은 인간을 창조하면서 선한 목적을 위해 자유의지를 부여했으나[63] 인간은 의지의 자유로운 선택을 통해 죄를 짓기 때문이다.[64] 보다 구체적으로 말한다면, 육욕이 악의 구성

60　De nat. boni. 23.
61　De civ. Dei. 19.
62　De lib. arb. 2.3.
63　De lib. arb. 3.
64　De lib. arb. 3.16.

요소이며,[65] 사악한 의지가 모든 악의 원인이다. 즉, 의지는 죄의 제 일차적인 원인이며 자만심이 모든 악의 뿌리이다.[66]

아우구스티누스에게 있어서 의지의 자유에 의한 가치의 전도가 모든 형식의 악행을 지배한다. 그 이유는 가치의 전도가 사람들로 하여금 상실할 것을 두려워하는 것들을 추구하는데서 기쁨을 얻으며 그러한 기쁨에 대한 협박이나 장애 요소를 제거하려고 하기 때문이다. 이는 최고의 존재를 따르기를 포기하고 그 대신에 열등한 존재를 따르는 것이다.[67]

이러한 쿠피디타스로서의 악한 의지의 근원은 교만이라고 설명된다.[68] 아우구스티누스에 따르면 교만은 자기에 대한 신뢰와 자아를 자기 자신의 삶의 원천으로 삼는데서 생기는 결함이다. 이것은 또는 자기 영화인 동시에 자기 신뢰이다. 그러므로 아우구스티누스가 이방인들이 덕을 비난하는 것 역시 그들이 자만심에서 용기를 과시하였다는 점을 비난한 것이라 할 수 있다.

결론적으로 이러한 논의를 전제로 해서 볼 때 아우구스티누스에게 있어서 악은 죄 또는 처벌이다. 다시 말해, 행하는 악은 죄이고 당하는 악은 처벌인 것이다. 이러한 논거에 따라 자연적 악은 도덕적 악으로 환원되고 그 죄에 대한 형벌로 설명될 수 있다.

요컨대, 아우구스티누스의 정의 개념은 세 가지 의미가 혼합되어 형성되었다.

---

65 De lib. arb. 1.3.
66 De lib. arb. 3.25.
67 De civ. Dei. 12.8.
68 De civ. Dei. 14.13.

첫째, 헬라와 로마 철학에서 받은 영향으로 '각자에게 자기 몫을 돌려준다'는 고대철학자들의 고전적 정의 개념이다.

둘째, 성경과 라틴 교부들에게서 받은 영향으로 '하나님과 자기 이웃에게 마땅히 주어야 할 사랑과 미덕을 동일시'한다.

셋째, '하나님과의 올바른 관계를 맺게 하는 영혼의 상태'를 가리키는 바울의 의(dikaiosyne) 개념과 연관된다.

제4부

『신국론』에 나타난 정의

제8장　두 도성의 기원과 역사

제9장　두 도성의 개념

제10장　두 도성의 미덕

제11장　두 도성의 사회적 삶

제12장　정의와 미덕

제13장　정의와 국가

A Study of Augustine's
Concept of Justice in De Civitate Dei

필자는 제4부에서 아우구스티누스의 두 도성 이론과 그의 사회 이론에서 드러난 정의 개념을 중점적으로 살펴보려고 한다.

첫째, 『신국론』 제11-22권에 따라 두 도성의 역사적 전개과정, 즉 도성의 기원, 도성의 전개과정, 도성의 종말을 순차적으로 살펴본다. 아우구스티누스는 두 도성 이론을 통해 역사를 해석하고 역사적 흐름에 따른 사회 이론을 제시하고 있기 때문이다.

둘째, 아우구스티누스의 사회이론으로서의 두 도성 개념과 사회생활을 분석한다. 그에 따르면 두 도성은 사회적 성격이 강한 사람들로 이루어진 집단으로 국가라는 정치 체제보다는 사람들의 모임인 공동체 사회를 가리킨다.

그러나 그는 단순히 도성 개념의 사회적 의미만을 규정하는데 그치지 않고 하나님 백성들로 이루어진 모임의 성격 규정과 그들이 이 세상에서 펼쳐나가야 할 나그네로서 삶과 그 지향점을 보여주고 있다.

셋째, 두 도성에서 미덕, 즉 사랑, 정의, 평화, 행복이 어떻게 구현되고 있는가를 살피고 정의와 사랑, 정의와 질서, 정의와 평화의 관계를 종합적으로 분석하여 아우구스티누스에 있어서 정의 개념의 고유성을 밝힌다.

넷째, 두 도성 이외의 현실의 지상 국가에서 나타나는 국가, 국민 개념, 전쟁과 평화 등의 주제를 전반적으로 고찰한다.

각 주제를 다루되 경우에 따라서는 다른 고대철학자들의 입장과 비교하면서 아우구스티누스의 독특한 주장을 부각시킨다.

제8장

두 도성의 기원과 역사

1. 두 도성 이론: 역사 해석의 도구

아우구스티누스의 역사관을 이해하기 위해서는 그의 역사관 형성에 영향을 준 보다 앞선 시기의 역사관들, 즉 헬라인들의 역사관과 성경의 역사관을 살펴볼 필요가 있다. 아우구스티누스는 두 역사관들을 비판적으로 검토하고 수용함으로써 진정한 의미에서의 역사 철학을 정립하게 된다. 그의 역사 철학은 헬라의 역사관과 확연한 차이를 보이면서 성경의 역사관에 기초한 것이었다.

1) 하나님의 창조와 시간

(1) 시간에 대한 이해

아우구스티누스는 '무로부터의 창조'에 입각해 시간론을 전개한다. 그는 시간이 하나님의 피조물로서 세상과 함께 창조되었다고 본다.

그러므로 의심할 여지없이 세계는 시간 속에서 만들어진 것이 아니고 시간과 더불어 만들어졌다.[1]

'무로부터의 창조'는 모든 피조물이 '가변성'(*mutabilitas*)을 지니고 있음을 의미한다. 이는 피조물이 무로부터 만들어졌기에 다시 무로 돌아가려는 성향이 있기 때문이다. 이 때문에 피조된 시간은 항상 "영혼의 연장"(*distentio animi*) 안에 머물지 못하며 흘러가고 사라지는 것이다.[2]

그렇다면, 피조된 시간의 실체는 무엇인가?

아우구스티누스는 『고백록』에서 시간의 본질에 대해 다음과 같이 자문자답한다.

> 도대체 시간이 무엇입니까?
> 아무도 듣는 이가 없으면 아는 듯 하다가도 막상 묻는 이에게 설명을 하려고 하면 말문이 막히고 맙니다.
> 그러나 제법 안답시고 말을 한다면 이렇습니다. 흘러가는 무엇이 없을 때 과거의 시간이 있지 아니하고, 흘러오는 무엇이 없을 때 미래의 시간도 있지 아니할 것이며, 아무 것도 없을 때 현재라는 시간도 있지 아니할 것입니다.[3]

---

1 De civ. Dei. 11.6.
2 선한용, 『시간과 영원』 (서울: 성광문화사, 1986), 61-63; 아우구스티누스는 경험적 시간을 '영혼의 연장'이라고 하는데, 그 이유는 시간을 경험하는 영혼의 존재가 순간에 머무르지 못하고 기억과 기대로 분산되기 때문이다(Conf. 11.26,33).
3 Conf. 11.14,17.

요컨대, 이것은 시간의 존재와 본질을 파악하는 것이 어렵다는 말이다. 다만 그는 시간이 과거-현재-미래의 방식으로 존재하며 우리에게 경험되고 있음을 피력할 뿐이다. 그래서 그는 경험적 시간에 기초해 시간의 본질을 이해하려고 시도하였다. 더 자세히 말하자면, 그는 과거가 기억의 영상으로, 미래가 기대의 영상으로 인간의 사고에 현존한다고 보았다.

> 따라서 과거, 현재, 미래라는 세 가지 시간이 있다고 말함이 옳지 못할 것이요, 차라리 과거의 현재, 현재의 현재, 미래의 현재, 이렇게 세 가지 때가 있다 하는 것이 그럴 듯한 것입니다. 즉, 과거의 현재는 기억이요, 현재의 현재는 목격함이요, 미래의 현재는 기다림입니다.[4]

아우구스티누스에 따르면 현존하는 '과거의 기억'(*praeteritis memoria*)과 '미래의 기대'(*futuris exspectatio*)는 과거와 미래를 현재화한다. 이 세 가지 현재는 영혼 안에서 과거 사건의 기억, 현재 사건의 직관, 미래 사건의 기대로 현존하는 것이다.[5]

(2) 영원에 대한 이해

아우구스티누스의 시간 이해는 자연스럽게 영원에 대한 이해로 이어진다. 그는 하나님의 연륜과도 같은 영원(*aeterunum*)을 시간의 영속(*perpetuum*)이 아니라 '영원한 오늘'(*hodiernus dies*)로 이해하였고, '모든 시간을 앞서 있는 것'(*ante omnia tempora*), 즉 항상 머물러 있는 현재로서 초시간적이며 불변

---

4 Conf. 11.20.26.
5 김태규, "아우구스티누스에 있어서 시간과 창조", 『동서철학연구』 vol. 44, 115.

하는 것이라 주장하였다.

영원 개념은 하나님의 본질과 존재 방식과 깊은 관련이 있다. 아우구스티누스에 따르면 하나님은 창조주로서 영원부터 존재하는 "참 존재"(*Vere Esse*)이시며, 불변하고 시간을 초월하는 영원한 존재이시다.[6]

> 하나님은 영원하고 시작이 없는 분이면서도 당신의 깊은 뜻에서 시간이 어떤 시작을 갖고 생겨나게 했고, 전에는 만든 적이 없는 인간을 시간 속에서 만들었다. 그것도 새롭고 갑작스러운 결심이 아니라 불변하고 영원한 결심으로 탐색할 수 없는 이 깊이를 누가 탐색하며 헤아릴 수 없는 이 깊이를 누가 헤아릴 수 있겠는가?
> 그 깊은 뜻으로 하나님은 인간을 시간적 존재로 만들었고 그 인간 이전에는 아무 인간도 존재하지 않았으며, 변하지 않는 의지로 시간 속에서 만들었고, 한 인간에게서 인류가 불어나게 했다.[7]
> 아직 없는 것과 지금 있는 것과 이미 없어진 것에 따라 하나님의 지식에 차이가 있는 것이 아니다. 우리와 달라서 하나님은 장래를 내다보시며, 앞에 있는 현재를 보시며, 과거를 돌이켜 보시는 것이 아니다.
> 하나님이 보시는 방법은 우리가 잘 아는 경험과는 아주 다르며, 그 차이는 심원하다. 하나님은 주의를 한 가지 일에서 다른 일로 옮겨 가시는 것이 아니라, 그의 보시는 데는 변동이 전혀 없다. 시간 안에 있는 모든 사건-아직 없고 앞으로 있을 사건이나, 현재 눈 앞에 있는 사건이나, 지나가서 없어진 사건이

---

6 선한용, 『시간과 영원』, 64-65.
7 De civ. Dei. 7.14.

나-들을 하나님은 영원히 움직이지 않는 현재의 순간에 보신다.[8]

위에 제시한 두 인용문을 살펴볼 때, 영원성은 하나님의 본질과 존재 방식은 물론 하나님의 예지와도 깊은 관련이 있다. 이는 영원성에 대한 다른 이해와 주장은 필히 하나님의 본질과 존재 방식과 예지에 대해 다른 이해와 주장을 낳을 수 있다는 사실을 보여준다.

아우구스티누스에 따르면 영원성은 시간의 영속(*perpetuum*)이 아니라 '모든 시간을 앞서 있는 것'이며, '영원한 오늘'로서 시간을 초월해 계시는 하나님의 초시간성과 무시간성을 가리킨다.

2) 세속사와 구속사

(1) 세속사와 구속사의 의미

기독교는 역사를 움직이는 궁극적인 힘이 무엇이냐에 따라 크게 세속사적 입장과 구속사적 입장으로 구분한다.[9]

세속사(secular history)는 일반 역사를 가리키고, 구속사(sacred history or salvation history)는 하나님의 계획에 따른 구원의 역사를 말한다.

세속사는 구속사와 대비되는 개념으로 역사를 움직이는 궁극적 힘을 인간으로 간주하는 인간 중심의 역사를 말한다.[10] 아우구스티누스는 자신의 책에서 이미 로마사를 세속사로 구분하고 '세속 역사'(secular history)라는 표

---

8 De civ. Dei. 11.21.
9 이석우, 『기독교 사관과 역사의식』(서울: 성광문화사, 1981), 15.
10 이석우, op. cit., 16.

현을 사용한다.[11]

반면, 구속사는 하나님의 구원 역사, 즉 인간이 타락한 이래 세상 끝날까지 하나님의 구원 계획을 이루어 가시는 섭리적 역사를 말한다.[12]

아우구스티누스는 성경적인 구속사의 입장에서 『신국론』을 기술하고 있다. 구속사는 성경에 나타난 하나님의 구원 계획과 사역을 핵심 주제로 삼는다는 면에서, 기독교회의 일반 역사를 다루는 교회사와 구별된다. 구속사는 역사를 움직이는 궁극적 힘을 인간이 아니라 하나님으로 믿고 있기 때문에 모든 역사의 원인과 사건의 의미를 하나님의 전체적인 계획 속에서 발견해야 한다.[13]

(2) 세속사와 구속사의 관계

세속사가 단순히 일반 역사를 가리킨다면, 구속사는 세속사 안에서 구속 사역을 이루어 가시는 하나님의 구원 역사를 말한다. 구속사는 세속사 안에서 일어난 사건의 원인과 의미를 하나님에게서 찾으려고 하기 때문에 세속사와 늘 긴장 관계에 있다고 볼 수 있다.

홍치모는 세속사와 구속사의 관계를 네 가지 유형으로 제시하는데, 그 중 가장 이상적인 유형으로 스피츠(Spitz)의 '공존 원리'를 제시한다.[14]

이 원리는 종교개혁의 신학에서 도출된 것으로 역사적 연구와 모든 영역의 저술에서 최고의 표준을 제시해 주는 것과 함께 복잡성을 인정하고

---

11 De civ. Dei. 16. 8.
12 조나단 에드워즈, 『구속사』, 김귀탁 역 (서울: 부흥과개혁사, 2007), 152-169; 에드워즈는 구원사를 '구속사역의 역사'(hisory of redemptive work)로 표현한다.
13 이석우, 18.
14 홍치모, "교회사와 세속사", 『역사신학』 1권: 17-19.

각각의 다양성을 수용한다. 그리고 교회사와 구속사와 세속사는 공존의 관계에서만 올바르게 이해될 수 있다고 본다.

(3) 세속사와 구속사에 대한 아우구스티누스의 이해

① 세속사에 대한 이해

아우구스티누스는 『신국론』 제1권부터 제5권에 이르기까지 로마사에 대해 기술한다. 그는 여기서 로마제국의 몰락 원인이 신들의 숭배를 금지한 기독교의 탓으로 돌리며 공격하는 이교도들을 반박하는데, 그가 바라본 로마사의 이해를 통해 아우구스티누스의 세속사에 대한 이해를 두 가지로 살펴볼 수 있다.

첫째, 세속사에 대한 부정적 태도이다.

아우구스티누스의 로마사에 대한 기술은 대체로 부정적인데, 원죄와 타락에 기반을 둔 그의 신학적 인간론과 역사관을 고려하면 결코 놀랄만한 일이 아니다.[15] 그는 로마 저술가들의 주장을 근거로 로마제국이 이미 그리스도가 오시기 오래 전부터 깊이 타락했으며, 순전히 도덕적인 타락 때문에 멸망했다고 주장한다.[16]

그리고 로마의 신들은 이런 부패와 부정을 막지는 않고 오히려 자기들의 이익만 추구하고 시민들의 타락을 부추기기까지 했다고 고발한다. 심

---

15 박영실, "신의 도성에 나타난 어거스틴의 로마사 이해", 『한국복음주의신학회』 (논문집 36, 2004): 349.
16 De civ. Dei. 2.22.

지어 로마인들은 로마가 붕괴되었어도 자기들의 악을 교정하려는 시도조차 하지 않았다고 한다.

> 정신 나간 사람들이여! …
> 세상 저쪽 멀리 있는 강력한 도성들이 당신들의 몰락을 함께 애통해 하고 있는 동안, 당신들은 극장으로 몰려들어 그곳을 완전히 채우고는 이전보다 더 심한 정도로 정신 나간 일을 벌임은 도대체 어찌된 일인가?[17]

또 그는 스키피오(Scipio)의 말을 빌려 로마인들이 재앙으로부터 유익한 교훈을 배우지 못했기 때문에 멸망하고 말았다고 본다.[18] 아우구스티누스는 스키피오를 통해 로마의 붕괴 원인이 기독교에 있는 것이 아니라 로마의 번영에 있음을 지적하기도 한다.

그리고 아우구스티누스는 살루스티우스(Salust)의 "로마인들 사이에는 본성에 의해 정의와 도덕성이 널리 퍼져 있었다"는 말을 인용하며, 현재 "도성의 형편은 공정하고 덕스러운 상태로부터 서서히 변질되어 완전히 사악하고 방탕한 모양을 보이게 되었다"고 한다.[19]

곧 아우구스티누스는 지상의 번영과 평화가 오히려 사람들을 타락으로 이끌어간다고 본 것이다. 이때 하나님은 재앙과 전쟁을 사용해 인간의 타락과 악한 본성을 교정시키고 정결하게 하신다.[20] 그럼에도 불구하고, 인

17　De civ. Dei. 1.33.
18　De civ. Dei. 1.30; 1.33.
19　De civ. Dei. 2.18.
20　De civ. Dei. 1.1.

간은 이것을 깨닫지 못할 뿐 아니라 돌이키지도 못한다.

결국, 타락한 인간이 다스리는 세속사는 키케로(Cicero)의 견해와는 달리 진정한 정의가 자리잡은 적이 없고, 이상적인 공화국이 존재한 적도 없다.[21] 로마가 멸망한 이유 또한, 바로 로마제국과 로마 시민들의 악덕 때문이었다.

아우구스티누스에 따르면 세속사를 움직이는 악한 힘은 인간의 권력욕(*libido domini*)이다. 이것이 로마를 멸망으로 이끌어간 또 다른 악의 축이었다.[22] 로마인들의 제일 목표는 자유였지만, 일단 그들이 자유를 획득하고 나서 타인들 위에 군림하는 권력욕에 사로잡히게 되자 타인의 자유를 속박하는 자로 변질되었다. 아우구스티누스는 바로 이 권력욕이 지상의 도성인 로마의 역사를 움직이는 악한 힘이었다고 지적한다.

그래서 그는 "권력욕에 지배당하는 나라, 즉 정의가 없는 나라는 강도떼와 다를 바가 없다"고[23] 주장했던 것이다. 세속사는 끊임없는 인간의 권력욕에 의해 움직이며, 전쟁과 폭력으로 점철된다.[24] 아우구스티누스가 로마사를 부정적으로 이해하고 평가하는 것은 세속사를 움직이는 궁극적 힘인 인간의 타락을 전제하고 있기 때문이다.

둘째, 세속사에 대한 긍정적 이해다.

아우구스티누스의 로마 역사에 대한 전반적인 이해가 부정적이라고 해서 그의 역사관이 반드시 염세적인 것만은 아니다.

---

21 De civ. Dei. 2.21.
22 박영실, "신의 도성에 나타난 어거스틴의 로마사 이해", 350.
23 De civ. Dei. 4.4.
24 De civ. Dei. 18.2.

아우구스티누스는 『신국론』 곳곳에서 로마사를 긍정적으로 이해하고 설명하려고 시도한다. 그가 세속사를 긍정적으로 보는 이유는 세상을 창조하시고 섭리하시는 하나님이 바로 역사의 주인이 되시기 때문이다.

아우구스티누스는 역사의 시작을 하나님의 천지창조로 본다.[25] 창조주 하나님은 역사의 주권자이실 뿐만 아니라 왕국과 제국에 권력을 부여하는 만왕이 왕이 되신다.

따라서 로마제국에 권력과 왕국을 허락하신 분도 하나님이시다.[26] 창조주 하나님은 또한, 끊임없이 인간의 역사에 개입하시고 다스리신다.

그러면, 세속사를 움직이는 하나님의 보편적 섭리는 어떻게 나타나는가?

일례로, 아우구스티누스는 로마제국의 번영과 성공이 우선 로마인들 스스로 열망하며 추구했던 위대한 일들에 대한 보상이라고 한다.[27] 이는 로마제국에 부여된 하나님의 일반 은총이었다고 할 수 있다.

이어서 그는 제국에게 주어진 번영과 권력이 영원한 도성을 허락하신 그리스도를 살해하고 배척했던 유대인들을 정복하는 것이었음을 지적한다.

성경의 예를 들자면, 마치 강대국은 불순종하고 부패한 이스라엘을 처벌하시는 도구로 사용되었으면서도 강대국 스스로의 오만함과 거만함 때문에 하나님께 심판받는 모습과 같다고 하겠다(암 1:1-2:3; 사 13:1-23:18; 단 2:1-6:28).[28]

25　De civ. Dei. 12.1-12.
26　De civ. Dei. 5.21.
27　De civ. Dei. 5.18.
28　더 자세한 내용은 데이비드 반드루넨, 『언약과 자연법』, 김남국 옮김 (서울: 부흥과개혁사, 2018), 223-282를 참고할 것.

이와 같이, 아우구스티누스는 인간의 탐욕과 권력으로 무너져가는 로마의 역사도 하나님의 보편적 섭리 가운데 주관하시며 당신의 선한 뜻을 이루어가고 계심을 인정했다.

그리고 하나님은 경건한 자들을 사용하여 세속사 안에 당신의 정의를 이루어가시고 하나님의 도성을 이루신다는 점에서 로마의 세속사를 긍정적으로 이해했다. 그는 기독교 통치자들이 나라를 정의롭게 다스리고 하늘 왕국을 더 사랑한다면 현세에서도 소망 중에 행복하며 장래에도 행복할 것이라고 주장했다.[29]

종합해 볼 때, 아우구스티누스는 인간의 죄와 타락으로 인간 중심의 세속사를 부정적으로 보는 견해가 대부분이었지만, 세속사 자체를 부정하지는 않았다.

그에게 있어 세속사는 선하거나 악한 것이 아니었다. 아우구스티누스에게 중요한 것은 세속사에 나타난 하나님의 뜻이었으며, 하나님이 세속사를 어떻게 활용하시는가를 발견하는 것이었다. 이것은 자연스럽게 그의 구속사에 대한 이해로 연결된다.

② 구속사에 대한 이해

아우구스티누스는 구속사를 이해할 때 성경 계시의 성취, 성경 중심, 그리스도 중심 등 세 가지 방식으로 이해한다.

---

[29] De civ. Dei. 5.24.

첫째, 성경 계시의 성취로서의 이해다.

아우구스티누스는 우선 『신국론』 제15-18권까지 세계사를 여섯 무대로 구분한다. 물론 이러한 구분의 이면에는 구속사가 자리하고 있고, 여섯 무대는 아담에서 노아까지, 노아에서 아브라함까지, 아브라함에서 다윗까지, 다윗에서 바벨론 포로까지, 바벨론 포로에서 그리스도의 탄생까지, 그리스도의 탄생부터 마지막 심판까지이다.[30]

성경을 충실히 따랐던 아우구스티누스는 성경에 예언된 대로 역사 안에서 그 약속이 성취된다고 보았다. 그는 구속사가 바로 이 목적을 실현해 간다는 점에서 "계시 성취의 역사"라고 보았다.[31]

둘째, 성경 중심의 구속사 이해다.

아우구스티누스는 『신국론』에서 세계사를 성경의 역사를 중심으로 설명한다. 그가 과거의 역사 자체를 단순히 기술하기보다 구속사적 의미에서 역사적 사실로 기술했기 때문에,[32] 그의 역사 기술방식은 Historie(역사)가 아니라 Heilsgeschichte(구속사)라고 평가할 수 있다.

아우구스티누스는 철저하게 구약성경의 구속사에 기초해 세속사를 기술하는 근거를 다음과 같이 제시한다.[33]

> 현재 우리 목전에서 발생하는 사건들을 예언한 그 사람들이 역사가로서 과거사도 기록했다면, 우리는 그들보다 어느 역사가를 더 신용해야 하는가? 참으로 역사가들의 견해가 일치하지 않을 때, 우리는 우리가 존중하는 성

30　강근환, "성 어거스틴의 역사신학에 대한 연구(II)", 『교수논총』: 5.
31　De civ. Dei. 15.8.
32　이장식, 『기독교 사관의 역사』 (서울: 대한기독교서회, 1992), 164.
33　De civ. Dei. 18.40.

경의 기록과 상치하지 않는 역사가를 택할 확고한 근거가 여기 있다.

아우구스티누스는 이처럼 철저하게 성경의 권위를 인정하고 이에 기초해 역사를 해명하고 서술했다. 그는 또한, 구속사를 하나님의 영원불변의 목적과 경륜이라고 보았다.[34] 천상의 도성의 최고선은 완전하고 영원한 평화이며, 이것은 현세가 아닌 내세에서 온전히 이루어진다고 아우구스티누스는 생각했다.[35]

구속사는 이 목표를 향해 시작과 발전(과정)과 끝의 과정으로 진행된다.

셋째, 그리스도 중심의 구속사 이해다.

아우구스티누스는 역사의 무대를 여섯으로 나누었는데, 마지막 여섯 번째 무대가 그리스도의 탄생부터 마지막 심판까지의 시기이다. 마치 천지창조의 완성이 여섯째 날에 이루어진 것처럼, 그리스도의 오심은 구속사의 완성과도 같다. 이는 성경의 모든 계시는 그리스도를 향해 있고 그리스도가 그 목적임을 보여준다 하겠다.

아우구스티누스는 일례로 구약성경에서 다윗의 아들에 대한 예언이 솔로몬에게 조금도 성취되지 않고 그리스도에게 풍성하게 성취되었다고 한다.[36] 아우구스티누스에게 있어 성경의 모든 예언의 성취는 그리스도 안에서 이루어진다. 이와 같이, 구속사가 그리스도를 중심으로 진행되기에 그

---

34 De civ. Dei. 12.15-16.
35 이장식, 『기독교 사관의 역사』, 193.
36 De civ. Dei. 17.8; 열왕기상하, 시편, 솔로몬 문서에 기록된 예언들에 관해서는 De civ. Dei. 17.4, 15, 16, 17, 18, 20을 참고할 것; 선지서에 기록된 예언들에 관해서는 De civ. Dei. 18.29, 30, 31, 32, 33, 34, 35를 참고할 것. 아우구스티누스는 여기에 기록된 예언들을 그리스도와 교회와 관련시켜 해석한다.

리스도를 역사의 중심이라고 볼 수 있다.

3) 인간의 자유의지와 역사의 관계

(1) 역사와 자유의지

이석우는 아우구스티누스가 세속사와 구속사를 통합하는 과정에서 역사 해석의 근거를 인간 본성에 둔 역사 철학의 시조와 같은 인물이라고 평가한다.[37]

그러면, 역사의 형성에 있어 개인이 미치는 역할은 무엇인가? 개인은 과연 역사의 형성과 방향 설정에 얼마나 영향을 미칠 수 있을까? 그리고 인간의 의지와 역사의 함수관계는 존재하는가?

이와 같이, 역사 철학에서 중요하게 취급되는 문제들 가운데 하나가 바로 역사와 개인의 관계에 대한 문제다.

이러한 관점에서 아우구스티누스가 역사 철학의 선구자라는 것은 명백해 보인다. 인간의 자유의지와 역사의 형성 과정을 연결시킨 최초의 인물이 바로 아우구스티누스였기 때문이다.

이러한 아우구스티누스의 역사관은 성경의 가르침에서 비롯되었다. 성경은 하나님의 '창조-타락-구속-종말-완성'이라는 직선적 역사관을 보여준다. 성경에서 하나님은 역사의 시작과 진행과 종말의 완성을 이루어

---

[37] 이석우, 『기독교사관과 역사이해』 (서울: 경희대학교 출판국, 2004), 73.

가시는 분으로 계시된다. 하나님의 구원 계획이 이스라엘의 역사 속에 계시되었다는 점에서 성경 전체가 역사적 성경이라 볼 수 있다.[38] 그런데 역사의 주관자 하나님은 단독으로 역사를 만들어가지 않고 인간을 통해 역사해 가신다. 한마디로 하나님은 인간을 통해 역사를 주관하고 인간은 역사의 참여자로 하나님의 섭리를 따르는 것이다.[39]

『신국론』을 자세히 분석해 보면, 두 도성의 기원과 발전과 종말에 관한 내용이 이를 뒷받침한다는 것을 발견할 수 있다. 성경은 인간이 죄로 인해 타락했음에도 여전히 책임 있는 존재로 간주한다.

성경에서 하나님이 인간에게 말씀하시고 명령하시고 책망하시고 칭찬하시며 또한, 믿음에 기초한 인간의 경배와 기도와 헌신을 기뻐하시는 모습을 통해 이것을 확인할 수 있다. 더욱이, 인간에게는 자유의지가 있어 하나님과의 관계 속에서 책임을 져야만 하는 존재로 나타나 있다.[40]

손봉호는 성경의 인간관을 다음과 같이 정리한다.

> 하나님 앞에서 책임 있는 존재로, 의무를 가진 존재로, 따라서 자유의지가 주어진 존재로 반영되는 인간은 하나의 책임있는 존재이다. 하지만 그는 하나님 앞에 죄인, 혹은 의인으로 나타나며 하나의 자동 기계로 나타나지 않는다.[41]

---

[38] 이석우, 『기독교사관과 역사이해』, 70.
[39] 김성식, "그리스도교사학", 『서양사학사론』 (서울: 법문사, 1977), 56.
[40] 전문적인 용어로, 성경의 인간관은 '비결정론적 자유의지'가 아니라 '결정론적 자유의지'를 지닌 존재로 등장한다(필자주).
[41] 손봉호, "인간에게 자유의지는 있는가?", 『신학지남』 41권 2집 (1974), 55-56.

성경의 하나님은 한 나라의 지도자나 나라(또는 강대국)를 통해 역사를 이끌어 가신다. 하나님은 모세나 다윗과 같은 이스라엘의 지도자들을 통해 당신의 백성을 지도하고 인도하신다. 이스라엘이 하나님 앞에 크게 불순종하고 회개하지 않았을 때에는 주변 강대국을 통해 강력한 심판을 받곤 한다. 이와 같이, 하나님에 대한 인간의 순종과 불순종이 역사 형성에 영향을 미친다.

다른 측면에서 보면, 이스라엘의 세속사는 하나님의 구원사와 함께 병존하고 있음을 알 수 있다. 그러면서도 성경은 하나님의 철저하고 주권적인 섭리를 표명하지만 헬라의 역사관처럼 운명론과 숙명론을 말하지 않는다.

『신국론』은 두 도성 개념을 통해 인간의 자유선택이 가장 중요한 역사 요인임을 보여 주고 있다. 아우구스티누스에 따르면 인간의 의지가 핵심이 되는 사랑의 방향에 따라 하나님의 도성과 지상의 도성이 만들어지고 구분된다.

그는 역사와 관련된 의지의 중요성을 『신국론』의 여러 곳에서 밝히고 있는데, 소개하면 다음과 같다.[42]

> 아담이 죄를 지으려 했을 때에 하나님이 그를 버리시기 전에 그가 먼저 하나님을 버렸으며, 하나님을 버린 것이 그의 영혼의 첫째 사망이 되었다 (De civ. Dei. 12.3).

---

42 이석우, 『기독교사관과 역사이해』, 100-101.

두 가지 사랑이 두 도시를 건설했다. 심지어 하나님까지도 멸시하는 자기 사랑이 지상 도성을 만들었고, 자기를 멸시하면서 하나님을 사랑하는 사람이 천상 도성을 만들었다(De civ. Dei. 14.2).

악이라는 결함은 본성에서 오지 않고, 본성에 반대되는 것이며, 사악한 범죄는 창조주에게서 유래하는 것이 아니라, 의지에서 유래한다(De civ. Dei. 11.17).

육체적 생활은 신체의 결함 뿐 아니라 마음의 결함에서도 온다고 보아야 한다(De civ. Dei. 14.2).

죄의 원인은 육체에 있는 것이 아니라 영혼에 있으며 죄의 결과인 병적인 상태도 죄가 아니라 벌이다(De civ. Dei. 14.3).

하나님의 원수가 된 것들은 그 본성 때문이 아니라 그 의지를 반대하기 때문이다. 그 의지가 그들의 선한 본성을 해하며, 본성은 해하지 않는 결함은 없다(De civ. Dei. 12.3).

방향이 잘못된 사랑은 의지로 하여금 변하지 않는 선을 버리고 변하는 선으로 타락하게 만든다(De civ. Dei. 12.8).

위에 열거한 내용을 살펴볼 때, 아우구스티누스는 악은 본성의 속성이 아니라 다만 자유의지의 결과일 따름이라고 주장함으로써, 죄 혹은 도덕적 악의 귀책사유가 오롯이 인간에게 있음을 강조함은 물론 악이 실체가 아닌 선의 결여임을 간접적으로 제시하고 있다.

요컨대, 아우구스티누스는 『신국론』에서 인간의 의지 문제를 역사 구성의 중추적 요인으로 활용하고 있다. 그는 이 의지의 선택과 방향으로 신국의 시민과 지상국의 시민을 구분하고 이 선택으로 나누어진 두 도성의 시민들에 의해 구원의 역사(구속사)와 죄의 역사(세속사)가 서로 대립하고 병존하고 갈등하면서 종말을 향해 나아간다고 보았던 것이다.

(2) 역사의 두 작용인(作俑人)

성경은 이스라엘의 역사에 기반을 두고 있는 책이다. 이 책 안에 이스라엘 족장들의 시대, 이집트에서의 노예생활, 사사 시대, 왕정 시대, 바벨론 포로 시대, 로마제국의 강점기의 순서로 역사적 사건들이 열거되어 있는 것이 그 예다.

성경은 하나님이 시간과 공간을 동시에 창조하신 역사와 우주의 주인이심을 선포한다. 또한, 창조자로서 하나님은 역사와 세상을 계속해서 보존하시는 섭리자이기도 하다. 성경의 하나님은 범신론(pantheism)도, 범재신론(panentheism)도, 이신론(deism)도 아닌 유신론(theism)의 하나님이시다. 유신론은 다른 부류의 신론과 달리, 신의 창조와 섭리를 함께 인정하는 신론의 한 유형을 말한다.

역사적으로 많은 신학자들과 철학자들은 하나님과 세상과의 관계에 대해 지속적인 관심을 갖고 연구해왔다. 그 과정에서 하나님과 세상 또는 인간 피조물과의 관계를 설명하기 위해 만들어진 용어가 있다. 그것은 다름 아닌 '동시작용설'(concurrentism)이라는 용어다.

'동시작용설'이란 발생한 사건(결과적 사건)에 대해 두 개의 공동 원인이 존재한다는 인과율을 말한다. 쉽게 말해, 이것은 인간 피조물이 한 원인으로 어떤 결과를 초래했을 경우, 하나님도 역시 그 인과 관계에 동시적으로 영향을 미쳤다는 이론이다. 이때 하나님을 초자연적인 제1원인으로, 인간 피조물을 자연적인 제2원인으로 구분한다. 정리하자면, '동시작용설'이란 제1원인과 제2원인이 어떤 결과적 사태에 동시적으로 영향을 미치는 것을 의미한다.

학자들이 하나님과 세상과의 관계를 효과적으로 설명하기 위해 이런 용어를 만들었지만 결국 역사의 두 작용인(efficient cause)을 인정하는 기독교의 역사관은 역사 속에 발생하는 수많은 사건들에 대한 책임 소재로 논쟁을 불러일으키게 된다.

그 가장 대표적인 논쟁이 악과 고통의 문제일 것이다.

악의 문제에 따르면, 성경의 하나님은 전지하고 전선하며 전능하신데, 그 하나님이 창조하신 세상에 헤아릴 수 없이 많은 악과 고통이 존재하는 이유는 무엇인가?

제2원인인 인간 피조물이 자유의지를 악용해 악을 일으키거나, 세상에 불의한 일이 발생했을 경우, 제1원인이신 하나님은 그 결과된 일과 어떤 관계가 있는가?

이러한 논쟁은 '동시작용설'이라는 용어 때문에 일어나는 것이 아니라 성경이 창조와 섭리의 하나님을 가르치고 있기 때문이다.

요컨대, 아우구스티누스는 『신국론』을 저술할 때 단순히 시간적 순서에 따른 역사 기술이 아니라 역사적 사건의 의미를 살피며 거대한 하나님의 구원 역사 속에서 역사를 기술하는 방식을 택하고 있다고 봐야할 것이다.

아우구스티누스는 전문 역사가나 역사학자는 아니었지만 『신국론』을 통해 시간 및 역사의 의미와 본질을 탐구하는 역사 철학의 토대를 마련해 주었다고 평가받을 만하다.

그리고 아우구스티누스가 역사와 자유의지를 엮어 놓음으로써 시작된 역사의 이중 원인(duplex cause)에 대한 성찰은 안셀름과 아퀴나스를 거쳐 제1원인과 제2원인의 인과 관계에 대한 중세의 연구로 확립되어, 보존론(conservatism), 동시작용설(concurrentism), 기회원인론(occasionalism) 등의 이론이 출현하게 된다.[43]

아우구스티누스는 비록 성경 역사에 토대를 두고 있기에 기독교적 색채가 매우 짙기는 해도 『신국론』의 역사적 기술을 통해 서양 역사 철학 발전에 지대한 공헌을 했다고 평가를 받는다.

2. 두 도성의 역사적 전개과정

1) 두 도성의 기원(제11-14권)

아우구스티누스는 성경의 창조론에 입각해 신국의 기원이 하나님의 창조에 있음을 밝힌다. 창조는 삼위일체인 절대선(絶對善)의 작업이므로 선한 세계가 창조되었고 거기에는 악의 원리가 없다는 것이 창조 논의의 핵

---

[43] TA.D. M. Schmaltz (ed), *Efficient Causation: A History* (New York, NY: Oxford University Press, 2014).

심이 된다.

창조와 시간과의 관계는 어떤 것인가?

세계는 시간 안에서 창조된 것이 아니라 시간과 더불어 창조되었다. 창조와 시간은 그 기원이 같으며 어느 한쪽이 먼저 이루어진 것이 아니라는 말이다. 요컨대, 피조물이 창조되지 않았으면 시간도 성립되지 않고 시간도 없었다는 것이다.[44]

> 영원과 시간의 차이는 거기에 변화와 움직임이 있느냐 없느냐의 차이다. 어떤 피조물이 생겨서 운동함으로써 변화를 일으키지 않았으면 시간도 없으리라는 것을 누가 깨닫지 못하겠는가? … 우주는 시간 속에서 만드신 것이 아니라 시간과 동시에 만들었다.[45]

이 때문에 성경의 '태초'라는 말이 가장 합당하다. 시간이란 피조물의 운동으로 측정될 수 있는 것으로, 피조물이 없는 경우 시간상의 과거란 있을 수 없다. 또한, 시간의 시작이 있었으니 끝도 있다는 말이 된다. 이곳에서 아우구스티누스는 나라라는 말을 우주적 확대 범위로 사용하고 있다.

신국과 지상국의 가장 첨단의 기원이 되는 천사 등의 창조에 대한 언급은 성서에 없지만 그 창조의 순서는 하늘의 창조 속에나 혹은 빛의 창조 속에 포함되어 있다는 것이다. 또한, 빛과 어두움을 나누는 순간부터 거룩

44　더 자세한 사항은 정의채, 「Aurelius Augustinus의 『神國論』연구」, 『카톨릭대 논문집』, Ⅱ(1976)을 참고할 것.
45　De civ. Dei. 11.6.

한 천사와 불결한 천사가 나누어진다. 진리의 빛을 따라 영적으로 빛나는 천사들은 거룩한 도성의 기원이 되고 공의의 빛을 등진 악한 천사들은 지상국을 이루는 것이다.[46]

이 두 개의 다른 천사군(天使群)들은 인류 역사에 나타난 두 도시의 서곡이 된다.[47] 처음 천사들이 창조될 때는 선하게 창조되었다. 선한 피조물을 만드는 것이 유일한 창조 목적이기 때문이다.[48]

그러나 그릇된 천사(마귀)로 나뉘어진 것은 그 의지, 즉 악의(惡意) 때문이며 이들 악한 의지는 본성에서 오지 않고 결함에서 온다. 악은 적극적인 실체(positive substance)가 아니라 다만 선의 결여(privatio boni)이기 때문이다.[49] 신국과 지상국의 기원과 분리는 여기에서 비롯되었으며, 이것이 그 본질에 해당한다.

아우구스티누스는 제12권에서 악의 문제를 근본적으로 탐구한다. 이 세계의 악은 인간 이전의 천사 시대부터 있었으며 악의 원인은 자유의지에 있는데, 이같은 원리는 인간계에도 적용된다.

신은 최고 존재(summe esse)이므로 결함이 없다. 그 때문에 최고 존재에 반대되는 것은 비존재밖에 없다.

---

46 De civ. Dei. 11.19
47 De civ. Dei. 11.34.
48 아우구스티누스는 피조물을 등급별로 나누고 있다. "본성에 따른 분류의 이용가치에 따른 분류가 있다. 살아있는 것이 그렇지 않은 것보다 높으며, 생식력이 있는 것, 의욕이 있는 것이 없는 것보다 높다. 생명이 있는 것 중에도 감각이 있는 것이 없는 것보다 높다. 그래서 동물이 나무보다 높다. 또 감각이 있는 것들 중에서 지성이 있는 것이 없는 것보다 높다. 그래서 사람은 가축보다 높다. 지성이 있는 것 중에서 죽지 않는 것이 죽는 것보다 높다. 그래서 천사들은 사람들보다 높다"(De civ. Dei. 1.18).
49 De civ. Dei. 11.9.

'악한 의지의 작용인(作用因)이 무엇이냐?'고 물어도 그것을 찾을 수 없다. 행위를 악한 것으로 만든 것은 의지 자체인데 무엇이 그 의지를 악하게 만든다고 하겠는가?

그러므로 악한 행위의 원인은 악한 의지이지만 악한 의지의 원인은 없다.[50]

다시 말해 악은 악한 의지의 결과이지만, 악한 의지의 원인은 없으므로 찾지 말라는 것이다. 악한 의지는 결과가 아니라 한 결함이므로 그 원인은 어떤 능력(efficiency)이 아니라 결핍(difficiency)이기 때문이다.

그 이탈의 원인은 적극적인 것이 아니라 소극적인 것이므로 그것은 암흑을 보려 하거나 침묵을 들으려 하는 것처럼 무모하다는 것이다. 또 안다는 것이 모르는 것이며 모르는 것이 오히려 아는 것이라는 원리가 여기에 적용된다.[51]

이같은 아우구스티누스의 악의 원인론은 인간이 이 세상에 출현하기 전에 이미 인간 속에 선악 대립의 요인이 배태될 가능성을 예기하게 했다. 이는 기독교와 이교주의의 대립, 신국과 지상국의 대립, 인간의 원죄와 죽음의 가능성을 이미 역사 시작 전에 열어놓았다.

이제 사람으로 돌아올 차례다.

모든 인류는 아담으로부터 시작되었고, 아담의 죄는 인류를 역사의 인류로 만들었다. 죄를 범함이 없었으면, 역사도 성립이 되지 않았을 것이다.

역사를 신국과 지상국의 갈등의 과정으로 본 아우구스티누스에게 있어서는 인간에게 죄성이 없으면 두 도시도 없고 두 도시가 없으면 역사도 없

---

50 De civ. Dei. 12.6.
51 De civ. Dei. 12.7.

는 셈이다.

아담의 경우도 죄의 근원은 의지에 있다.

> 아담이 죄를 지으려 했을 때 하나님이 그를 버리시기 전에 그가 먼저 하나님을 버렸으며, 하나님을 버린 것이 그의 영혼의 첫째 사망이 되었다.[52]

지상에서의 두 도성의 시작도 아담에게서 비롯되었다.

> 우리는 태초에 창조된 그 처음 사람과 함께 두 사회가 시작되었다고 할 수 있다. 아직 밝히 보이는 것은 아니지만 하나님의 예지 안에는 이미 나타났다. 처음 한 사람에게서 인류가 일어나기를 정해졌으며, 그 일부는 악한 천사들과 짝하여 벌을 받으며 다른 부분은 선한 천사들과 함께 복을 받기로 정해져 있다.[53]

죄와 벌을 얘기할 때 죽음의 문제가 제기되는 것은 불가피하다.
아우구스티누스는 죽음을 두 가지로 나누는데, 하나는 영혼의 죽임이요, 다른 하나는 육신의 죽음이다. 육신의 죽음은 영혼이 육신을 떠나는 것이지만, 영혼의 죽음은 신이 영혼을 버리는 것이다.
플라톤주의자들은 영혼이 육신을 떠나는 것은 신께 돌아가는 일이므로 벌이 아니라고 했다. 그러나 아우구스티누스에게 죽음은 벌이었다. 그래서 신의 도움을 받을 부활만이 이를 완전하게 하는 것이었다.

---

52   De civ. Dei. 12.33.
53   De civ. Dei. 12.28.

사실 종말의 의미도 마지막에 다시 죽을 자와 산 자를 구분하는데 두고 있다면 죽음 없는 종말도 없다고 하겠다.

지상 도성과 천상 도성은 어떻게 건설되는가?

그것도 사람들의 의지에 기초한다. 즉, 의지는 곧 사랑이기 때문에 두 가지 사랑이 두 도시를 건설한 셈이다.

> 두 가지 사랑이 두 도시를 건설했다.
>
> 하나님까지도 멸시하면서 자기를 더 사랑한 사람이 지상 도성을 만들었고, 자기를 멸시하면서 하나님을 더 사랑하는 사람이 천상 도성을 만들었다. 따라서 지상 도성은 그 자체 안에서 영광을 찾지만 천상 도성은 주 안에서 영광스러워한다. 전자는 인간들로부터 영광을 찾지만, 후자는 하나님 속에서 그 최고의 영광을 발견한다.[54]

악행은 인간의 자발성, 자유의지에 따른 것이지만, 악행에는 악의 의지가 선행한다. 바른 의지는 선이지만, 그릇된 의지는 나쁜 사랑이다.[55]

2) 두 도성의 발전(제15-18권)

인류는 두 부류로 구분되는데, 사람의 생각대로 사는 '지상의 도성'과 하나님의 뜻대로 사는 '천상의 도성'이다.

54　De civ. Dei. 14.28.
55　De civ. Dei. 14.7.

아우구스티누스는 이들의 진행 과정을 초기 성경 역사에 기초해 기술했다. 형 가인이 동생 아벨을 살해했는데, 아우구스티누스는 형 가인이 '인간의 나라'에 속하고, 아벨은 '하나님 나라'에 속한 것으로 분류했다.[56] 인류 역사의 시작이 비극적으로 된 셈이다.

아우구스티누스는 로마를 건설한 로물루스(Romulus)가 친동생 레무스(Remus)를 살해한 것도 같은 맥락에서 보았다.[57]

이같은 형제간의 싸움은 세상 나라 자체가 갈등적인 것을 입증해 준다. 가인과 아벨, 셋, 에녹과 에노스 등을 가계 족보적으로 살펴보면서 두 도성이 어떻게 역사적으로 이어지는지를 계열별로 정리했다.

그러나 신국은 계속 타락하여 그 벌로 대홍수를 불러들이고 결국 노아의 방주에 탔던 사람만 남게 되었다. 그 방주는 평화와 구원의 상징인 교회에 비유된다.

아우구스티누스는 시대를 여섯 시기로 나누어 신국과 지상국 진전의 과정을 다루고자 했다. 그의 시대 구분을 요약하면 이렇다.

- 아담에서 노아에 이르는 시기(유년기)[58]
- 노아에서 아브라함에 이르는 시기(소년기)[59]
- 아브라함에서 다윗에 이르는 시기(청년기)[60]

56　De civ. Dei. 15.1.
57　De civ. Dei. 15.5
58　De civ. Dei. 15.26.
59　De civ. Dei. 16.1-11
60　De civ. Dei. 16.12-34.

- 다윗에서 바빌론 포로기까지(성년기)[61]
- 바빌론 포로기에서 예수의 탄생(장년기)[62]
- 예수의 탄생에서 마지막 심판의 시기(노년기)[63]

이 같은 시대 구분에 따라 신국과 지상국을 서술하는데 그 역사를 종말까지 평행적 진행으로 파악하려 했다. 이런 서술 과정에서 그는 서술상의 갈등을 느낀 것 같다. 신국의 역사를 이스라엘 중심으로 할 때, 두 왕국의 이원적 분류가 때로 불확정적이고 애매할 때가 있다.

이 때문인지 아우구스티누스는 신국과 지상국을 병행시켜 서술하려는 의도에도 불구하고 아브라함에서 다윗까지, 다윗에서 솔로몬을 거쳐 바빌론 유수에 이르는 과거의 역사가 모두 신국의 역사만을 서술하는 결과를 낳았다.

방법상 신국의 역사를 수행하고 있는 주인공들이 히브리 왕국, 즉 실제 역사적 왕국과 겹치기 때문에 이를 별개로 서술하기가 어려웠을지도 모른다.

더구나 성격이 다른 구속사와 세속사를 별개로 병행시켜 나가는 과정에서 무엇을 나누고 어디서 통합시키며 다시 분리시킬 것인가의 문제가 쉽지 않았을 것이다. 이 점은 아우구스티누스 당대나 오늘날의 역사가들이 공히 느끼는 어려움이기 때문이다. 그가 느낀 어려움은 그의 제18권 서술에서 얼마나 많이 유세비우스의 『연대기』(Chronicle)에 의존하고 있는가를

---

61   De civ. Dei. 17.4-23.
62   De civ. Dei. 17.4-23.
63   De civ. Dei. 17.24.

보아도 알 수 있다.[64]

아우구스티누스 자신도 이같은 문제점을 인식하고 있었던 듯, 앞의 세 권(15권, 16권, 17권)이 모두 신국 중심의 서술이 될 수밖에 없는 이유를 설명하고 있다.

> 나의 글이 신국의 진전 과정에 대해서만 서술해 온 것이 분명하다. 그럼에도 이 신국만이 고립되어 단독으로 역사 속에 진행되었을 것은 아니다. 실제는 우리가 알고 있듯이 두 개의 도시가 함께 출발했고, 인류 사이에서 함께 존재하고 있으며, 그래서 역사 속에서 비슷한 시기에 함께 진전되었을 것이다. 그러나 나의 주된 의도는 신국만을 우선 서술함으로써 반대의 지상국에 의해 신국 서술이 방해받지 않고 그 전개과정을 더 분명하게 서술하려는 데 있다.[65]

요컨대 신국의 진전을 더욱 명백히 하고, 지상국 역사의 그늘에 가리어진 것을 더 드러내기 위한 것이라는 설명이다.

자신의 의도야 어디에 있었든 오늘의 입장에서 볼 때 두 왕국의 병행적 서술의 의도가 신국 중심의 서술로 많이 기울어져 있는 것은 부인할 수 없다.

이 점에 부담을 느끼고 있었듯이, 아우구스티누스는 제18권에서만은 지상국, 즉 역사적 국가들의 진전을 서술하는데 할애하고 있다. 이러한 노력은 신국의 역사와 지상국 역사 간의 시대적 진전의 병행이나 동시성을 비

---

64 H. Bettenson, *City of God* (Penguin Classics) (Harmondsworth: Penguin Books, 1976), 761.
65 De civ. Dei. 18.1.

교, 대비시켜 서술하려는데서 나타나고 있다.

이는 이스라엘사 중심의 서술이 세계사적 틀로 확대됨을 의미하는 것이다. 앞의 세 권(제15-17권)이 거의 전적으로 구약의 히브리사에 의존한 해설적 서술에 머무르고 있다면, 제18권에서는 구약 속의 역사를 오히려 주변국 앗시리아나 바빌로니아, 로마사와 연계시켜 서술하려 하고 있는 것은 그 때문인 것 같다. 자료도 유세비우스 외에 버질(Virgil)이나 바로(Varro)의 도움을 받고 있다.[66]

그래서인지 제18권은 『신국론』 서술 중 가장 역사서 같은 인상을 준다. 그가 이집트 등 모든 국가들의 연대와 히브리사 등의 진전을 사실적으로 맞추어 서술하고 있기 때문이다. 그 과정에서 지상국이 마치 실제 역사 속에 있는 국가와 일치하거나 동일시하는 듯한 생각을 갖게 하는 부분이기도 하다.

아우구스티누스가 말하는 종말 후의 지상국과 역사의 실제 속에서의 국가가 꼭 동일한 것은 아니면서도, 때로는 같은 것으로 서술하는 경우가 있다. 이는 두 왕국의 상징성, 대비 개념의 특성상 불가피한 것인지도 모른다. 또 지상국에 각각 다른 성격의 시민이 소속되어 공존할 수밖에 없는 것이 미완의 성격에 기인하기도 한다. 이 문제는 두 도성의 속성을 논하는 과정에서 좀 더 살펴보아야 할 과제로 남는다.

아우구스티누스는 제18권에서 아브라함의 탄생기를 앗시리아의 초기 역사에서 찾는다.

---

[66] V. Bourke, *Augustine's Quest of Wisdom* (Milwaukee: Bruce Publishing Co. 1945), 267

아브라함은 앗시리아의 갈대아 지방에서 니누스(Ninus)왕 때 태어났다. 따라서 아우구스티누스는 로마 역사와 그리스 역사를 넘어서 앗시리아 역사까지 거슬러 올라가 앗시리아 왕들을 거론한다.[67] 그 후 요셉 시대를 이야기 하면서 이집트사를 등장시키고 모세가 태어난 시대의 주변 국가와 그리스의 아테네를 바로(Varro, B.C. 116-27)의 글을 참조하여 서술한다. 모세의 출애굽 시기가 언제인가를 연대기적으로 계산하는 노력을 보인 반면, 히브리 민족의 사사시대에 관해 이탈리아에는 아이네아스(Aeneas)가 도착했다는 사실도 지적했다.[68]

이어서 그는 그리스와 메소포타미아 시대의 역사를 성경 역사와 비교, 병행시킨 다음에, 로마사를 주제별로 히브리사와 비교하며 서술했다. 로마가 건설된 시기는 히브리의 경우 유다의 히스기야 왕 때이며, 로마의 로물루스 왕 때를 이스라엘 열 지파의 바빌론 포로기와 유사한 시기로 병행시켰다.

예루살렘 성전이 파괴된 시드기야 왕 때와 로마의 타르퀴니우스 파리스쿠스(Tarquinius Paris) 왕의 시대를 일치시키고, 유대인들의 포로 귀환 시기와 로마가 왕정의 압제로부터 벗어난 시기를 일치시킨 것 또한, 같은 의도에서다.

---

67 "아브라함은 니누스왕 치아에 갈대아 인들 사이에서 태어났다. 바로 이점 때문에 앗시리아인들의 임금들을 거명하지 않으면 안된다. 그렇게 해야 첫째 로마였다고 할 바빌론이 등장할 것이고, 바빌론은 이 세상에서 나그넷길을 가는 하나님의 도성과 더불어 엄연히 공존했기 때문이다. 이런 역사적 사건들은 두 도성, 곧 지상 도성과 천상도성을 비교하려는 의도에서 이 저작에 삽입되어야한다. (De civ. Dei. 18.2).

68 De civ. Dei. 18.19-20.

또한, 구약 시대의 호세아와 아모스, 이사야 선지자들의 예언이 있었음을 거듭 강조한 것은 그 이전까지의 역사가 바로 로마로 연결되는 과정임을 증명하고자 한 것 같다. 이것은 로마사와 그리스도 출현이 갖는 극적인 관계로 지상국을 연결시키고자 하는 의도에서였을 것이다.

다니엘이나 학개 선지자의 예언들을 누차 인용한 것도 신국 역사의 정통성과 확실성을 증명해 보이기 위한 것으로 보인다.

이같은 두 도성의 병행적 서술은 공통된 접점의 역사 부분에 대한 문제의식을 갖게 하고 있다. 그래서 그는 그리스도가 오기 전 시대에도 이스라엘 민족 외에 천상 도성에 속한 민족이 있었는가, 그리고 교회가 분간 없이 확장되는데서 오는 선택되지 못한 자들의 교회 소속 문제를 거론했다. 이는 신국과 교회를 일치시키려 할 때 또는 지상국을 실제 역사적 국가에 일치시키려 할 때 생기는 당연한 문제점이기 때문이다.[69]

3) 두 도성의 목적과 종말(제19-22권)

아우구스티누스는 『신국론』 마지막 부분(제19-22권)에서 지상의 행복이나 평화가 얼마나 헛된 것인가를 밝혔다. 그리고 인류 역사의 종국에는 심판이 있을 것이며, 지상국의 사람들에게는 징벌이 또한, 신국의 사람들에게는 진정한 평화와 축복이 있으리라는 것은, 지금 가시적으로 구체적으로 만질 수 없는 것이므로, '오직 믿음으로 얻어낼 수 있는 진실'이라는 점을 계속해서 강조했다.

---

69 De civ. Dei. 18.47-49.

아우구스티누스는 제19권에서 최고선과 최고악이 어떻게 진정한 행복과 관련되는지를 집약적으로 논했다. '최고선=최고 행복=영원한 생명=천상 도성'의 도식으로 이어지고 '최고악=최악의 불행=영원한 죽음=지상 도성'으로 이해했던 아우구스티누스에게 무엇이 최고선이며 무엇이 최고악인지를 밝히는 것은[70] 곧 역사의 종말을 논하는 데 있어 선결해야 할 문제였기 때문이다.[71]

아우구스티누스는 우선 자신이 매우 존경했던 바로의 철학적 비판[72]으로부터 논의를 시작했다. 바로는 그의 저서 『철학에 대하여』의 서문에서 인간이 "본래적으로 구하는 목적"을 네 가지로 요약했다.[73]

첫째, 신체적 감각이 유쾌하게 자극된다는 의미의 쾌감(pleasure)

둘째, 신체에 아무 불편도 없다는 평안(repose)

셋째, 이들 두 가지의 조합

넷째, 기본적으로 타고난 축복(primary natural blessings)

---

[70] "최고선이란 선이 그 자체의 목적을 위해, 그리고 다른 것들도 그것을 위해 원해야 하는 것이다. 반면 최고악은 그 자체 때문에 멀리해지고, 다른 것들도 그것 때문에 피해지는 것이다. 그래서 선의 끝은 선을 파괴해서 없애버리는 것이 아니라 선을 끝내는 것, 그것을 완성하는 것이다. 악의 끝은 그것이 소멸되는 것이 아니라 다른 악으로 인도되는 것이다"(De civ. Dei., 19.1).
[71] De civ. Dei. 19.4.
[72] 이 책은 현재 남아있지 않다.
[73] 이 목적들은 "교사의 노력 없이, 어떤 교육의 도움 없이, 의식적 노력 없이, 처세술을 모르고도 원하게 되는" 것이라고 했다(De civ. Dei. 19.1).

이는 주로 신체적인 것과 관련이 있는데, 신체의 건강, 완전한 지체, 정신적 건강, 능력 등을 들었다.[74]

이들 네 가지 기본적인 쾌락들은 덕(*virtue*, 이것들은 후천적으로 배우는 것)과 어떤 관계에 있느냐에 대한 견해에 따라 철학파들의 입장이 달라질 수 있다. 그는 덕과 앞의 '기본적인 목적'과의 관계를 세 가지로 정리하였다.[75]

첫째, 이들 목적들을 위해서 덕을 원하는가?
둘째, 또는 덕성들을 위하여 이들을 원하는가?
셋째, 아니면 이 두 가지가 다 그 자체의 목적 때문에 요구하게 되는가?

이들은 서로 다른 관계와 네 가지의 기본 목표들의 관계를 그 각각의 차이에 따라 분석해 보면 288개의 학파까지 가능하다고 했다.[76]

그러나 바로는 결국 한 가지 입장만이 진리라고 택했는데 덕과의 관계에 있어 마지막 입장, 즉 덕과 기본적인 목표가 모두 그 자체를 위해 요구되는 상태가 가장 바람직하고 그것이 최고선과 행복에 이르는 것이라고 결론지었다.[77]

왜냐하면, 인간이란 신체만으로 이루어진 것도 아닌 두 개의 결합 내지 조합(combination)이기 때문에 어느 한쪽의 요구만 갖고는 충족될 수 없는 존재라는 것이다.[78]

---

[74] De civ. Dei. 19.1.
[75] De civ. Dei. 19.1.
[76] De civ. Dei. 19.1.
[77] 이는 아카데미학파의 견해를 따르는 것이라고 아우구스티누스 자신이 지적하고 있다.
[78] De civ. Dei. 19.3.

아우구스티누스는 이같은 바로의 결론에 대해 철학자가 내릴 수 있는 최상의 것이라고 찬사를 보냈다.[79] 하지만 그는 그들의 행복론이 인간 중심으로, 즉 보편적 자아를 중심으로 삼고 있기 때문에 그것은 최고의 선일 수도 최고의 행복일 수도 없다는 것이다.

그리스도인들이 보는 선은 그같은 기준에서 평가될 일이 아님을 삶의 불안과 슬픔, 고통 등의 현세적 문제들을 예로 들면서 예증했다.[80] 그래서 그리스도인의 최고의 선은 자기중심적 자아가 아니라 하나님이다. 더구나 행복은 이 세상에서는 잠정적인 것에 불과하며, 그것은 영원한 하나님과 연결될 때만 참 행복을 누릴 수 있다고 본다.[81] 왜냐하면, 지상의 행복은 충족되는 순간에 얻어지지만 시간이 지나면 그것은 잊혀지고 또 다른 부족감이 따르기 때문이다.

지상의 평화도 마찬가지다. 평화란 전쟁 없는 소극적인 상태의 평화가 아니라 신국에서만 이루어질 성질의 것이다.[82] 요컨대 아우구스티누스는 바로에 의해 정리된 "선의 목적(finis boni)의 문제를 기독교적 최고선"과 연결시키며, 이를 인간에서 신에게로 비약시키고 있는 것이다.[83]

그에게 이같은 비약은 피할 수 없는 당위였던 것 같다. "얼마나 많은 웅변을 토해야만 금생의 불행한 일들을 충분히 열거할 수 있겠는가?"라고 그는 질타한다. 어찌 사람들은 이 세상의 불행과 모순과 갈등을 그렇게 보면서도, 문제의 해결을 끝내는 인간의 수준에서 인간적 덕성과 지식, 철학

---

79 De civ. Dei. 19.3.
80 De civ. Dei. 19.4.
81 De civ. Dei. 19.20.
82 De civ. Dei. 19.12, 13.
83 정의채, op. cit. 176.

에서 구하려고만 하는가 하고 원망이라도 하는 듯하다.

신을 향해야 하는 당위와 인간의 무력성에 대한 아우구스티누스의 양극적 서술이 아주 절실하기 때문에 베르노(Verneaux)는 실존철학의 효시를 아우구스티누스에게서 구할 정도다.[84] 그는 고통과 죽음과 악 앞에 무력한 인간의 한계를 누구보다도 더 절감하고 있었던 것이다.

인간의 이성과 감성, 사유와 건강이 얼마나 부질없는 것인가?

사회의 존립 기준이 되는 정의(justitia)에 대해서도 그 허구성을 지적했다. 아우구스티누스는 정의도 인간과 인간, 인간과 국가의 관계에서 구해지는 것이 아니라 신과의 관계에서만 얻어질 수 있는데, 영혼이 신에 종속되고, 육은 영(靈)에 그리고 영과 육이 다 같이 신에 종속될 때만 진정한 정의가 이루어진다.[85] 여기에서 아우구스티누스는 키케로의 공화국에 반대하는 근거를 찾고 있다. 사람이 의롭다는 것은 자신을 신께 복종시킬 때 가능하기 때문이다.[86]

아우구스티누스는 가족이나 사회생활에서, 믿는 친구에게서 행복을 구하는 것도 헛된 일이며 가정조차도 때로는 불화의 근원지이다. 인간은 본질적으로 완전한 소통은 불가능하다는 것이다. 인간들은 더구나 상이한 언어로 진정한 대화는 사실상 불가능하다. 죽음조차도 고통을 치유해 주는 방법이 아니다.

---

84 Roger Verneaux, *Lecons sur L'esitentialisme et Ses Formes Principales*, 13-14(정의채 앞의 논문에서 재인용)
85 De civ. Dei. 19.5.
86 De civ. Dei. 19.27.

그는 천상국의 영원한 평화와 행복을 대비시키면서도 그것이 절대 무관한 대립 관계만은 아님을 강조했다. 그는 신국과 지상국의 차이를 인정하면서도 서로 화합할 수 없이 모순, 적대되는 것으로만 보지 않았다. 서로가 겹치는 공통된 고리가 있는 것을 발견한다. 특히, 지상국이나 천상국의 공통된 목표는 평화이다. 국가 존재의 정당성을 찾고 있는 것도 이 때문이다.

지상국은 천상국에서 완전히 독립된 것으로 파악하지 않고 높은 차원의 것과 연결되어 변용되어야 할 것으로 봤다.[87] 이 점에서 그의 교회와 국가 간의 관계에 대한 견해의 일부를 볼 수 있다.

마지막에서는 심판(제20권)과 지옥(제21권), 그리고 천국의 상태(제22권)에 대해 논했다. 그리스도의 재림에 따라 종말이 오며, 이것이 심판의 때이고, 시간과 역사의 종결을 의미한다. 그 때는 마귀가 결박당하고 악인들은 정죄의 심판을 피할 수 없고, 의인들은 영원한 하나님 나라에서 영속적 평화를 누릴 것이다. 악에 대한 형벌은 영원한 고통이며 지옥이요, 선에 대한 보상은 영원한 즐거움과 천상국이다.

아우구스티누스는 여기서 그리스도 재림에 따른 천년왕국설의 문제점들을 논하고 자신은 시간의 설정을 거부했다.

그리고 죽은 자들의 부활에 대한 신체적 조건들을 언급했는데 부활했다가 다시 죽은 자, 영원히 죽은 자들이 지상국의 궁극적인 시민으로 묘사되어 있다. 마지막에 신국도성의 평화와 영생과 자유의지의 엄존과 불안과 부족과 갈증과 불행이 없는 영원한 안식의 상태를 기록했다.

---

87 정의채, op. cit., 189.

그에게 역사란 신의 나라를 향해가는 사람들과 지상의 나라로 향해 가는 사람들의 순례의 행진이었다. 그는 역사의 마지막 도착지를 이렇게 썼다.

거기에는 진정한 영광이 있을 것이다. 착오나 아첨으로 영광을 주는 일이 없는 곳, 거기에는 진정한 영예가 있을 것이다. 그것을 받을 만한 사람에게, 그것이 결코 부정되지 않을 것이며, 받을 자격이 없는 사람에게도 주어지지 않을 것이다. 거기에는 자격 있는 자만이 거할 생각을 받을 것이므로, 무자격자가 영예를 구하는 예도 없을 것이다.

거기에는 진정한 평화가 있을 것이다. 아무도 자기나 다른 사람의 행동에 의해 해를 받을 일이 없기 때문이다. 끝없는 끝에 있을 일을 보라, 끝없는 나라에 도달하는 것 외에 무엇이 우리의 끝이며 목표인가?[88]

---

[88] De civ. Dei. 22.30.

제9장

두 도성의 개념

1. 도성(due civitiess)의 개념 이해

1) 로마의 전통

로마 시대에 도성(civitas)은 일반적으로 도시의 건물이나 외형이 아니라, 백성, 시민 또는 공동체를 가리켰다.[1] 이 용어는 신들과 인간들이 공유하는 우주적 사회를 가리키는 말이었다고도 한다.[2]

바로우(R. Barrow)에 따르면, 도성은 일반적으로 네 가지 의미로 사용되었다고 한다.

첫째, 어떤 정치 조직의 구성원들로 이루어진 시민들.
둘째, 시민들의 무리가 살고 있는 마을이나 지역의 장소 개념.

---

1 김명혁, "신국론의 두 도성 이해", 201.
2 Lidia S. Mazzolani, *The Idea of the City in Roman Thought* (Bloomington: Indiana University Press, 1970), 34-181.

셋째, 공동체, 국가, 정치 연합의 단위(unit of political association)를 뜻하는 개념.

넷째, 시민권을 갖고 있는 신분 개념.

아우구스티누스는 바로우가 소개한 네 가지 개념 중에서 장소적인 의미를 지닌 두 번째 의미를 제외하고 나머지 세 가지 의미를 모두 포함하는 도성 개념을 사용하고 있다. 아우구스티누스도 정확히 '백성'이나 '인간 사회'라는 의미로 이 개념을 사용한 것으로 보인다. 여기서 주목할 부분은 아우구스티누스가 도성을 *republica*(공화국)가 아니라 *civitas*(도시국가, 시민 공동체)로 표현하고 있다는 점이다.

키케로(Marcus Tullius Cicero)는 플라톤의 '정체'(政體, *politeia*)를 라틴어로 번역하면서, 국가(state)에 관한 단어를 사용할 때에는 *republica*라고 불렀다.[3] 그런데, 이 정체는 로마에서의 군주정이나 전제정 또는 민주정에 상관없이 국가 이론이나 이상 국가를 의미하는 것으로 사용되었기 때문에, 아우구스티누스는 키케로의 *de republica*라는 용어를 사용하지 않고 *de civitate*라고 썼던 것이다.

실제로 당시에 *republica*라는 용어는 정치 체제를 더 크게 함의했던 반면, *de civitate*는 공동체적 성격이 강했다고 한다. 도성은 정치적인 의미보다는 '백성'(people), 즉 '인간들의 사회'(human society)에 더 가까운 의미로 사용되었다.

---

3 마르쿠스 툴리우스 키케로, 『국가론』, 김창성 옮김 (경기 파주: 한길사, 2007).

그러면 아우구스티누스가 *de republica*의 사용을 피하고, 일부러 "신의 도성"(*De civitate Dei*)을 선택한 의도는 무엇일까?

그것은 아마도 그가 도성의 공동체성과 영성을 크게 부각시키려 했던 것으로 보인다. 좀 더 구체적으로 말해, 그는 "개인들로 구성된 조화로운 집합체"(*concors hominum multitudo*)[4] 또는 "어떤 공동체적 관계로 한데 묶여진 사람들"(*hominum multitudo aliguo societatis umicuto conligato*)[5]이라는 도성의 성격을 강조함으로써, 백성들의 연대 관계에 있는 도성의 정신이나 영적 성격을 대비하려는 의도가 있었을 것으로 추정된다.

이는 현세에서 쉽게 볼 수 있는 물리적인 국가나 정치 제도와 대비되는 비물질적인 공동체의 정신을 더 강조하기 위한 것일 수도 있다.

2) 성경의 전통

아우구스티누스의 도성 개념은 영적이고 신학적인 의미를 지닌 것으로 로마 전통의 개념과는 그 성격이 매우 다르다고 볼 수 있다. 그의 도성 개념은 무엇보다도 성경에 기초한 것이다.

아우구스티누스는 이 용어가 성경에 나오는 도성이라고 밝히면서 시편의 여러 구절들을 인용한다.[6]

---

4 De civ. Dei. 1.15.
5 De civ. Dei. 15.8.
6 De civ. Dei. 11.1.

- 하나님의 성이여 너를 가리켜 영광스럽다 말하는도다 (*Gloriosa dicta sunt de te, civitas Dei*, 시 87:3).

- 여호와는 위대하시니 우리 하나님의 성, 거룩한 산에서 극진히 찬양 받으시리로다 (Magnus Dominus et laudabilis nimis in civitate Dei nostri, in monte sancto eius, dilatans exsultationes universae terrae, 시 48:1, *Vulgata*).

- 우리가 들은대로 만군의 여호와의 성, 우리 하나님의 성에서 보았나니 하나님이 이를 영원히 견고하게 하시리로다 (Sicut audivimus, ita et vidimus, in civitate Domini virtutum, in civitate Dei nostri; Deus fundavit eam in aeternum, 시 48:8).

- 한 시내가 있어 나뉘어 흘러 하나님의 성 곧 지존하신 이의 성소를 기쁘게 하도다 하나님이 그 성 중에 계시며 성이 흔들리지 아니할 것이라 (Fluminis impetus laetificat civitatem Dei, sanctificavit tabernaculum suum Altissimus; Deus in medio eius non commovebitur, 시 46:4-5a).

그리고 그는 이 도성을 세우신 분이 도성의 시민들에게 사랑을 불어 넣으셔서 그 시민권을 갈망하게 만드셨다고 한다. 게다가, 그는 『신국론』 제5권 19장에서 하나님의 도성을 영원한 도성이라고 한다.[7]

'하나님의 성'은 영적이고 신학적인 의미가 강한데, 이 용어는 영적으로, 신학적으로 그 성격이 대조되는 또 다른 성의 존재를 암시한다.

---

7 De civ. Dei. 5.19, "우리 성경에서 하나님의 도성이라고 불리는 영원한 도성"(civitatis aeternae, quae in sacris litteris nostris dicitur civitas Dei); 김명혁은 아우구스티누스가 여기서 civitas라는 용어를 불가타 성경에 나온 regnum, 즉 "하나님 나라"라는 의미로 사용했다고 한다(김명혁, "신국론의 두 도성 이해", 202).

2. 두 도성 개념의 유래

1) 성경의 전통

아우구스티누스가 직접 밝힌 것처럼, 두 도성 개념은 성경에서 유래했다. 두 도성이 서로 상반되는 성격을 띠는 것 역시 성경에서 기인한 것이다.

계시록을 보면, 하늘로부터 내려오는 거룩한 도성인 새 예루살렘(계 21:2)과 음녀라고 불리는 큰 성 바벨론(계 17:5; 18:10)이 나온다.

이에 기초하여 그는 다음과 같이 주장한다.

> 예루살렘이 거룩한 무리들의 도성을 가리키는 것처럼 바벨론은 악한 무리들의 도성을 가리킨다(Sicut autem Ierusalem significat civitatem societatemque, sic Babylonia significat civitatem societaemque iniquorum).[8]

그는 예루살렘과 바벨론의 상반되는 모습에 비추어 하나님의 도성 혹은 천상의 도성과 마귀의 도성 혹은 지상의 도성으로 해석했던 것이다.[9]

---

[8] De catechezandis rudibus 21, 37 (CCSL, XLVI, 161), 김명혁, "신국론의 두 도성 이해", 202에서 재인용함.

[9] "'또 내가 보매 거룩한 성 새 예루살렘이 하나님으로부터 하늘에서 내려오니'라고 요한이 기록했다. 이 도성이 하늘로부터 내려온다고 했다. 왜냐하면, 그 도성을 형성하는 은혜가 하늘로부터 내려오기 때문이다…실로 그 도성은 시작할 때부터 하늘에서 내려왔다. 그 도성의 시민이 이 세상의 진행 과정에서 하늘로부터 보내심을 받은 성령 안에서의 중생으로 말미암아 위에서부터 내려오는 하나님의 은혜로 성장하기 때문이다"(De civ. Dei. 20.17).

2) 북아프리카 전통

북아프리카 교회의 전통은 한때 도나투스파에 속했다가 후에 탈퇴한 북아프리카의 사상가 티코니우스(Tyconius)에게서 찾아볼 수 있다. 그는 아우구스티누스의 도성 개념에 이원론적 특성을 부여했다고 평가받는다.[10]

아우구스티누스가 『기독교 교양』(De Doctrina Christiana) 제3권 제30-37장에서 소개한 티코니우스는 『계시록 강해』(Commentario in Apocalysin)에서 상반되는 두 도성 개념을 다음과 같이 묘사하고 있다.

> 분명히 두 도성, 두 왕국이 있다. 즉, 그리스도의 왕국과 마귀의 왕국이 있다.
>
> 하나는 세상을 섬기기를 원하고 다른 하나는 그리스도를 섬기기를 원한다.
>
> 하나는 세상의 왕국을 소유하기를 원하고 다른 하나는 세상에서 피하기를 원한다.
>
> 하나는 슬퍼하고 다른 하나는 기뻐한다.
>
> 하나는 때리고 다른 하나는 맞는다.
>
> 하나는 죽이고 다른 하나는 죽임을 당한다.
>
> 하나는 의롭게 행하고 다른 하나는 악하게 행한다.
>
> 하나는 멸망을 당하고 다른 하나는 구원을 얻는다.[11]

---

10 T. Hahn, *Tyconius-Studien* (Leipzig, 1900); H. Scholz, *Glaube und Unglaube in der Welt-Geschichte* (Leipzig, 1911), 78; E. Salin, *Civitas Dei* (Tubingen, 1926), 175; Figgis, *The Political Aspects of St. Augustine's City of God*, 46쪽 이하; Baynes, *Political Ideas*, 5쪽 이하; C. Dawson, "St. Augustine and His Age," in *Saint Augustine*, ed. by M.C. D'Arcy (New York: Meridain, 1957), 58쪽 이하(김명혁, "신국론의 두 도성 이해", 203에서 재인용).

11 Beatus, *In Apocalysin*, ed. by H. Florez (MA.D.rid, 1770), 507, 15-33 (김명혁, "신국론의 두 도성 이해", 204에서 재인용).

덧붙여 말하자면, 학자들은 아우구스티누스의 도성 개념의 원천이 어디에 있는지 다양한 주장을 해왔는데, 개략적으로 소개하면, 세 가지 주장으로 구분된다.

첫째, 한(T. Hahn)과 같은 학자는 아우구스티누스의 이원적인 도성 개념이 티코니우스(Tyconius)에게 받은 영향이라고 주장한다.[12] 이는 북아프리카 전통을 따르고 있는 것으로 본다.

둘째, 라이제강(Hahns Leisegang)은 아우구스티누스의 삼원적인 도성 개념의 원천을 필로(Philo)와 암브로시우스(St. Ambrosius)에게까지 소급해야 한다고 주장한다.[13] 특히, 밀라노의 주교 암브로시우스는 아우구스티누스에게 세례를 주었을 뿐 아니라 신플라톤주의와 키케로의 사상을 소개해준 인물로 잘 알려져 있다.

셋째, 살린(E. Salin)은 아우구스티누스의 도성 개념이 플라톤에게까지 거슬러 올라간다고 주장한다. 이는 플라톤의 이원론적 사상이 두 도성의 구분에 직접적인 영향을 미쳤다고 본 것이다.

---

12 한의 구체적인 설명에 따르면 다음과 같다.
첫째, 두 사람은 모두 교회에 대해 이중적 견해를 지니고 있다.
둘째, 두 사람은 모두 교회에 죄인들도 포함되어 있음을 인정한다.
셋째, 두 사람은 모두 배교자들을 교회에서 추방해야 한다는 도나투스파의 교회관을 반대한다.

13 라이제강이 주장하는 세 가지 도성은 천상의 영적 도성(*civitas caelestis spiritalis*), 지상의 영적 도성(*civitas terrena spiritalis*), 그리고 지상의 육체적 도성(*civitas terrena carnalis*) 등이다. 그는 이 세 도성 이론이 필로에게 나와 암브로시우스에게 영향을 주었고 다시 아우구스티누스에게 전수되었다고 주장한다. 라이제강은 필로가 주장한 '원형'(Urbild)과 '복사'(Abbild)와 '복사의 복사'(Abbilde der Abbildes)라는 개념들을 세 도성 이론에 적용시켰던 것이다.

지금까지 살펴본 것처럼, 아우구스티누스의 두 도성 개념은 로마의 전통과 북아프리카의 전통, 그리고 성경의 전통과 플라톤 등의 영향을 받은 것으로 정리할 수 있다.

이를 통해 우리는 이상의 요인들이 아우구스티누스의 도성 개념 형성에 복합적으로 작용했으리라고 판단할 수 있다.

3. 두 도성의 성격

두 도성의 성격에 관한 논쟁은 신국과 지상국의 관계, 신국과 교회의 관계, 지상국과 국가의 관계로 나누어 살펴볼 수 있다.

우선, 신국과 지상국은 아우구스티누스가 명료하게 구분해 주었기 때문에 이 부분에 있어 논쟁은 전무한 것으로 보인다.

다음은 신국과 교회의 관계에 대한 논쟁인데, 이 부분이 두 도성의 성격을 규정짓는데 있어 가장 중요하다. 논쟁은 크게 두 가지 견해로 구분되는데, 하나는 양자가 일치한다고 보는 견해이고 다른 하나는 불일치한다고 주장하는 견해이다. 전자의 견해를 지지하는 학자들로는 뉴먼(J. Newman)과 마샬(R. Marshall)이 있고,[14] 후자의 견해를 지지하는 학자들로는 도슨(C. Dawson)과 바커(E. Barker)가 있다.[15]

14　R. Marshall, *Studies in the Political and Socio-Religious Terminology of the ⊠De civ. Dei.⊠* (Washington: Catholic University of America Press, 1952).

15　E. Barker, "St. Augustine's Theory of Two Cities," Dewnton ed., *Perspectives on Political Philosophy*, I (New York: Holt, Rinehart & Winston, 1971).

여기서 신국과 교회의 성격을 개별적으로 이해하려는 시도가 큰 도움이 된다. 먼저, 신국은 라이제강이 주장한대로 천상의 영적 도성, 지상의 영적 도성, 지상의 육체적 도성으로 구분할 수 있다.

그리고 교회는 보이는 교회와 보이지 않는 교회로 구분되며, 보이는 교회는 다시 알곡(천상 도성의 시민)과 가라지(지상 도성의 시민)로 구분된다.

마지막으로, 지상국과 국가의 관계에 대한 논쟁이다. 양자가 동일하지 않고 그 성격이 다르다는 데에는 이견(異見)이 없다. 어느 한 국가에 소속된 모든 국민이 전부 지상국의 시민이 되는 것은 아니기 때문이다. 마샬은 지상국의 기준을 특정한 정치 제도나 국가에 적용할 수 없다고 주장한다.[16]

두 도성은 영적이어서 물리적인 교회와 국가로 양분될 수 없다.[17] 주님의 가르침에서 보는 바와 같이, 교회 안에 알곡과 가라지가 있는 것처럼 가시적 교회 안에도 두 도성이 혼재한다. 국가의 구성원인 시민들 중에서도 두 도성의 시민이 공존한다. 사랑의 의지로 시작된 두 도성은 그 의지로 각 도성의 역사를 진행해간다. 역사의 종말에 두 도성은 그 사랑과 선택의 결과에 따라 하나님의 심판과 상급을 받게 될 것이다.

두 도성 이론은 『신국론』의 핵심 소재이자 아우구스티누스가 역사를 해석하는 틀이라고 할 수 있다. 그런데, 바로 앞에서 살펴본 세속사와 구속사의 관계는 두 도성 사이에도 똑같이 적용된다. 이것은 하나님께서 태초에

---

16 R. Marshall, 136-137.
17 김희창, 『어거스틴의 하나님의 도성 분석』 (서울: 새순출판사, 1998); 어거스틴의 하나님의 도성 이해(33-64), 어거스틴의 지상 도성의 이해(65-98), 어거스틴의 교회 이해(99-138), 하나님의 도성과 교회와의 관계(139-173)

우주와 시간을 함께 창조하여 역사 속에서 목적(finis)을 향해 진행되게 하셨기 때문에, 두 도성은 세속사와 구속사 안에서 혼재하여 진행되어 간다.

굳이 구분하자면, 지상 도성의 역사는 세속사와 관련이 깊고 천상 도성의 역사는 구속사와 관련 깊다고 할 수 있다.

아우구스티누스는 『신국론』 제11-22권까지의 내용을 서술해가는 과정에서 두 도성 개념에 기초해 역사의 기원과 발전, 그리고 종말을 설명해나간다.

제10장

두 도성의 미덕

1. 두 도성의 사랑

1) 두 도성의 원리: 하나님 사랑과 자기 사랑

아우구스티누스는 두 도성의 원리를 하나님 사랑(*amor Dei*)과 자기 사랑(*amor sui*)으로 구분한다. 그에 의하면 두 도성은 이 두 가지 사랑으로 건설되었다.[1] 특히, 아우구스티누스는 인간 도성의 기원을 악한 천사의 의지 자체에 있다고 한다.[2]

하나님을 미워하는 자기 사랑이 지상의 도성을 만들었고, 자기를 미워하는 하나님 사랑이 천상의 도성을 만들었다. 지상의 도성은 지상 자체를 자랑하지만 천상 도성은 주님을 자랑한다(고후 10:17). 지상의 도성에서는 지배욕이 귀인들과 피정복민들 위에 군림하는 반면, 천상의 도성은 지도자와 백성들이 사랑으로 서로 섬기되 지도자는 지혜로, 백성들은 복종으로 섬긴다.

---

1 De civ. Dei. 14.28.
2 De civ. Dei. 11.11.

이와 같이, 지상 도성의 특징은 우상숭배로 나타나지만, 천상 도성의 특징은 창조주에 대한 경건한 예배로 나타난다.

아우구스티누스는 "인간 사회는 두 계급 밖에 나타난 것이 없다"면서 성경을 따라 이것을 두 도성이라고 부른다(엡 2:19-22; 빌 3:17-21).[3]

육체적인 삶을 선택하는 자들의 도성이 있는 반면, 영적인 삶을 선택하는 자들의 도성이 있다. 그리고 두 도성은 각각 서로 다른 평화를 추구한다.[4]

아우구스티누스에 따르면 인류의 역사는 두 도성으로 소급되고 두 도성은 두 종류의 인간들로 소급되며, 두 부류의 인간들은 두 사랑으로 소급된다. 다시 말해, 두 종류의 사랑이 두 도성의 토대인 것이다.

> 두 가지 사랑이 두 도시를 건설했다. 심지어 하나님까지도 멸시하는 자기 사랑이 지상 도성을 만들었고, 자기를 멸시하면서 하나님을 사랑하는 사랑이 천상 도성을 만들었다.
>
> 따라서 지상 도성은 자체를 자랑하며 천상 도성은 주를 자랑한다(고후 10:17). 지상 도성은 사람들에게서 영광 받기를 원하고, 천상 도성은 우리의 양심을 보시는 하나님을 최대의 영광으로 여긴다. 지상 도성은 자기의 영광으로 머리를 높이 들며, 천상 도성은 그 하나님께 '주는 나의 영광이시오 나의 머리를 드시는 자니이다'(시 3:3)라고 한다.
>
> 지상 도성에서는 지배욕이 자체 속의 귀인들과 피정복 민족들 위에 군림하고, 천상 도성에서는 지도자와 피지도자들이 사랑으로 서로 섬기되, 지도자

---

3 De civ. Dei. 14.1.
4 De civ. Dei. 14.1.

는 그 지혜로 피지도자는 복종으로 섬긴다. 지상 도성은 그 권력자들의 나타내듯이 자체의 권력을 사랑하며, 천상 도성은 하나님께 '나의 힘이 되신 주여 내가 주를 사랑하나이다'(시 18:1)라고 한다.[5]

이와 같이, 자기 사랑(*amor sui*)과 하나님 사랑(*amor Dei*)이라는 두 사랑이 두 도성을 만든다. 두 도성의 사랑은 서로 다른 특징을 갖고 있다. 지상 도성의 사람들은 하나님을 멸시하고 자기와 세상을 사랑하는 데 반해, 천상 도성의 사람들은 자기를 멸시하면서 하나님을 사랑한다.

아우구스티누스는 전자의 사랑을 '쿠피디타스'(*cupiditas*)로 규정하고 후자의 사랑을 '카리타스'(*caritas*)로 규정한다. 한마디로 '카리타스'는 영원한 것, 즉 최고선이신 하나님을 사랑하는 것을 말하고, '쿠피디타스'는 시간적인 것을 사랑하는 것을 가리킨다.

아우구스티누스는 대상을 사랑하는 방법에 대해서도 '향유'(*frui*)와 '사용'(*uti*)이라는 개념을 갖고 설명한다. 우선 '향유'는 사랑의 대상 자체를 즐기는 것을 목적으로 하는 사랑을 뜻하고, '사용'은 궁극적으로 다른 어떤 대상을 향유하기 위한 수단과 도구로서의 사랑을 말한다.

아우구스티누스는 오직 삼위일체 하나님만이 '향유'의 대상이 될 수 있으며, 자신과 그 밖의 것들은 하나님을 '향유'하기 위해 '사용'해야 할 대상임을 지적한다.[6]

---

5 De civ. Dei. 14.28.
6 De civ. Dei. 15.7; 문시영, 『아우구스티누스의 은혜의 윤리학』(서울: 북코리아, 2008), 84-94.

좀 더 구체적으로 말하면, 인간이 하나님을 사랑하는 것은 그 자체를 목적으로 사랑하는 것이 되고, 인간이 자기와 다른 피조물을 사랑하는 것은 하나님을 사랑하는 목적을 위한 수단으로 사랑하는 것이 된다는 것이다.

이때 인간은 하나님 사랑 안에서 다른 것들을 사랑하게 된다. 결국, 서로 다른 성격을 갖고 있는 두 사랑은 사람들의 마지막 운명과 행복을 좌우하기도 한다.

> 하나님의 심판은 종국적으로는 사람들이 원하는 그것을 주는데 있다. 그들이 하나님을 바라고 사랑을 원하면 그들은 하나님의 사랑을 받을 것이다. 반면에 그들의 욕망하는 것이 교만하고 이기적인 것이라면 결국 그들은 교만의 임금의 손에 버려져 지옥에나 가고 말 것이다.[7]

이 단락은 하나님의 도성에서 천상의 시민들이 하나님의 사랑 안에서 어떤 행복을 누리게 될 것인지를 엿보게 해 준다.

이와 같이, 아우구스티누스에게 있어 사랑과 행복은 긴밀한 관계가 있다. 자신의 의지에 따라 어떤 대상을 사랑하느냐에 의해 참된 행복이 결정되기 때문이다. 이것은 사랑과 의지의 결합으로 건설된 두 도성의 종국을 전망하도록 인도한다.

---

7   De civ. Dei. 14.4.

2) 사회적 사랑과 사사로운 사랑

아우구스티누스는 한걸음 더 나아가 또 다른 사랑의 두 유형을 소개한다. 그는 다른 저작에서 두 도성의 기반이 '사회적인 사랑'(amor socialis)과 '사사로운 사랑'(amor privatus)에 토대를 두고 있다고 한다.

> 두 사랑이 있으니 하나는 순수하고 하나는 불순하다. 하나는 사회적 사랑이요 하나는 사사로운 사랑이다. 하나는 상위의 도성을 생각해 공동의 유익에 봉사하는데 전념하고, 하나는 오만불손한 지배욕에 사로잡혀 공동선마저도 자기 권력 하에 귀속시키려는 용의가 있다.
>
> 하나는 하나님께 복속하고 하나는 하나님께 반역한다. 하나는 평온하고 하나는 소란스럽다. 하나는 평화스럽고 하나는 모반을 일으킨다. 하나는 그릇된 인간들의 칭송보다는 진리를 앞세우지만 하나는 무슨 수로든지 찬사를 얻으려고 탐한다. 하나는 우의적이고 하나는 질시한다.
>
> 하나는 자기에게 바라는대로 남에게도 바라지만 하나는 남을 자기에게 복종시키기 바란다. 하나는 이웃을 다스려도 이웃의 이익을 생각하여 다스리지만 하나는 자기 이익을 위해 다스린다. 천사들로부터 시작해서 한 사랑은 선한 자들에게 깃들고 한 사랑은 악한 자들에게 깃들어서 두 도성을 가른다.

그가 말하는 사사로운 사랑이란 일부만을 사랑하는 사랑, 하나님과의 친교, 타인들과의 친교를 염두에 두지 않는 사랑, 타인을 염두에 두지 않고 하나님과 자신 사이의 일대일 관계만 집착하는 사랑이다. 사회의 분열, 온갖 차별과 편중, 오만과 탐욕과 인색을 키운다.

그 대신 사회적인 사랑은 공동선의 사랑, 화해와 통일과 공평을 도모(평화는 정의의 다른 이름)하는 사랑이다.

> 사랑은 자기 유익을 구하지 않는다(고전 13:5).

그리고 인류의 제일 되는 공동선은 다름 아닌 하나님이다. 자기를 사랑해도 하나님과 결부시키고 타인을 사랑해도 하나님과 결부시켜서, 그리고 하나님 때문에 타인들을 자기처럼 사랑하는 그러한 사랑이다.

이러한 공동선을 등지고 자기의 사사로운 선을 찾음이 파국의 원흉이 된다. 지상 여정이 끝나고 하나님 도성에서는 사사로운 사랑은 존재하지 아니하고 사회적 사랑만 존재하게 될 것이다. 그리고 '사회적 사랑'이 하나님 도성을 구성하는 본질이라면 공동 행복이 그 나라의 완결과 종국을 나타내는 표지가 되는 것만은 분명하다.[8] 이상 사회의 이 목표를 향해 하나님 도성은 지상의 순례를 하고 있는 것이다.

---

8 De civ. Dei. 19.5.

2. 두 도성의 정의

1) 지상 도성의 정의

최초의 인간 도성과 로마제국은 형제 살해에 기반하여 세워졌다.[9]

예를 들어, 가인은 자기 동생 아벨을 죽인 후에 한 도성을 세웠다. 로마제국의 시조가 되는 로물루스(Romulus)는 레무스(Remus)를 살해한 후에 나라를 세웠다. 이런 관점에서 이후에 건설된 정치 조직들은 정의에 기반을 두었다기보다 힘에 의한 지배 혹은 불의에 기반을 둔 것으로 보일 수 있다.[10]

아우구스티누스 시대에 이미 정의 개념이 잘 정립되어 있었다. 전통적으로 정의는 '각자에게 각자의 몫을 주는 것'을 의미했다. 아우구스티누스도 키케로의 정의를 그대로 이어받아 똑같이 정의했다. 그러나 그는 신약성서와 라틴교부의 영향으로 '각자의 몫을 주는 것'이라는 고전적인 정의를 신과 이웃에게 사랑을 주는 것으로 변형시켰다.

아우구스티누스에게 있어 정의란 '오직 하나님을 섬기는 사랑이기에 그 밖의 모든 것을 잘 다스리는 것'이다.

그러나 로마제국은 정확히 이러한 정의가 없었기 때문에 하나님의 도성과 같을 수 없었다. 그는 『신국론』 제4권에서 수사적인 질문을 던진다.

---

9   De civ. Dei. 15.5.
10 Coleman, 2000, 322.

> 정의를 결여한 왕국은 강도떼가 아니고 무엇인가?
>
> 강도떼 역시 그 자체로는 작은 왕국이지 않은가?
>
> 강도떼도 사람들로 구성되어 있다. 그것은 한 사람의 두목에 의해 지배되며, 결합체의 규약에 의해 조직되어 있으며, 약탈물은 일정한 원칙에 의해 분배된다.[11]

지상에 있는 나라들 중에서 어떤 국가도 참된 정의를 갖고 있다고 주장할 수 없고, 다만 상대적으로 다른 국가보다 더 많거나 더 적은 정의를 갖고 있을 뿐이다.

참된 정의는 천상의 하나님 나라에서 완전히 실현될 것이다.

물론 그렇다고 해서 지상의 정의는 '있어도 그만, 없어도 그만'이라거나 '아예 무시해도 괜찮다'는 말이 절대 아니다. 천상에서 실현된 정의와 비교할 때 지상의 정의가 상대적으로 약할 뿐이지, 지상의 정의가 무익한 것은 아니다. 오히려 부족하나마 지상에서도 정의가 적극적으로 장려될 필요가 있다.

아우구스티누스가 『신국론』의 여러 곳에서 밝힌 것처럼, 제국의 쇠락은 로마인들의 부도덕성과 부정 때문이었던 반면, 제국의 번영은 높은 도덕성과 정의 때문이었다.

그리고 이 시대에서 정의를 행하는 것은 그 자체로 지상의 목표가 아니다. 아우구스티누스가 일시적인 정의를 반복해 강조한 것은 자신의 묵시론적인 신학에 뿌리를 두고 있다.

---

11 De civ. Dei. 4.4.

창조 이래 발생한 모든 일들, 이른바 족장시대, 모세, 사사들, 이스라엘과 유다의 왕들, 선지자들, 그리스도의 성육신과 죽으심, 부활과 승천에서 현재 일어나는 모든 일들이 궁극적으로는 마지막 때와 하나님의 도성의 완성을 향하고 가고 있다는 점이다.

그 날에 모든 불의가 사라지고 인간의 권력과 주인 행세하던 것들은 완전히 무효화될 것이며, 마침내 하나님께서 '모든 것의 모든 것'이 될 것이다.[12]

2) 천상 도성의 정의

천상의 '하나님의 도성'에서 완전히 실현될 하나님의 정의는 종말론적 정의라고 할 수 있다. 종말론적 정의의 완전한 실현은 두 도성에 대한 심판과 상급에서 확연한 차이를 보이며 이루어질 것이다.

아우구스티누스에 따르면 두 도성은 두 가지 다른 사랑에 의해 세워졌다고 한다.[13] 이 두 사랑은 '자기 사랑'(*amor sui*)과 '하나님 사랑'(*amor Dei*)으로 구분된다.

결국, 두 도성 사람들이 자유 의지로 무엇을 사랑했느냐에 따라 마지막 운명과 행복이 결정된다.

> 하나님의 심판은 종국적으로는 사람들이 원하는 그것을 주는데 있다. 그들이 하나님을 바라고 사랑을 원하면 그들은 하나님의 사랑을 받을 것이다. 반면에 그들의 욕망하는 것이 교만하고 이기적인 것이라면 결국 그들은 교

---

12 De civ. Dei. 19.16.
13 De civ. Dei. 14.28.

만의 임금의 손에 버려져 지옥에나 가고 말 것이다.¹⁴

이 단락에서 보는 바와 같이, 하나님의 완전한 정의 실현은 최후의 심판에서 영원한 심판과 영원한 상급의 구분으로 이루어진다. 악과 불의에 대해서는 거기에 맞는 징벌을 내리는 것이 정의 실현이 될 것이고, 선과 정의에 대해서는 거기에 응하는 상급을 주는 것이 정의 실현이 될 것이다.

제19권에서 아우구스티누스는 종말론적 정의를 평화와 연관시킨다. 천상의 도성은 지상의 도성과 달리 하나님의 정의가 온전히 실현될 곳이다. 여기서 성도들이 정의 실현의 결과로 맛볼 수 있는 열매가 바로 '평화'이다.

아우구스티누스에 따르면 평화는 "질서 잡힌 조화" 혹은 "조화로운 질서"를 의미한다. 평화는 최고선으로서 모든 인간이 염원하는 바이기도 하다. 온전한 평화는 금생에서 누릴 수 없고 온전한 정의가 실현되는 천상의 도성에서만 누릴 수 있다. 참된 평화가 이루어진 천상의 예루살렘은 덕스럽기까지 하다.

제20권에서는 신구약 성경을 통해 최후 심판이 확실함을 예증한다.

그리스도께서 재림하실 때 마귀가 결박당하고 악인들은 정죄의 심판을 받는 반면, 의인들은 그리스도와 함께 천국에 들어가 영원한 삶을 살게 될 것이다. 의인들과 악인들이 최후의 심판에서 그 행위대로 상급과 심판을 받는 것은 "각자에게 각자의 몫을 돌려줘라"는 정의가 최종적으로 실현된 결과라고 할 수 있다.

---

14 De civ. Dei. 14.4.

제21권에서는 장차 악인들이 받게 될 형벌에 대해 다룬다. 이는 지상 도성의 마지막 모습이다.

천사의 잘못된 선택과 첫 인류의 불순종의 죄로 세워진 지상의 도성은 그 자체로 영원한 형벌의 운명에서 벗어날 수 없다. 이들은 하나님을 무시하거나 경멸하고 세상과 자신을 하나님보다 더 사랑했기 때문에 하나님의 심판을 받을 수밖에 없다.

제22권에서는 천상의 도성에서 성도들이 누리게 될 영원한 평화와 행복을 다룬다.

여기서 아우구스티누스는 몸의 부활과 영생을 반대하는 자들을 논박한다. 동시에, 부활해서 하나님의 도성에서 누리게 될 영원한 행복과 안식을 강조한다. 지상의 도성에서는 정의가 부분적으로, 불완전하게 실현될 수밖에 없으나 천상의 도성에서는 정의가 완전히 구현되어 천국을 상급으로 받은 성도들은 그곳에서 영원한 평화와 행복과 안식을 누리게 될 것이다.

현재의 질서는 지나갈 것이지만 하나님 도성은 완전한 정의를 통해 영원히 지속될 것이다.

3. 두 도성의 평화

1) 지상 도성의 평화

> 도성의 평화는 시민들 중에 누구는 명령을 하고 누구는 순종을 하지만 마음이 조화롭게 하나되는 데 있다(여덟 번째 명제).

여기에 명시적이지는 않아도, 지상 도성의 평화라는 암묵적 표현이 있다. 이와 비슷한 정의가 『신국론』 제19권 제17장에도 나온다.

> 믿음으로 살지 않는 땅의 도성은 땅의 평화를 추구하지만 그 평화의 지향성은 시민들 중에 누구는 명령을 하고 누구는 순종을 하지만 마음이 조화롭게 하나가 되어 죽을 수밖에 없는 인생을 위해 필요한 것들에 대해 사람들의 뜻이 잘 모아지는 데 있다.

아우구스티누스에 따르면 지상 도성의 평화는 질서와 조화뿐 아니라 상명하복의 관계를 전제하고 있다. 명령과 순종의 관계가 조화롭고 질서 있게 유지될 때 평화로운 상태가 조성되는 것이다.

아우구스티누스에게 지상의 평화(*pax terrena*)와 '일시적 평화'(*pax temporalis*)는 동일한 의미다.[15] 그는 '일시적 평화'를 다음과 같이 정의한다.

---

15 두 용어는 어감의 차이가 있는데, 전자는 땅의 평화의 정치적·사회적 의미가 더 강하고, 후자는 땅의 평화의 소멸 가능성 또는 불완전성을 더 부각시키는 것으로 간주된다 (김광채, 『신국론 연구노트』, 111).

하나님께서는 … 사람들에게 현세의 삶에 필요한 여러 재화를 주셨으니 곧 시간적 평화를 죽을 수밖에 없는 인생의 분수에 따라 주셨다. 그런데 건강, 안전, 동류들끼리의 공동생활 및 이 평화를 지키거나 회복하는데 필요한 모든 것- 예컨대, 감관에 아주 상쾌하게 다가오는 여러 가지 것, 곧 빛, 소리, 호흡할 수 있는 공기, 마실 물, 그리고 육신을 먹이고 입히고 돌보고 꾸미는 데 필요한 모든 것-을 확보하는 데 있다.

아우구스티누스는 다른 미덕들과 마찬가지로 땅의 평화를 불완전하고 거짓된 것이 될 수 있다고 본다. 먼저 불완전하다고 본 이유는 이 평화가 영원하지 않을 뿐 아니라 언제든지 깨어지기 쉽기 때문이다.

그에 의하면 지상의 평화는 현세에 필요한 재화의 제한된 양과 직결된다. 재화의 양은 한정되어 있는데 인간의 욕심은 한이 없기 때문이다. 재화를 둘러싼 갈등은 개인과 개인, 집단과 집단 사이에 갈등, 폭력 사태, 또는 전쟁을 야기한다.

다음으로, 이 평화를 거짓될 수 있다고 본 이유는 평화의 기초가 되는 정의가 부족하기 때문이다. 그는 '참된 평화'(*vera pax*)의 기초는 '참된 정의'(*vera iustitia*)인데, '참된 정의'를 소유한 사람은 참 하나님을 섬기는 사람들 중에서만 찾을 수 있을 뿐이며, 더욱이 그들은 이 세상 사람들 중에 일부분에 해당되기 때문이다.

아우구스티누스의 지상의 평화 개념은 로마제국의 평화에 대한 생각에서도 드러난다. 김광채는 아우구스티누스에게 있어 '로마의 평화'(*pax*

Romana)는 '땅의 평화'의 대표적 사례였다고 말하기까지 한다.[16] 땅의 평화가 아무리 훌륭하더라도 '하늘의 평화'와 비교하면, '평화의 그림자'(*pacis umbra*) 또는 '지독한 불행'(*miserrima*)에 불과하다는 것이 아우구스티누스의 생각이었다.[17]

심지어 그는 로마제국을 '바벨론'으로 비유하기까지 한다. 이 비유는 로마제국이 기껏해야 하나님의 나라가 아닌 지상의 나라를 대변할 수밖에 없음을 보여준다. 로마제국이 지상에서 아무리 위대할지라도, 한시성(temporality), 가멸성(mortality), 부패성(corruptibility)과 같은 속성들을 지닐 수밖에 없는 지상의 제국에 불과한 것이다.

그렇다면 지상의 평화가 지닌 한계는 무엇일까?

아우구스티누스에게 있어 지상 도성의 시민들은 참된 질서와 조화를 이룰 수 없기 때문에 참된 평화를 얻지 못한다. 다시 말하면, 참된 정의를 찾아 볼 수 없기 때문에 참된 평화를 얻지 못하는 것이다.

일반적으로 지상 도성의 시민들은 '하나님 외에 다른 신에게 희생 제사를 드리지 말라'는 하나님의 명령을 불순종하는 자들이기 때문에, 그들이 모여 사는 사회에서는 영혼이 신체에 대해 고유의 지배권을 행사하지 못하며, 이성이 악습들에 대해 고유의 권한을 행사하지 못하므로 거기에 진정한 공의가 존재할 수 없는 것이다.

공의가 없이는 참된 평화도 없다. 아우구스티누스가 말하는 질서는 정의가 없이 만들어질 수 없는 것이며, 질서의 측면에서 정의와 질서와 평화는 서로 떼려야 뗄 수 없는 관계에 있기 때문이다. 정의가 없으면 질서가

---

16 김광채, "팍스 로마나와 어거스틴", 『개신논집』 Vol.6 (2006): 237-271.
17 De civ. Dei. 19.12; 19.20.

있을 수 없고 질서가 없으면 평화가 있을 수 없다.

한마디로 정의는 평화의 전제가 되는 질서와 조화에 의존하는 개념이다.[18]

2) 천상 도성의 평화

아우구스티누스에게 있어 지상의 평화는 일시적인 특성을 가지고 있고, 인간의 정욕으로 인해 완전하지도 영원하지도 않다. 이는 그 안에 참된 정의가 없기 때문이다.

그러나 아우구스티누스는 지상 도성의 평화와 비교되는 진정한 평화에 대해 논한다. 천상 도성의 평화는 제19권 13장에 열거된 평화에 대한 아홉 번째 명제에 정리되어 있다.

> 하늘 도성의 평화는 지극히 질서 있고 지극히 조화로운 중에 하나님을 향유하고 하나님 안에서 서로를 향유하는 공동체를 이루는 데 있다.[19]

사람이 의롭다는 것에는 다음과 같은 특징들이 있다.

첫째, 자신을 하나님에게 순종시킨다.
둘째, 자기의 몸을 영혼에 순종시킨다.
셋째, 자기의 영혼과 그 악한 생각들을 이성에 순종시킨다.

18　이석우, 『아우구스티누스』 (서울: 민음사, 1986), 364-365.
19　De civ. Dei. 19.13.

넷째, 그래서 이성이 저항하는 악령을 이기거나 적어도 대항하게 한다. **다섯째**, 하나님에게 자기 의무를 모두 행할 수 있는 은혜를 빌며, 죄 용서를 위해 빌며, 모든 축복에 대해 감사드리는 것이다.

그러나 우리의 모든 정의가 지향하는 목표는 최고의 평화인데, 우리의 본성은 그 평화로운 상태에서 죽지 않음과 썩지 않음을 향유하며 아무 죄악도 없게 된다.[20]

아우구스티누스는, 진정으로 의로운 자는 하나님께 순종하는 자이고 참된 정의는 하나님을 섬기는 자에게서만 찾을 수 있다고 설명한다. 그리고 우리는 지상 도성의 평화와는 달리 이 평화로운 상태에서 시간의 제한을 받지 않는다고 한다. 이런 영원한 상태에서의 평화를 최고선이라고 하는데, 그 결과 천상의 평화만이 온전한 질서와 조화를 보존하면서 우리로 하여금 하나님을 영원히 향유하게 하며, 하나님 안에서 서로 기뻐하게 한다.[21] 그가 제시한 천상 도성의 평화는 사람이 얻을 수 있는 모든 평화-신체적인 평화와 정신적인 평화의 양자 간 평화-를 하나님의 평화에 구속시켜서 영원법에 따라 믿음으로 질서 있게 순종할 때 획득할 수 있는 것이다.

따라서 아우구스티누스에게 있어 인간의 본질적이고 항구적인 평화는 하나님과의 화해를 통해서만 획득할 수 있는 것이다.

20　De civ. Dei. 19.27.
21　De civ. Dei. 19.13; 19.17.

4. 두 도성의 행복

1) 지상 도성의 행복

아우구스티누스는 『신국론』 제5권 제24장에서 기독교 황제들에게 행복은 무엇이며 그 행복은 어느 정도 진정한 행복인지를 묻고 있다. 비록 그들이 지상 국가의 위정자로서 명예와 권세와 장수를 누린다고 해도 행복하다고 말하지 않을 것이라고 아우구스티누스는 말한다. 지상에서 얻는 행복이 불완전한 행복일 수밖에 없는 이유는 그것이 유한하고 일시적인 것이기 때문이다.

행복은 모든 사람이 추구하는 선을 가리킨다. 따라서 사람이 추구하는 대상이 일시적인 것이냐, 영원한 것이냐에 따라, 열등한 것이냐, 우월한 것이냐에 따라, 지상의 것이냐, 천상의 것이냐에 따라 행복의 질과 가치가 결정될 것이다.

바꿔 말하면, 사랑의 질서에 따라 완전한 행복과 불완전한 행복이 결정되는 것이다.

물론 아우구스티누스가 지상의 행복과 천상의 행복을 이분법적으로 나누기만 하는 것은 절대 아니다. 그는 지상에서도 영원에 잇대어 살아갈 때 천상의 행복을 누릴 수 있다고 주장한다. 그에 따르면 지상의 행복이 천상의 행복에 연결되어 그것을 소망하고 누리게 될 때 천상의 행복에 가까워진다.

예를 들어, 지상 국가의 위정자들이 나라를 정의롭게 다스리고, 하나님을 두려워하는 가운데 진정으로 경건하게 살아가면서 하늘 왕국을 세상

왕국보다 더 사랑한다면 행복하다고 할 수 있을 것이다. 그들은 금생에서도 소망 중에 행복할 것이며, 장래에도 행복하게 될 것이다.

아우구스티누스는 이생에서 진정한 행복을 얻을 수 없기에 원하는 것을 완전히 얻을 수 있고, 죽음과 속임과 상함이 전혀 없는 영원한 삶을 희구하도록 성도들을 인도한다.[22]

2) 천상 도성의 행복

아우구스티누스는 『신국론』 제19권과 제22권에서 '영원한 행복'에 대해 말한다.

우선 제22권에서 그는 우리로 하여금 하나님의 도성에 있게 될 영원한 행복과 영원한 안식을 환기시킨다.

그곳에는 진정한 평화와 안식과 행복만 있을 것이며, 덕의 근원이신 하나님이 성도들에게 덕성에 대한 상급이 되실 것이다.

> 하나님은 우리 소원의 목표가 되실 것이다 … 자유의지가 분열되지 않고 모든 악에서 해방되어 모든 선으로 충만하며 영원한 기쁨을 끊임없이 즐길 것이다.[23]

그곳에서 우리가 진정으로 바라던 하나님을 소유하게 됨으로 참된 만족을 얻게 될 것이다. 또한, 하나님과 모든 피조물 사이에 망가졌던 관계가

22　De civ. Dei. 14.25.
23　De civ. Dei. 22.30.

질서와 조화를 되찾음으로써 참된 평화를 누리고 영원한 행복을 누리게 될 것이다.

> 사람이 의롭다는 것은 자신을 하나님에게 순종시키며, 자기의 몸을 영혼에 순종시키며, 자기의 영혼과 그 악한 생각들을 이성에 순종시켜 저항하는 악령을 이성이 이기거나 적어도 대항하게 하며, 자기의 의무를 다할 수 있도록 하나님에게 은혜를 빌며, 죄를 사하여 주시기를 빌며, 하나님에게 받는 모든 축복을 감사하는 것이다.
>
> 그러나 우리의 모든 의가 향하며 유지되는 목표는 최고의 평화이며, 그 평화 상태에서 우리의 본성은 건전하게 죽지 않음과 썩지 않음을 즐기며 아무 죄악도 없으며, 우리 자신이나 외부로부터 오는 저항을 당하지 않을 것이므로 이미 없어진 죄악을 이성이 다스릴 필요가 없고, 하나님이 사람을 다스리며 영혼이 몸을 다스리며, 그 다스림이 지극이 즐겁고 쉬워서 아무 속박도 받지 않게 된 생명의 행복한 상태에 적합할 것이다. 그리고 이 상태는 영원할 것이며 그 영원성을 우리는 확신하게 될 것이다.
>
> 이와 같이 행복한 이 평화와 평화로운 이 행복이 최고선일 것이다.[24]

종합해 보면, 자신의 의지에 따라 어떤 대상을 사랑하느냐에 의해 참된 행복이 결정된다. 아우구스티누스는 인간이 사랑의 대상을 찾을 때 행복해진다고 했다. 인간은 행복을 찾고 갈구하는 이유는 인간이 본래 행복했다가 행복을 잊어버렸기 때문에 다시 찾고 있는 것이라고 할 수 있다.

---

[24] De civ. Dei. 19.27.

현재 우리는 행복을 갈망하고 있다. 아우구스티누스에 따르면 그것이 바로 향유의 대상인 하나님을 찾는 것이요 진리를 찾는 것이요 행복을 추구하는 것이다.[25] 하나님 도성의 최고선은 완전하고 영원한 평화이기에 성도들이 금생에서 이것을 소망하는 것만으로도 행복한 것이다.

5. 소결론

지금까지 살펴본 두 도성의 미덕은 아우구스티누스에게 있어 표면상 서로 상반되어 보이지만, 실은 서로 분리된 개념이 아니라 연결된 개념이라는 것을 엿볼 수 있었다. 지상 도성과 천상 도성의 이질적인 측면 때문에, 각 도성의 미덕들까지도 성질을 달리하는 것이 아니라는 것이다.

다만 사랑의 질서에 따라 완전한 미덕과 불완전한 미덕, 영원한 미덕과 일시적인 미덕으로 구분될 뿐이다.

따라서 아우구스티누스는 불완전하고 일시적인 지상의 미덕을 단념하거나 부정적으로 판단하지 않는다. 그는 오히려 지상의 것을 천상의 것에 연결시켜, 보다 더 완전하고 영원한 미덕을 소망하며 누리도록 성도들을 인도한다.

아우구스티누스에게 있어 '목적'(*finis*)은 두 가지 의미, 곧 지향된 목적이란 의미와 최종적으로 도달된 종점이란 의미를 내포하고 있다.[26]

---

[25] Conf. 10.20,29.
[26] 에드워드 하디, "신국론의 이해", 『신국론 요약 신앙핸드북』, 153.

에드워드 하디(Edward Hardy)는 이 두 의미가 아우구스티누스의 종말론의 핵심이라고 강조하는데, 이 개념은 미덕에도 동일하게 적용될 수 있다고 본다.

애초에 네 가지 덕, 즉 사랑, 정의, 평화, 행복은 지향된 목적이 있었으며, 이후에 천상의 도성에서 완전한 실현을 통해 종점에 도달하게 될 것이다.

아우구스티누스가 지상에 있는 하나님의 백성들로 하여금 천상의 도성을 바라보는 가운데 지상에서 덕을 쌓아가며 나그네로서 사회적 삶에 충실할 것을 권면하는 이유가 여기에 있다고 하겠다.

제11장

두 도성의 사회적 삶

우리는 앞에서 아우구스티누스의 두 도성과 그것이 의미하는 바가 무엇인지 정리해 보았다.

결국, 이를 통해 얻은 것은 그리스도인은 영으로는 하나님의 도성을 바라보며 육으로는 지상의 도성에서 산다는 것이다. 두 발은 이 땅에 있지만 시선은 이 땅이 아닌 저 미래에 도래할 나라에 있는 것이다.

어찌 보면 이 세상에서 사는 삶에 집중하지 못하게 하는 것 같다. 하지만 실상은 현세의 삶에서 해결되지 않는 문제를 하나님의 도성이라는 실제로 올 이상향에서 취할 수 있다는 희망이다. 그 희망이 있기 때문에 이 세상에서의 삶 역시 간과할 수 없다. 그 도성이 장차 올 것이라는 특성 때문이다.

그 나라가 오고 있다는 종말론적 희망은 사람에게 긴장감과 성실함을 요구한다. 언제 올지 모르는 그 나라를 위해 이 땅에서 할 일이 있기 때문이다. 그래서 세상을 사랑하게 한다. 물론 세상을 사랑하는 것은 하나님을 더욱 사랑하기 위한 '질서에 따른 사랑'이다.

그러므로 우리는 하나님의 도성과 지상의 도성 양쪽 모두를 그리스도인의 삶의 현장으로 인정한다.

이제 아우구스티누스가 '어떻게 살아야 할 것인가'의 문제를 두 도성을 통해 어떻게 제시했는지 살펴볼 것이다.

1. 하나님의 도성: 천상 시민의 삶의 기준

그리스도인이란 하나님의 은혜를 입어 현세의 삶이 주는 실존적 불안을 극복할 수 있는 힘을 얻은 사람이다. 그 가치관과 세계관이 변하기 때문이다. 세계관이 변하는 이유는 내가 사는 이 현세(saeculum)가 끝이 아니며, 하나님의 나라가 임하리라는 소망을 갖게 되기 때문이다.

따라서 사멸해 버릴 것들에 마음과 정성을 다하는 것이 아니라 영원한 나라에 영혼의 중심을 두게 된다. 자칫 잘못 받아들이면 세상을 부정하고 세상을 등지는 배타적인 금욕주의로 빠지기 쉽다.

그런데 아우구스티누스는 그렇게 사는 것이 그리스도인의 마땅한 삶의 자세라고 말하지 않는다. 오히려 이렇게 말한다.

> 천상 도성은 신앙으로 나그넷길을 가는 동안에도 이 평화를 간직하고 있으며, 이 신앙에 의지해 의롭게 살아간다. 그러면서 또 도성의 생활은 어디까지나 사회적인 생활이므로 하나님께 뭔가 선한 행위를 하거나, 이웃에게 뭔가 선한 행위를 한다면, 한결같이 저 평화를 얻는 데로 결부시키기에 이른다.[1]

---

1 De civ. Dei. 19.17.

위 인용문에서 말하는 "이 평화"란 "하나님을 향유하고 하나님 안에서 서로 향유하는 더할 나위 없이 질서 있고 완전히 화합된 사회적 결속"[2]이다. 그리고 그 평화는 종말에 이르러서야 가능하다.

그러나 교부는 사회를 이루는 인간의 본성에 따라 지상에서의 삶 역시 선하게 산다면 그것이 하나님의 도성에서 맛볼 수 있는 평화를 얻는 데 이바지하는 것이라고 말한다.

아우구스티누스에 따르면 우리는 세상을 등질 수 없는 사람들이 된다. 이를 선한용은 "세계 내에서의 초월"(this worldly transcendence) 혹은 "이 세상적인 금욕주의"(this worldly asceticism)[3]로 표현한다. 이를 위해서는 하나님의 도성이 삶의 기준이 되어야 한다.

앞서 '현실을 비판하는 기준이 하나님의 도성이 되어야 한다'고 말했다. 하나님의 도성은 현실을 비판하게 하는 동시에 현실을 변혁하는 패러다임의 역할을 할 수 있다. 하나님의 도성과 똑같은 평화를 구현할 수는 없다. 그러나 하나님의 도성의 평화와 그 도성이 가지고 올 해방의 이미지를 볼 수 있는 영적인 눈을 갖고 있는 진정한 그리스도인은 하나님의 도성을 자신의 삶의 기준으로 삼아야 한다.

아우구스티누스의 '도성'(civitas)은 사회 또는 공동체를 의미한다. 현세를 살고 있지만 장차 도래할 '하나님의 도성'에 속한 성도는 각 개인의 마음의 방향을 영원에 둔다. 그리고 공동체를 이루어 그 하나님의 도성이 어떤 모습인지 세상에 증거하는 역할을 해야 한다. 그 공동체를 우리는 '교회'라고 한다.

---

2   De civ. Dei. 19.17.
3   선한용, 『시간과 영원(성 어거스틴에 있어서)』 (서울: 대한기독교서회, 2002), 183.

아우구스티누스가 '하나님의 도성'과 '교회'를 동일한 것으로 본 것은 아니다. 왜냐하면, 이 세상에 있는 교회에는 거룩한 자들과 거룩하지 못한 자들이 섞여 있어서, 교회 안에도 세상 나라들과 마찬가지로 두 도성이 함께 섞여 있기 때문이다.

그럼에도 불구하고 영적으로 볼 때, 교회는 하나님의 도성이자 그리스도의 왕국이라고 말할 수 있다. 왜냐하면,, 교회는 비록 시간적인 질서 속에 있다고 할지라도 하나님의 구속사에서 특별한 위치에 있기 때문이다.

하나님은 인류의 구원을 위해 그리스도를 통해 교회를 세우셨으며, 교회에 말씀을 전하고 성례를 집행할 수 있는 직무를 부여하셨다. 이 권위(말씀과 성례전)를 통해 교회는 모든 나라로부터 선택받은 자들을 불러 모아 하늘의 도성을 향해 순례해 나가도록 인도함으로써 세상에서 하나님의 일을 계속하게 되는 것이다.

아우구스티누스는 교회의 권위가 인간을 하나님의 진리로 인도하는데 꼭 필요하다고 보았다. 그래서 그는 이렇게까지 말했다.

> 내가 교회의 권위를 통해 감명 받지 않았다면 복음을 믿지 않았을 것이다.[4]

따라서 '하나님의 도성'으로 세상을 인도하고 증거하는 역할을 해야 하는 교회라면 그 교회는 하나님 나라의 상징이자 그리스도의 왕국의 표지가 될 수 있다. 아우구스티누스는 다음과 같이 말했다.

---

4 Con. Fundamenti, 5, 6을 선한용,『시간과 영원(성 어거스틴에 있어서)』, 2002, 156쪽에서 재인용. 따옴표 이전의 내용 역시 같은 쪽의 내용 참조.

물론 이 도성에 대해서도 그림자와 예언적 표상이 있었는데, 그 표상은 이 도성을 제공한다기보다는 이 도성의 존재가 드러나야 할 시간이 오기까지 이 도성을 상징하면서 세상에서 종살이를 했다. 그 표상도 거룩한 도성이라고도 불렸는데, 그것이 상징하는 표상으로서의 역할 때문에 그렇게 불린 것이지 장차 이루어질 것과 똑같은 명확한 진면모이기 때문에 그렇게 불린 것은 아니었다.[5]

교회가 교회의 정체성을 잃지 않고 앞으로 도래할 영원한 하나님의 나라를 미리 볼 수 있는 표상으로서의 역할을 하는 데 그 존재 의미가 있다.

분명한 것은 교회 역시 세상 속에 있는 인간의 공동체이다. 따라서 때로 세상과 타협해야 하는 위기를 맞을 것이다. 세상과 타협을 이루는 것이 사랑의 질서에 어긋나지 않고 오히려 세상에게 교회의 포용력을 보여줄 수 있는 기회라면 마땅히 어우러져야 한다.

그러나 그로 인해 교회의 본질인 하나님의 도성을 가리키고 가르치는 상징적인 기능을 행사하는 데 실패한다면, 더 이상 교회가 아니므로 존재의 이유를 상실하고 만다. 이를 극복하기 위해서는 항상 하나님의 도성의 빛에 의해 자신을 개혁해 나가야 한다.[6]

---

5 De civ. Dei. 15.2.
6 선한용, 『시간과 영원』, 159.

2. 지상의 도성: 현실의 평화에 협력하는 삶의 필요성

하나님 나라 백성 역시 지상의 도성에 속해서 현세를 살아간다. 이 땅에서 태어나고 평생을 살아간다.

다만 사는 방식이 다르다. 사랑이 존재하는 증거이자 존재하게 하는 힘이라면, 하나님의 나라를 향해 사는 사람들은 그 사랑하는 방식이 다르다. 인간의 자연 본성인 탐욕*(cupiditas)*과 지배욕*(libido)*을 누르고 하나님을 향한 사랑*(caritas)*을 추구한다.

이를 위해 사랑의 질서를 따른다. 사랑의 질서를 따르는 것을 "사용"*(uti)*과 "향유"*(frui)*로 나눈다. 이렇게 사랑하는 방법, 사는 모습이 다른 것은 정체성이 다르기 때문인데, 아우구스티누스는 현세를 본받지 않고 그리스도를 따라 사는 성도를 '나그네'에 비유했다.

아우구스티누스는 우리가 나그네로서 무엇을 향유하고 무엇을 어떻게 사용해야 하는지 선명하게 구분 짓는다.

1) 향유*(frui)*와 사용*(uti)*

아우구스티누스는 향유와 사용에 대해 다음과 같이 명확하게 설명했다.

> 향유는 향유하는 사람의 일이고, 사용은 사용하는 사람의 일임을 내가 모르지 않으나 차이가 있다면, 그 사물을 다른 것과 연관시키지 않고 그 자체로 즐길 때에 그 사물을 향유했다고 하며, 사물을 사용한다는 것은 다른 것 때문에 그 사물을 찾을 때를 말한다(그래서 현세적 사물들은 그 자체로 향유한다기보다는 영원한 사물들을 향유하기 위해 사용하는 것이어야 한다.

돈은 향유하고 하나님은 사용하려는 자는 가치가 전도된 사람이다. 그런 사람들은 하나님 때문에 돈을 쓰는 것이 아니고 돈 때문에 하나님을 숭배하는 것이다).[7]

결국, 향유란 그 대상 자체만을 오롯이 즐기는 것이며, 사용이란 다른 목적을 달성하기 위해 어떤 것을 취하는 것이다.

그렇다면 하나님 나라의 백성의 삶의 목적은 무엇인가?

그것은 바로 하나님 나라의 도래 역사에 참여하는 것이다. 이를 위해 세상의 것을 적절히 사용할 수 있어야 하며, 또 그래야만 한다.

우리는 앞에서 '지상의 도성'이 사랑의 질서에 위배되는 왜곡된 사랑을 하는 사람들이 모인 공동체라고 정리했다. 또한, 악한 사람보다 선한 사람들이 모여 만들어 내는 평화가 더욱 선할 것이다.

하지만 "비록 질서가 어긋난 경우라도 그것이 어떤 부분과 더불어 평화가 유지되려면"[8] 어긋난 질서가 낳는 평화가 필요하다. 왜냐하면,, 그것 역시 낮은 차원이지만 그마저도 없다면 "아예 아무 것도 존재하지 않을 것"[9]이기 때문이다.

아무 것도 존재할 수 없다면 지상에서의 나그네살이도 불가능하다. 하나님 나라에 속한 백성들 역시 사멸할 인간 중 하나이기 때문이다.

그리고 아무 것도 존재할 수 없다면 무엇으로 하나님의 나라를 증거하고 가르칠 수 있겠는가?

---

[7] De civ. Dei. 11.25.
[8] De civ. Dei. 19.12.3
[9] De civ. Dei. 19.17.

따라서 '사멸하는 존재들의 개개 종(種)들의 안전한 보존을 염두에 두고서 적절한 사물들을 적절한 곳에 배치해 평화를 유지하는 지상의 질서에 협력'할 필요가 있다.

그러나 어디까지나 나그네로서 협력만 있을 뿐 그 질서가 제일 질서가 되거나 윤리가 되어서는 안 된다. 언제나 지상의 질서를 이용하여 평화를 이루는 것은 하나님의 나라가 임하는 데 귀결시켜야 하는 것 그 이상이 되어서는 안 되기 때문이다.

이는 "비록 일시적인 것이기는 하지만 당장의 그 평화는 선인에게나 악인에게나 공유하는 평화이기 때문이다."[10] 따라서 그 질서를 이용하지 않고 그 질서가 가져다주는 평화에 안주하는 것은 지상의 도성에 뿌리를 내리는 것이 된다.

아우구스티누스는 이 점을 잊지 않게 하기 위해 다음과 같이 말했다.

> 풍속이나 법률이나 제도들에 의해 지상의 평화가 달성되고 보존되는 한, 한 분이요 지존하고 참된 하나님이 숭배받아야 한다고 가르치는 종교를 방해하지 않는 한, 천상 도성은 이런 풍속이나 법률이나 제도 가운데 그 어떤 것도 폐기하거나 파괴하지 않으며 도리어 보존하고 따른다.
> 그러므로 천상 도성도 이 순례의 길에서는 지상 평화를 이용하고, 신심과 종교심에 의해 허용되는 한, 사멸할 인생에 속하는 사물들에 관해 인간 의지들 사이에 이루어지는 적절한 조정을 보호하고 추구하며 지상 평화를 천상 평화에로 귀결시킨다.[11]

10　De civ. Dei. 19.26.
11　De civ. Dei. 19.26.

결국, 이 땅에 뿌리내리지 않는 삶이지만 어쨌든 현세를 살아야 하므로 사멸할 조건은 사멸성이 지나가 버릴 때까지만 이용해야 한다. 그렇게 해야 사멸할 조건들에 해당하는 것에 대해 두 도성 사이의 화합이 유지되기 때문이다.[12]

말하자면, 정치를 "사용"하는 것이다. 현세의 평화를 유지하는 데 협력해야 하는 것이 마땅함은 그것이 그리스도인들이 추구하는 평화에 도움이 되기 때문이다.[13] 지상의 평화를 이루는 방법, 가령 정치가 절대적 평화를 가져올 수는 없다 해도 그것이 인간의 본성에 따른 폭력과 혼란 사태를 어느 정도 막을 수 있는 모래주머니의 역할을 하기 때문이다.

그런데 이런 아우구스티누스의 생각은 그리스도인을 "정치에 참여하도록 이끌기도 한다."[14] 진정에서 우러나오는 사랑을 가지고 정의로운 활동을 하는 것이라면 그것은 마땅한 일이다. 물론 정치 활동을 통해 높은 자리에 오르게 된다면 그것은 짐이다. 왜냐하면,, 진리를 관조할 수 있는 시간과 열정을 그 일에 투자해야 하기 때문일 것이다.

그러나 "저런 영예와 권세를 통해 이루어지는 업적이 올바르고 유익하게 이루어지고 사람들의 안녕에 보람이 된다면, 그것은 하나님의 뜻에 따라서 이루어지는 것"[15]이기도 하다.

따라서 영예와 권세에 애착하지 않는다면 정치 활동에 적극적으로 참여해 지상의 평화를 하늘의 평화가 임하는데 사용해도 되는 것이다.

---

12 De civ. Dei. 19.17.
13 De civ. Dei. 19.13.1.
14 양명수, "아우구스티누스가 본 정치의 의미와 한계 - 『신국론』 19권을 중심으로", 「한국기독교신학논총」 (2009), 149.
15 De civ. Dei. 19.19.

애착하게 되면 병적인 집착을 일으켜 내 마음의 평화를 깨트리고 사랑의 질서를 왜곡시켜 또 다시 불안으로 내몰 것이다. 그 불안은 더 갖고 싶은 소유욕이자 남을 굴복시키기를 원하는 지배욕이 머리를 드는 것일테다.

또 마음의 문제이다. 이 문제에 넘어지지 않기 위해서는 늘 하나님의 도성이 삶의 기준이자 정치 활동의 비판 기준이 되어야 할 것이다.

'향유'란, 우리말로 '누리어 가짐'이란 사전적 정의를 갖고 영어로는 enjoy(즐기다)또는 possess(소유하다)의 뜻을 갖는다.

영어에서 '향유'의 의미를 사용하는 것은 어떤 좋은 상태를 뜻한다. 예를 들어, '특권을 누리다'를 'enjoy privilege'로 쓴다. 어떤 권리를 행사할 때도 enjoy를 사용한다. 목적어로 오는 것을 주체인 내가 갖고 있고 즐기고 있다는 의미이다. 내가 무엇을 누린다는 것은 그것을 누릴 수 있는 만큼의 합당한 자리에 있다는 것이다.

그런데 우리가 하나님을 향유할 수 있는 것은 하나님이 우리를 그의 자녀로 삼았기 때문이다. 그가 허락했기 때문에 우리는 그 영원자를 즐길 수 있다. 그를 즐길 수 있는 권리를 가지고 있고, 누리고 있다는 것이다. 하지만 그것은 어디까지나 나의 공로가 아닌 은총에 따른 정체성의 변화이다.

정체성이 변해서 가치관이 변한다. 그래서 이제 세상과 자신을 궁극적인 가치(사랑)의 대상으로 생각하지 않는다. 이제 모든 것은 영원자와 영원한 행복을 위해 사용될 때만 가치와 의미를 부여받게 된다.[16]

한 교부는 '하나님 안에서 하나님을 향해 사는 것이 나의 조각난 영혼을 한군데 모을 수 있는 유일한 길이다'라고 고백했다.

---

16 선한용, 『시간과 영원』, 178.

이 고백처럼 모든 것이 하나님으로 인해 존재한다는 생각은 하나님을 가장 먼저 사랑하게 한다. 왜냐하면,, 그분 없이 아무 것도 존재할 수 없기 때문이다. 하나님을 제일 사랑하는 것은 즐거움이 된다.

존재 계층에 따른 사랑의 질서대로 사랑하게 되면 모든 것이 평화로운 상태가 된다. 가치가 전도되는 일이 없기 때문에 마음에 흔들림이 없어진다. 마땅한 것을 마땅히 하는 것이므로 거리낄 것이 없기 때문이다.

사랑을 하는 것도 하나님이 나를 사랑하셨기 때문에 사랑할 수 있는 것이라 생각하게 된다. 그렇게 되면 오만한 마음이 자리잡을 수 없다. 또한, 이런 마음의 상태로 이웃을 사랑하는 것은 평화를 이루는 일인 동시에 내가 받은 사랑의 불씨를 전해주는 것이다. 이를 통해 그 사람 역시 향유를 깨닫게 되면 좋은 것이다.

그러나 그 사랑 역시 어디까지나 사용 차원의 사랑이어야 한다.

> 하나님을 사랑하기로 결심하고 이웃을 자기 몸처럼 사랑하되 인간을 따라 하지 않고 하나님을 따라 하기로 결심했다고 할 때, 우리는 선한 의지의 인간이 된다.[17]

결국, 선한 마음으로 이웃을 사랑하지만 그 이웃을 향유할 수는 없는 노릇이다. 하나님 사랑을 통해 모든 사멸해 버릴 무상한 것들을 관통하는 상태가 되어 즐거움이 생긴다. 그 상태가 향유이다. 그리고 그것이 나그네가 가져야 할 마음가짐이다.

---

17 De civ. Dei. 14.7.1.

2) 나그네로서의 삶

아우구스티누스는 지상에서의 삶을 일컬어 "나그네살이"[18]라고 했다. 마커스는 아우구스티누스의 이러한 생각을 다음과 같이 표현했다.

> 아우구스티누스에게 있어서 '현세(saeculum)'란 두 도성이 하나의 이익을 나누는 시간적인 현실의 장소이다. 아우구스티누스의 표현에 따르면, '현세'란 두 도성이 나눌 수 없이 한군데 얽혀있는 연속적이면서도 한시적인 시간적 장소이다.
>
> '현세'는 현재로서는 구분될 수 없지만, 궁극적인 종말론적 시각으로 볼 때 서로 상반되는 성격을 지닌 인간의 삶, 역사, 사회 그리고 사회기관이 모여 있는 곳이다.[19]

궁극적인 종말, 즉 하나님의 나라가 도래하는 때에 가서야 나뉠 두 도성이다. 그 때가 언제이며 어떤 모습으로 올 것인지 역시 알 수 없다. 그러나 그 때가 올 것이라는 소망을 가지고 그리스도인 역시 지상의 도성을 산다. 시간의 차원에서 같은 곳에 살지만 다른 모습으로 산다. 그래서 나그네이다. 다른 사람과 사는 모습이 무엇인가 다르기 때문이다.

또한, 하나님 나라의 백성이 나그네인 것은 여기서 계속 사는 것이 아니라 때가 되면 떠날 사람들이기 때문이다. 나그네는 언제든지 떠날 수 있는

---

18 De civ. Dei. 14.9.1.
19 R.A. Markus, *Saeculum: History and Society in the Theology of St. Augustine*, Cambridge, 1970, p.133.

준비가 된 사람이다. 떠날 준비는 되어 있지만 이 세상에서 살고 있는 것은 맞다. 쉽게 말해 지상에서의 영주권은 있지만 시민권은 없다. 나그네의 시민권은 장차 올 하나님의 나라에 있기 때문이다. 그 나라가 오기 전까지는 생명을 유지하고 이 땅에서 마땅히 살아야 한다.

그런데 긴장할 것이 있다. 단순한 목숨 부지로서 생명을 유지하는 것이 아니다. 생명을 유지하는 데는 이유가 있다. 지상 역시 하나님의 백성인 성도가 사는 곳이기 때문이다. 또한, 그리스도인은 사는 자체 만으로 내가 그리고 공동체가 소망하는 것이 무엇인지 드러내 보여야 하는 의무를 갖고 있다.

마커스의 표현처럼 두 도성이 나눌 수 없이 한군데 얽혀 있다는 것은 마치 우리가 지상에서 미로를 헤쳐 나가는 것 같이 보인다. 육의 눈으로 보면 미로지만 영의 눈으로 본다면 이 복잡한 도성도 하나님의 역사가 일어나는 '거룩한 도성'이 된다.

지상의 도성을 거룩한 도성이 되도록 하는 데 그리스도인이 할 일이 있다. 그것은 주어진 현실과 타협이 아닌 평화를 이루는 것이다.

그런데 그리스도인이 이뤄야 할 평화란 단순히 인간의 기본적인 욕망을 조정하는 질서 유지 차원이 아니다. 이것은 타협의 문제가 아닌 조정의 차원이다. 왜냐하면, 변화가 아니기 때문이다. 따라서 질서가 없는 곳에 스스로 들어가야 한다. 그리고 화해를 일궈내어 평화로 가야 한다.

소금이 소금의 역할을 하는 것이다. 지금 보이는 평화가 사랑의 질서에 위배되는 것이라면 그것은 곧 다시 얕은 평화를 깨어버리고 새로운 혼란을 가져올 것이다.

이 어찌할 수 없는 문제를 해결할 수 있는 방법을 아우구스티누스는 그리스도의 십자가 사건으로 보았고, 하나님의 은총에 따라 새로운 인간이 될 때 다른 차원의 평화를 그릴 수 있게 된다고 보았다.[20] 그에게 있어서는 인간적으로 지극히 정치적인 문제가 결국 마음의 문제, 심정의 전환이 우선되어야 해결될 수 있기 때문이었다.

인간의 정치가 갖고 있는 한계, 다시 말해 시민들의 합심이란 결국 사멸하는 생명에 속하는 사물을 지향하고 있다는 점을 통해 어떤 정치적 활동도 진정한 평화를 가져올 수 없다는 것[21]을 말하기 위해 타당한 증거가 필요하다.

그 증거가 자신의 삶이 되어야 한다. 그 삶이 나그네 같은 삶이다. 사멸하는 것이 아닌 영원자를 좇는 모습이 어떤 것인지 보여주어야 한다. 정처 없이 떠도는 것이 아니라 하나님의 나그네로서 산다.

자신의 본성으로 인해 자꾸만 스스로의 존재에 대하여 불안에 휩싸이는 사람들에게 인간의 본성이라 할 수 있는 사랑(의지 발현)을 올바른 모습으로 전해 주고 떠나는 것이다. 한 곳에 정착하는 것이 아니라 그 모습을 보여 주고 또 다른 곳으로 품앗이를 위해 떠난다.

한 곳에서의 정착은 안정을 낳고 사람의 본성상 안정을 얻게 되는 곳에 머무르고 싶어진다. 그러나 그 안정이 인간을 영원히 안락하게 할 수 없다는 것을 몸과 마음으로 아는 사람의 본성은 정착할 수 없다. 얽혀 있기 때문에 때로는 분명히 힘들 것이다. 보이지 않는 나라를 몸으로 보이는 것은 분명 어려울 것이기 때문이다.

20　De civ. Dei. 9.15.1.
21　De civ. Dei. 19.17.

그래서 아우구스티누스는 이 삶을 일컬어 "순례(巡禮)"[22]라고도 했다.

순례는 여러 성지를 돌며 다닌다는 뜻이다. 지상에서의 삶이 순례인 이유는 진정한 하나님의 백성이 가는 그곳이 성지가 되고, 또 다른 사람들이 다른 곳으로 떠나게 되기 때문이다.

이는 교회의 성격과도 연관된다. 교회는 모이는 곳이자 흩어지는 곳이기 때문이다.[23] 하나님의 나라를 소망하는 사람들이 모이고 또 그 나라를 위해 흩어지는 것이 교회이다.

한곳에 머물 수 없는 나그네가 되는 이유가 여기에 있는 것이다. 그리고 어렵지만 절망하지 못하는 이유가 있다. 순례는 어디까지나 여행의 성격을 갖기 때문이다. 여행에는 출발지와 도착지가 있다.

"어쩔 수 없이 더 못한 쪽에서 시작해야 하지만 거기에 머물러 있을 필요는 없으며, 다음에는 더 나은 쪽이 있는데 우리는 완성을 도모하면서 거기에 도달해야 하고, 일단 도달하면 거기에 머물러 있어야 마땅하기 때문"[24] 이라는 교부의 말처럼 출발은 완성을 위한 시작이고, 그 시작은 비록 선한 상태는 아니지만 완성을 이루면 그 곳에 머물 수 있기 때문이다.

영원히 방랑하는 나그네가 아닌 사멸할 시간 속에서만 순례하다 모든 것이 이루어지는 그 순간 그 땅에는 뿌리를 내릴 수 있을 것이다. 그때는 평안해질 것이다. 도착할 곳이 있다는 것은 희망이다.

---

22 De civ. Dei. 19.17.
23 사도 바울은 사도행전 2장 46절과 47절에서 각각 모이는 교회와 흩어지는 교회의 성격을 말하고 있다. "날마다 마음을 같이하여 성전에 모이기를 힘쓰고 집에서 떡을 떼며 기쁨과 순전한 마음으로 음식을 먹고 하나님을 찬미하며 또 온 백성에게 칭송을 받으니 주께서 구원 받는 사람을 날마다 더하게 하시니라."
24 De civ. Dei. 15.1.2.

그래서 성서와 거룩한 가르침에 따라 하나님의 거룩한 도성의 시민들은 현세 생활의 나그네살이에서도 하나님을 따라 살면서 두려워하고 아파하고 즐거워하면서 지낼 수 있다. 분명 고통과 즐거움 모두를 느끼면서 살지만 그들의 사랑이 올바르기 때문에 그 모든 감정을 올바르게 간직하면서 살게 된다.[25]

3. 종말론적 희망의 공동체

아우구스티누스는 지상의 그 어떤 조직이나 제도를 통해서는 인간이 영원한 평화의 차원에 도달할 수 없다고 보았다. 지상의 평화란, 언제고 발동할지 모르는 인간의 지배욕에 따라 일어날 혼란을 방지하고 조정하는 상대적인 평화에 불과하기 때문이다.

하지만 아우구스티누스는 일시적인 평화라 할지라도 이것을 사용해 절대적이고 영원한 평화를 향유할 것을 말했다.

교부는 영원한 평화란 오직 종말에 이르러야 도래한다는 희망을 가진 그리스도인 공동체의 역할에 대해서도 역설했다. 그것은 지상의 나그네살이를 하는 동안 그리스도인으로서 해야 할 하나님 나라의 영원한 평화를 시연하는 것이다.

지상의 도성이 추구하는 평화와 상반되는 것을 추구하는 공동체의 모습 자체가 지상의 질서와 제도를 비판할 수 있는 토대가 될 수 있다.

---

25 De civ. Dei. 14.9.1.

1) 지상 평화의 한계

아우구스티누스는 하나님의 도성과 지상의 도성의 성격을 풀이할 때, 두 도성이 각기 추구하는 평화에 따라 둘로 나뉜다고 했다.[26] 각기 바라는 평화는 다르지만 평화를 추구한다는 점은 같다.

하지만 아우구스티누스가 말하고 지향하는 평화는 인간들의 정치에 따른 평화를 뛰어넘는다. 그에게 있어서 영원한 평화가 이루어지는 유일한 곳은 하나님의 도성이다. 그 사회는 '하나님을 향유하고 하나님 안에서 서로 향유하는 더할 나위 없이 질서 있고 완전히 화합된 사회적 결속'[27]이기 때문이다.

아우구스티누스에게는 이것이 진정한 평화이므로 지상 도성이 추구하는 평화를 인정할 수 없었다. 왜냐하면, 그것이 아무리 '그 나름의 평화'[28]라 할지라도 영원한 평화를 약속할 수 없는 한계를 갖고 있기 때문이다. 그 한계는 인간의 지배욕(libido)에 따른 왜곡된 사랑(cupiditas)의 발현이다.

인간의 지배욕에 따른 마음의 불안함은 인간으로 하여금 죄를 짓게 만들었다. 한 배에서 태어난 형제를 죽이고, 하나님과 같아지고 싶은 마음으로 높은 탑을 쌓아 결국 하나가 되려 했던 모습이 여러 무리로 나뉘었다. 그렇게 해서 갖고 싶은 것을 얻으면 '평화로울 수 있으리라' 생각했지만 결

---

26 De civ. Dei. 14.1.; 조호연 외, 『신국론』, 1431. 각주 189 참조.
27 De civ. Dei. 19.17.
28 "우리 성서에 의하면 이를 두 도성이라고 부를 수 있다. 하나는 육(肉)에 따라 사는 인간들의 도성이고 다른 하나는 영(靈)에 따라 사는 인간들의 도성인데, 둘 다 그 나름의 평화 속에 살고 싶어하며 기대하는 바를 획득하는 한 그 나름의 평화 속에서 살아가는 사람들의 도성이다." 『신국론』, 14권 1장, 1431쪽.

과적으로는 더 큰 혼란과 폭력을 가져왔다.

한 국가 안에서 지역 또는 다른 사상에 의해 일어나는 전쟁이나 국가와 국가 사이에 일어나는 전쟁을 예로 들어 보자. 모든 전쟁은 평화를 표방하지만 끝내는 환란을 낳는다. 전쟁이 일어나면 인간이 살아가는 데 필요한 가장 기본적인 의식주가 해결되지 않으며, 그것이 해결되지 않으면 살아남기 위해 서로에게 폭력을 행사하게 된다.

사회를 이루어 사는 것이 인간의 본성인데, 그마저 무너뜨리고 멈출 수 없는 혼란을 유발한다. 언제고 빼앗길지 모른다는 불안함은 일단 더 많이 빼앗고 보자는 마음을 갖게 한다. 전혀 평안이 찾아올 수 없고 육체와 영혼 모두를 피폐하게 만든다. 그래서 선인과 악인이 공유하는[29] 합의된 사회 조직인 국가가 일으키는 전쟁은 모두를 안녕하게 할 수 없다.

어쨌든 전쟁이란 가능하다면 상대방을 자기 사람으로 만들고, 자기에게 정복된 인간들에게 자기 나름대로의 평화의 법률을 부과하고 싶어 하기 때문이다.[30]

이번에는 내가 정복했지만 다음에는 다른 사람이 나를 정복할지 모른다. 여기서 또 불안이 초래되는 것이다. 불안은 사람을 조각나게 만든다. 온전한 정신을 이룰 수 없게 만들기 때문이다.

> 결국, 더 많은 것을 추구하다가 더 적게 존재하게 된다.[31]

---

29 De. civ. Dei. 19.26.
30 De. civ. Dei. 12.1.
31 De. civ. Dei. 14.13.2.

그래서 정치, 그리고 정치 활동의 악한 형태의 절정인 전쟁은 그 시작부터 사람을 망가뜨리는 씨앗을 품고 있다. 사멸할 것을 좇을 뿐 아니라 그 사멸할 것을 더 많이 취하고자 정성을 다한다면 사멸당할 것이 자명하기 때문이다.

따라서 그 어떤 전쟁도 절대적으로 타당한 명분을 갖지 못한다. 겉으로 보기에는 국가 또는 전쟁을 치루는 공동체 구성원의 합의를 모아 그 사회를 하나로 만들기 때문에 탄탄한 결속력을 이룬 것처럼 보이지만, 그 사회는 다같이 사멸할 운명을 자처하는 것이다.

아우구스티누스가 정치를 아예 반대한 것은 아니다. 그는 그것이 사멸할 것을 두고 일어나는 사람들의 분쟁을 조정하는데 도움이 된다면 정치가 이루는 질서에 협력할 것을 인정하였음을 앞에서 살펴보았다. 다만 영원한 질서를 구축할 수 없다는 것이다.

그렇다면 존재의 사멸함이 주는 불안을 극복할 수 있는 영원한 평화는 어디에서 찾을 수 있는가?

서로를 폭력으로 대하는 것은 내가 사멸하지 않기 위한 몸부림이다. 결국 나의 죽음을 방지하고자 하는 것이다.

아우구스티누스에 따르면 세상의 아름다운 것이란 존재하다가 없어지고 만다. 성숙하는 동시에 비존재로 달려가는 것이 존재의 법칙이다.[32]

결국 죽음을 향해 나아가고 있다. 죽음이 없는 영원한 시간은 하나님 나라이다. 따라서 죽음 없는 하나님 도성의 평화는 죽음에 의해 삶이 위협받지 않는 곳에서만 이루어질 것이다. 지상의 도성에서는 모든 것이 시간의

---

32 Conf. 10.15.

구속을 받아 언젠가 소멸한다. 따라서 지상의 것을 좇아 이루는 평화는 영원한 평화가 될 수 없다.

그래서 아우구스티누스는 영원한 평화는 종말에 이르러 도래할 것이며 지금은 볼 수 없다고 했다. 그리고 그 고유한 평화는 지상에서 나그넷길을 가는 동안 신앙을 통해 하나님과 맺고 있지만, 결국 그 때가 오면 눈에 보이는 형상을 통해 하나님과 함께 영원히 누리게 될 것이라고 말한다.[33]

육적인 모든 것이 부정한 것이 아니라 육신의 잘못된 사랑의 경향성으로 인해 발현되는 폭력과 일시적인 평화를 넘어 소멸의 공포가 없는 영원한 세계로 귀향할 때, 인간은 참다운 평화를 누리게 된다.

2) 영원한 평화를 추구하는 교회

아우구스티누스에게 있어 두 도성과 교회, 국가와의 관계는 완전히 일치하지도 않지만 그렇다고 전혀 관계가 없는 것도 아니다.

하나님의 나라와 지상의 나라의 개념은 도덕적이고 영적인 것이기 때문에 그 내용은 어떤 현실적인 조직과도 정확하게 부합하지 않는다. 교회 역시 하나님의 나라를 나타내는 지상의 가시적인 공동체이긴 하지만 교회가 곧 하나님의 나라가 되는 것은 아니다. 교회 안에도 "알곡과 가라지"가 함께 존재하며 현재는 교회 밖에 있지만 훗날 하나님의 나라에 들어갈 사람들이 있다.[34]

---

33 De. civ. Dei. 19.27.
34 정용석, 2004, 146-147쪽.

그러나 아우구스티누스의 교회에 대한 이해의 핵심은 교회의 존재 이유에 있다. 그는 현세를 사는 지상의 나그네로서 그리스도인들의 사회인 교회의 역할을 두고 "지상의 도성에 하나님 나라의 이미지를 제시하는 것"[35]이라고 했다. 그 역할을 충실히 할 때, 하나님 나라의 영원한 평화를 추구하는 교회는 지상의 도성과 구별되며 하나의 독특한 공동체로서 지상이 추구하는 평화의 한계와 그 극복을 위한 대안이 될 수 있는 것이다. 그것은 종말론적 희망을 담지하는 공동체적 특성에서 기인한다.

이제 영원한 평화를 추구하는 공동체로서의 아우구스티누스의 교회를 좀 더 자세히 이해해 보도록 한다.

(1) 영원한 평화

우리는 평화가 모든 인간이 지향하는 상태라는 것을 안다.[36] 어찌 보면 사람들은 모두 본능적으로 평화가 무엇인지 안다. 자신에게 좋은 것, 그 상태가 지속되기를 바라는 마음이 생기는 것이 평화라고 생각하기 때문이다.

또한, 사람이 모두 다르기 때문에 각기 다른 평화를 희망하는 것은 당연하다.[37] 아우구스티누스는 이렇게 사람이 각기 다른 평화를 추구하는 것을 사랑의 문제, 즉 마음이 어느 쪽으로 향하느냐의 문제로 보았다. 따라서

---

[35] De. civ. Dei. 15.2.
[36] "평화라는 선이란 참으로 좋은 것이어서, 지상의 사멸할 사물들 가운데 이보다 더 듣기에 고마운 말이 없고 이보다 더 욕심내기에 소망스런 것이 없으며…즐거움을 누리기 싫어하는 사람이 아무도 없듯이 평화를 누리기 싫어하는 사람은 아무도 없다"(De. civ. Dei. 19.11-12).
[37] "각 사람들은 제각기 이익과 탐욕을 쫓고 있기 때문에 인간이 탐하는 바는 늘 같은 것이 아니다"(De. civ. Dei. 18.2.1).

평화는 "선의 추상적 개념이 아니며 인간 삶의 개인적이고 사회적인 차원 모두를 결정짓는 실제적 표현 양태"[38]이다. 추구하는 평화에 따라 그 사람이 어떤 사람인지가 드러나고 같은 평화를 추구하는 사람들이 유유상종(類類相從)해 사회(공동체)를 이루기 때문이다.

아우구스티누스는 진정한 평화는 하나님의 도성에서만 이루어질 수 있다고 보았다. 왜냐하면, 인간이 스스로 완벽하고 영원한 평화를 구현할 수 없다고 보았기 때문이다. 지상의 도성에서 '순례자'이자 '나그네'로 사는 동안은 하나님의 도성에서만 가능한 평화를 기다리며 주어진 지상의 도성살이를 해야 한다. 지상에 다가올 종말이 모든 것을 폐하는 것이 아니라 완전한 평화를 가져올 것이라는 희망을 갖고 산다. 이러한 종말론적 평화를 바라보는 희망은 그리스도인에게 나그네살이 속 기쁨이자 삶의 원천이 된다.

그런데 아우구스티누스는 참된 예배를 드리고 미덕을 함양하는 지상(*civitas terrena*)의 교회 안에서 또한, 하나님과 함께 하는 평화를 누릴 수 있다고 보았다. 유지황은 "하늘나라를 향한 소망으로 인해 우리가 행복하기에 우리는 이미 하늘나라의 소망 안에서 구원받았다. 그러므로 우리는 지금 세상의 행복을 기뻐하지 않으며 장차 다가올 하늘나라의 행복을 고대한다"라는 아우구스티누스의 말을 다음과 같이 해석한다.

> 이것은 아우구스티누스가 하늘나라의 평화와 지상 세계에서의 평화를 엄격히 구분했음을 뜻하지 않는다. 그에 의하면, 우리는 이 지상 세계의 삶 속

---

[38] 유지황, 2005, 221쪽.

에서도 믿음을 통해 하나님과 함께 하는 평화(the peace with God)를 소유할 수 있다. 즉, 아우구스티누스는 "하늘나라의 평화(the Heavenly peace)가 지상에 있는 하나님의 성전(the temple of God on earth)인 교회 안에서 진정으로 하나님께 참된 예배를 드리고 미덕을 함양하는 사람들에 의해 특별히 소유될 수 있다"고 말함으로써 하나님과 함께하는 평화의 일시적 차원(temporal dimension)을 인정했다(De civ. Dei 19.4, 27 참조).[39]

아우구스티누스의 교회는 종말론적 희망과 예수 그리스도를 주로 고백하는 신앙을 가진 사람들이 모여 하나의 공통적인 삶의 형식을 갖는 지상의 도성을 사는 공동체이다. 그 공통적인 삶의 형식이라 함은 종말이 오기 전까지는 완전한 평화를 이 땅에서 만날 수는 없지만, 지상에서 하나님을 제대로 향유하고 예배할 때 만나게 되는 아이콘으로서의 평화를 이루는 삶이다. 이런 평화를 이루어낼 때 교회는 지상의 도성과 구별되는 공동체가 된다.

그런 의미에서 교회는 하나님의 도성과 동일하지는 않지만, 지상의 도성과는 구별되는 거룩한 도성, 즉 하나의 공동체이자 사회(civitas)라고 불릴 수 있다.

(2) 박해를 이겨 내는 교회의 힘: 종말론적 희망

아우구스티누스는 지상의 도성에서 교회 공동체로서 사는 것이 쉬운 일이 아니라는 것을 알고 있었다. 교회를 향한 많은 오류와 공격 때문에 괴롭힘을 당할 수도 있다. 그렇지만 아우구스티누스는 그런 과정마저 "교회

---

[39] 유지황, 2005, 216쪽 각주 361.

의 인내를 단련하는 것이고, 오직 생각을 잘못해서 맞서는데 그친다면 그것은 교회의 지혜를 단련하는 것"[40]이라고 했다.

나아가 그들이 원수라 할지라도 "교회가 사랑하면서 설득력있는 교리로 그들을 상대한다면 교회의 호의와 자애 또한, 단련하는 셈"[41]이라고 보았다. 또한, 다음과 같이 말했다.

> 교회 안에서도 타락한 행실로 경건하게 사는 사람들의 마음을 괴롭히는 사람들이 없지 않고, 내부에도 많이 있으며 …
> 이런 사람들의 악한 행실이나 오류로 인해 그리스도 안에서 경건하게 살고 싶어 하는 이들이 오류로 인해 육신이 아닌 마음으로 박해를 받는다.
> 그러나 못된 또는 가짜 그리스도인들의 행실 때문에 마음의 고통을 겪는 사람들에게 그 고통은 유익하다.
> 그 고통은 사랑으로부터 내려오는 것이고, 그 사랑에 힘입어 저작자들이 멸망하지 않기를 바라고 다른 사람들의 구원에 지장이 되지 않기를 바라기 때문이다.[42]

아우구스티누스는 외적인 박해보다 마음의 고통의 문제에 더 집중한다. 이는 그에게 있어 마음의 상태가 곧 존재의 평화와 직결되기 때문일 것이다. 자신들이 추구하는 평화가 무엇인지 명확히 알기 때문에 지상에서 받는 박해에 좌절하지 않는다. 하나님의 섭리 아래 있는 교회는 오히려 "내

---

40 De. civ. Dei. 18.51.1.
41 De. civ. Dei. 18.51.1.
42 De. civ. Dei. 18.51.1.

고통들이 나의 마음에 많으면 많을수록 당신의 위로들이 제 영혼들을 기쁘게 했나이다(시편 94:19)"[43]라는 고백을 한다.

아우구스티누스는 현세에서 하나님의 도성을 나타내는 교회는 지상의 도성에서 나그네살이를 하며 가짜 신을 만들어내지 않는다고 한다. 그것은 교회가 참 하나님으로부터 만들어졌을 뿐 아니라 교회 자체가 하나님의 참다운 제사가 되고 있기 때문이다.

그렇지만 두 도성 모두 최후의 심판 전까지는 현세적 선을 똑같이 이용하고 똑같이 악을 겪는다. 다만 그것을 이용하는 마음과 희망 그리고 사랑이 다르다. 그러다 최후의 심판이 오면 추구한 사랑에 따라 각자 자신의 고유한 종말에 이르게 된다.[44]

하나님의 도성, 그 완전한 나라는 비가시적인 사회이다. 육안이 아닌 영혼의 눈으로 보는 나라다. 그런데 그 도성을 추구하는 거룩한 사람들의 공동체인 교회는 지상에서 가시적인 사회이다. 세상과 구별된 삶을 사는 사람들이 모인 곳이 눈에 띄지 않을 수 없다. 그러나 지상의 도성과 구별된다는 것은 다른 점이 있다는 것일 뿐이지 세상을 등지는 공동체라고 섣부르게 판단할 수는 없다.

아우구스티누스 역시 그것이 설령 우리가 추구하는 평화를 추구하는 것이 아닐지라도 평화를 이룬다면 선한 것이므로 지상의 질서에 협력할 것을 말했다.[45] 이는 유일한 평화가 지상의 도성의 어느 것으로도 이뤄질 수 없다는 것을 확고히 하되 지상에서의 삶 역시 충실히 살라는 것으로 해석

---

43 De. civ. Dei. 18.51.1.
44 De. civ. Dei. 18.54.2.
45 De. civ. Dei. 19.12.3.

할 수 있다.

하지만 그 충실한 삶은 지상의 도성이 추구하는 삶과 같은 것이 될 수 없다. 왜냐하면, 지상의 도성과 지상 속 거룩한 도성인 교회가 추구하는 사랑이 다르기 때문이다. 마음의 방향이 다르므로 같은 삶의 모습이 나올 수 없다. 삶의 모습이 같다면 결국 추구하는 것이 같다는 것이요, 세상과 다른 삶을 살고자 고백하는 그리스도인들 스스로 모순을 범하는 것이다.

모순은 세상의 비난을 불러온다. 그 비난은 아우구스티누스가 말한 박해가 아니다. 우리의 잘못된 삶의 방식에 대한 대가이기 때문이다. 초대 교회가 받은 박해는 올바른 종말론적 희망에 따라 올바로 살았기 때문이다. 그 독특한 구별성에 대해 참을 수 없던 로마로부터 받은 박해이다.

우리는 오늘날 우리가 직면한 수많은 비난을 두고 이것이 저들이 받았던 박해와 동일한 것으로 해석하는 오류를 범해서는 안될 것이다. 오늘날 우리를 향한 비난은 박해가 아닌 위기다. 교회다움을 회복하라는 빨간불이다. 안타까운 것은 교회다움을 회복하라는 목소리가 우리 안에서 스스로 나오기보다 외부로부터 들려오는 것이기 때문에 더욱 큰 마찰과 소음이 나는 것이다.

그렇다면 우리는 무엇을 해야 하는가?

종말론적 희망이 주는 독특한 삶의 방식을 거부하거나 아예 종말론적 희망을 걷어버리면 세상의 비판으로부터 자유로워질 수 있는가?

종말론적 희망이 없는 기독교 윤리 앞의 기독교는 의미 없는 수식어일 뿐이다. 그리스도가 보여 준 것이 하나님 나라이며 그 하나님 나라가 올 것이라는 희망을 버린다면 그것은 더 이상 기독교가 아닌 조금 독특한 윤리를 갖는 공동체에 지나지 않을 것이다. 시간이 지나면 '조금 독특한'이라는 수식어마저 희미해질 것이다. 종말론적 희망만이 하나님의 나그네를 움직이는 힘이기 때문이다.

4. 소결론

아우구스티누스는 현실이라는 육의 문제를 영의 문제로 해결하고자 했다. 그래서 현실적이지 못하고 이상적이라는 비판 앞에 자유롭지 못할 수 있다. 그러나 해결되지 않는 현실의 문제를 풀어보고자 하는 의도 자체만으로도 칭찬받아야 한다.

적어도 현실에 안주하고 주어진 능력을 발휘하지 않는 것은 자기 스스로를 져버리는 행위이지 않는가?

이상일지라도 그것이 현실을 극복하게 하는 의지에 시동을 건다면 적어도 지금보다는 나은 현실로 도약하게 하는데 의미가 있다고 본다. 아우구스티누스는 처음부터 끝까지 영원한 평화는 종말에 가서야 가능하다는 것을 전제로 하고 『신국론』을 저술한 것으로 보인다.

그 평화에 이르는 여정을 인간의 역사라고 할 때, 각기 다른 평화를 추구하는 도성이 있어 하나님의 도성과 지상의 도성이 생겼다. 각기 다른 평화를 추구한 것은 그 공동체를 이룬 사람들의 마음의 문제에서 기인한다. 하나님을 사랑하는 것을 제일로 여긴 사람들은 하나님의 도성에, 사멸할 것을 사랑하는 사람들은 지상의 도성에 속한다.

그러나 이 두 도성이 육의 눈으로 확연히 드러나는 것은 아니다. 어떤 순간이 임할 때 구분이 가능하다. 그래서 늘 긴장 상태 속에서 살아야 한다.

결단력을 발휘하려면 '나는 누구인가 그리고 무엇을 위해 사는가'라는 생각이 명확하게 자리 잡혀 있어야 한다. 그렇지 않으면 갈피를 못 잡고 방황하게 된다.

그리스도인으로서 하나님의 백성으로서 합당한 결정을 내리기 위해 긴장할 수밖에 없다. 이 긴장은 영적인 긴장으로 자신의 마음 상태를 다스리는 일과 관련된다. 마음을 다스려 옳은 것을 추구하는 것이다. 무엇인가를 추구하는 것은 그것을 좋게 여기는 것이고 사랑하는 것이다. 내 마음에 담는다는 것은 그것이 나를 좋게 하기 때문이다. 무엇이 나를 좋게 하느냐에 따라 사랑의 대상이 정해지고, 그에 따라 사랑의 성격이 나뉜다.

아우구스티누스는 여러 사랑이 있지만 결국 인간의 사랑은 크게 두 가지로 나뉜다고 보았고, 그 두 가지 사랑을 각각 하나님을 향한 사랑*(caritas)* 과 지상의 피조물을 향한 사랑*(cupiditas)*으로 불렀다.

아우구스티누스에 따르면 사랑의 대상에 따라 성격이 달라지는 사랑은 그 대상의 성격을 담게 된다. 영원한 하나님을 사랑하면 그 사랑은 인간을 영원으로 이끌고, 사멸, 즉 죽음으로부터 자유롭지 못한 대상을 사랑하면 인간은 그 대상과 같은 운명에 이르게 된다. 인간이 현실에서 고군분투하면서 바라는 것은 결국 평화이다.

하지만 아우구스티누스가 볼 때, 인간의 정치는 사멸할 것들을 두고 일어나는 사람들의 분쟁을 조정하는 제한적인 평화 수립의 역할 밖에 하지 못한다. 따라서 정치에 따른 평화는 영원한 것이 아니라 일시적인 것이다.

그래서 아우구스티누스는 인간의 정치와 그것이 가져오는 평화로 인간이 자유로워질 수 없다고 보았다. 정치의 근원 자체가 인간의 욕망을 제어하는 데 있었고, 인간의 욕망이란 언제든지 동요할 수 있는 것이기 때문이다.

그러나 아우구스티누스는 정치를 통해서는 제한적인 평화만 유지할 수 있기 때문에 완전한 평화를 이룰 수 없다고 했다. 단지, 그것을 사용하여 하나님 나라로 이르는 평화에 귀결시킨다는 조건 아래, 정치적 질서에 협력하는 것은 인정했다.

그러나 어디까지나 사용(uti)의 차원으로서 정치적 질서를 수단으로써 사용할 뿐, 정치를 통한 평화 추구가 목적이 되어서는 안 될 것을 말했다. 항상 마음의 방향이 하나님을 향한 상태에서 그 상태를 유지하고 향유하는 데 도움이 되는 정도로만 사용해야 한다.

그것이 전도된다면 또 다른 무질서를 초래해 인간은 불안에 빠지게 될 것이다. 또한, 선한 하나님이 창조하신 것은 본래 선한 것이므로 사멸할 것들을 잘 사용해 선을 이루는 것은 인간의 자유의지 사용에 더 큰 의미를 부여한다.

물론 인간이 올바로 자유의지를 사용하는 것에는 하나님의 은총이 필요하다. 은총에 따라 마음이 변해 새로운 사람이 될 때, 선한 것을 행할 수 있기 때문이다.

마음의 방향에 따라 나의 행동이 나온다. 진정한 성도는 그 행동으로 말미암아 '하나님의 도성'이 어떤 사회인지 지상의 도성에 증거하고 가르치는 역할을 한다.

아우구스티누스는 하나님 앞에서 변화된 개인들이 모인 공동체로서 교회의 존재 이유를 온전히 한다면 그 모습 역시 거룩한 도성이라 불릴 수 있다고 했다. 그렇게 되면 하나님의 도성과 지상의 도성이 모호하게 얽혀 있는 이 세상 속에서 후자에 속한 사람들에게 전자의 도성이 갖는 영원한 평화를 미리 보게 할 것이며 함께 하나님 나라의 도래 역사에 참여하도록 초대하는 역할을 하는 것이다.

그것이 그리스도인이 해야 하는 '나그네로서의 삶'이다. 나그네이기 때문에 이 땅에 뿌리를 내리지 않는다.

그러므로 세상의 정치적 질서를 이룩하는데 협력하지만, 그것을 따라 살지 않는다. 그래서 세상의 정치가 갖는 한계를 비판할 수 있는 눈이 생긴다. 비판에서 끝나는 것이 아니라 어떤 질서를 이루는 것이 이상적인지 제시할 수 있어야 한다. 그런 연유로 직접 정치에 참여할 수도 있다. 물론 항상 하나님의 도성이 정치와 삶의 기준이 되어야 할 것이다. 그렇지 않으면 긴장이 풀려 지상의 도성에 합하는 삶이 되어버릴지 모르기 때문이다.

제12장

정의와 미덕

키케로를 통해 전수받은 아우구스티누스의 정의 개념은 소크라테스로부터 이어지는 덕 전통의 정의관을 따르고 있다. 따라서 그의 정의 개념은 다른 미덕들과 긴밀하게 연결되어 있어, 그가 정의를 진술할 때마다 질서, 사랑, 평화와 같은 미덕들을 결부시킨다. 이 덕목들이 아우구스티누스의 정치사상을 구성하는 핵심 요소들이라는 것은 두말 할 필요가 없다.

그에게 정치란 "본질상 사회적이면서 동시에 아담의 타락에 의해 투쟁적 존재로 타락한 인간의 작품"이다.[1] 그래서 그는 정치가 인간 사회의 보존을 위해 하나님으로부터 허용된 것이라고 보았다.

아우구스티누스에 따르면 정치는 인간의 작품이라는 한계가 있더라도 왜곡된 인간의 삶을 태초에 창조된 선한 사회적 삶으로 회복시키기 위한 필연적인 인간의 노력이기도 하다. 이때 선한 사회적 삶의 회복은 위에 언급한 미덕들의 함양을 통해 이루어져야만 한다.

그러면 아우구스티누스가 말한 질서, 사랑, 평화, 정의는 구체적으로 무엇을 의미할까?

---

1 De civ. Dei. 12.28.

이제부터 네 가지 덕목의 긴밀한 연관 관계를 살펴보자.

1. 정의와 사랑: 정의의 선결 요건

사랑과 정의의 올바른 질서의 관계는 두 덕목 사이 관계의 토대로 역할을 하며, 공적인 영역과 사적인 영역의 간격을 메꾼다.

아우구스티누스에 따르면, 사랑은 행동의 동기가 되며,[2] 올바르게 행동하기 위해 올바르게 질서 잡힌 사랑을 의지한다. 아우구스티누스는 공적인 영역에서 지배자들이 "정의로운 행위를 명령하고 그 반대행위를 금하는 법을 적절한 구속력으로 제재함으로써"[3] 올바르게 행동한다.

이때 사랑은 단순히 사적 영역의 미덕에 그칠 수 없다. 올바르게 질서 잡혀 있든 그렇지 않든 간에 사랑이 행위의 동기가 된다는 점에서 모든 행위는 사랑의 결과라고 할 수 있다.

만일 정치 활동이 진실로 정의로운 행위를 명령하는 법을 구성한다면, 정치는 올바르게 질서 잡힌 사랑과 맞물려야 되고, 정의는 올바른 관계를 향한 눈으로 시행되어야만 한다. 아우구스티누스는 "비판하는 사람을 사랑하지 못함으로 정의를 파괴한다"[4]고 주장한다.

아우구스티누스에 따르면 정의는 사랑의 하위 덕목이고 사랑은 정의로 가기 위한 선결 요건에 해당한다. 그는 4주덕에 대해 설명하면서 다음과

---

2 Conf. 8.9.
3 Ep. 185.19, in *Augustine: Political Writings*.
4 Serm. 13.8.

같이 사랑에 기초해 정의를 규정했다.

> 정의는 사랑하는 대상에게만 봉사하면서 그럼으로써 바르게 다스리는 사랑이고, 정의는 하나님만을 섬기면서 인간에게 종속되는 모든 것을 다스리는 사랑이다.

앞에서 살펴본 대로, 이것은 아우구스티누스가 하나님 사랑과 이웃 사랑이라는 사랑의 이중 계명에 근거하여 정의 개념을 확립했기 때문이다.

아우구스티누스에게 정의의 실현은 이성만으로는 불가능한 것이었다. 정의는 본능, 성향, 태도, 습관 등의 여러 가지 복잡한 인간의 모든 속성과 연관된 것이기에 정의 형상만을 알려주는 이성으로는 실현될 수 없는 것이다.

정의에 관한 이성적 지식은 인간으로 하여금 정의의 형상에 충실하게 만들지는 못한다. 그것은 인간의 "육욕적 습관의 무게"를 이겨내지 못한다.[5] 정의는 이성뿐 아니라 사랑을 필요로 한다.[6] 이성이 '선을 위해 무엇을 어떻게 해야 할지를 밝혀 준다'고 해서 늘 인간이 선을 행하는 것은 아니다. 그것은 이성이 원죄에 물든 인간의 악한 의지를 통제할 수 없기 때문이다.[7]

---

[5] Conf. 7.17.
[6] De civ. Dei. 19.24; John Burnaby, *Amor Dei: A Study of the Religion of St. Augustine* (Norwich, UK: The Canterbury Press, 1991), 92-93.
[7] Conf. 10.8.

사랑이 결여된 정의에 대한 이성적 지식은 인간으로 하여금 더욱 지식과 그에 따른 권력을 갈망하게 함으로써 정의 자체의 의미를 파괴하는 역설적 결과를 낳는다. 정의는 이성을 통해 알려지되 사랑에 의해 구현되는 미덕이다.

따라서 정의의 실현은 "이성과 사랑의 신비적 결합에 의존"한다.[8] 이러한 아우구스티누스의 생각은 키케로의 정의 국가론을 다음과 같이 바꿔놓게 했다.

> 공동체는 사랑하는 대상에 관한 동의를 통해 연합된 합리적 존재들의 결합이다.[9]

이처럼 아우구스티누스는 정의를 이해하면서 플라톤과 키케로와는 달리 이성이 아닌 사랑의 중요성을 강조했다. 인간 영혼의 내적 움직임이 무엇을 향해 나아가는지, 즉 무엇을 사랑하는지에 따라 정의의 실현 여부가 결정됨을 주장했다.

아우구스티누스의 정의 이해에 있어 영혼의 움직임, 사랑이 어떤 사랑이냐의 문제는 인간 개인만이 아닌 사회 공동체의 문제였다. 그에게 정의는 '도성 안의 영혼과 영혼 안의 도성이 이성이 아닌 사랑을 통해 결합하여 저마다의 특성을 드러내는 것'이었다.[10]

---

8 Peter Brown, *Augustine of Hippo*, 170.
9 De civ. Dei. 19.24.
10 Peter D. Bathory, *Political Theory as Public Confession* (London: Transaction Books, 1981), xii.

영혼과 도성은 모두 사랑에 의해 특징지어지며, 개인적 사랑의 실행과 사회적 사랑의 실행을 통해 영혼과 사회 서로가 상보적 영향을 주고받는다.

이런 의미에서 사회 공동체는 각 구성 개인이 그 안에서 무엇을 사랑하는가에 의해 특징지어지는 영혼의 또 다른 양태이다. 공동체 각 구성원의 영혼은 개인의 영혼으로 끝나는 것이 아니라 그 공동체의 특성을 규정한다.

그러므로 예를 들어 어떤 도성이 지상의 도성인가 하늘의 도성인가는 그 안에 거하는 사람들에 의해 행해지는 사랑이 무엇인가를 통해 결정된다.

> 지상의 도성은 하나님을 멸시하며 자기를 사랑하는 자들에 의해 창조되었으나, 하늘의 도성은 자기를 부정하며 하나님을 사랑하는 자들에 의해 이루어졌다.[11]

이처럼 아우구스티누스에게 사랑은 인간 삶의 사적 영역과 공적 영역의 구분을 부정함으로써 정의 실현이 사회적 차원인 동시에 개인적 차원의 문제임을 잘 보여주는 것이었다. 다시 말해, 그는 '개인적 마음의 움직임 또는 사적인 사랑의 느낌이 인간의 사회관계를 규정한다'고 생각했다.

따라서 정의는 인간의 사랑이 '어디에 머무느냐' 하는 영역의 문제가 아닌 '어디로 가느냐' 하는 지향의 문제이다.

그것은 '개인과 사회의 영역을 넘나드는 사랑의 지향점이 어디인가'에 달려있는, 눈으로는 보이지 않으나 마음으로 느껴지는 "영혼의 아름다움"

---

11 De civ. Dei. 14.28.

을 나타낸다.[12] 사랑이 '영혼의 구체적 힘'이라면, 정의는 그 힘이 그려낸 '영혼의 아름다움'이다.

그러면 사랑과 정의의 구체적 관계는 무엇인가?

아우구스티누스는 사랑이 정의에 앞선다고 생각하지 않았다. 사랑은 영혼 또는 의지의 움직임일 뿐 그것의 기수는 아니다. 정의는 사랑*(eros)* 자체에 의해서가 아니라 정의의 영원한 형상 또는 법에 상응하는 사랑*(caritas)*에 의해 실현된다. 정의는 사랑이 세상을 지향하는가*(cupiditas)*, 아니면 하나님을 지향하는가*(caritas)*를 판단하는 잣대로서 사랑 앞에 선행한다.

더구나 인간은 아담의 타락 이후 죄성에 물들어 세상을 사랑*(cupiditas)*하며 살고 있기에 사랑보다 먼저 정의를 필요로 한다. 인간은 하나님을 지향하는 바른 사랑을 행하기 위해 먼저 정의에 눈을 돌려야 한다. 사랑은 정의와 달리 절대 진리의 형상을 갖고 있지 않다. 선한 사랑일 수도 있고 악한 사랑일 수도 있다.

만일 정의가 사랑에 근거한다고 할 때, 그 정의는 근거하고 있는 사랑에 따라 변질될 수 없다. 변질된 정의는 거짓 정의일 뿐이다. 그러나 반대로 정의에 뿌리를 두지 않은 사랑은 결코 바른 사랑일 수 없으며, 그런 사랑 또한, 정의를 실현할 수 없다. 정의는 사랑에 의해 실현되지만, 사랑에 근거하지는 않는다. 반대로 사랑은 정의에 근거해야 하지만 정의에 의해 실행되는 것은 아니다.

아우구스티누스에게 정의는 그 자체가 완전 충족의 형상을 갖춘 진리이다. 만일 정의가 완전하지 못하다면 그것은 참 정의일 수 없다. 정의가 사

---

12 De Trin. 7.6.

랑을 원할 때, 그것은 사랑을 통한 보완의 필요성이 아닌 사랑을 통한 구체적 실현의 필요성 때문이다.

아우구스티누스에게 정의는 본질상 의로우며, 그 안에 이미 하나님 사랑을 담고 있다. 정의와 사랑은 본질적으로 합일되어 있으며 하나님을 향한 참된 예배를 통해 주어지는 평화적 미덕의 함양을 통해 온전히 실현된다. 정의와 사랑은 하나일진대, 그것의 실현은 세상 사랑의 죄악된 도성에 사는 우리로 하여금 미덕의 수련과 함양을 도모하는, 하나님을 향한 신령과 진정의 예배를 요구한다.

결국, 아우구스티누스에게 정의와 사랑의 관계는 순례자적 삶의 예배를 통한 평화적 인간 존재 또는 인격의 함양에 의존한다. 그것은 육욕적 감정을 억누르는 변증법적 이성의 투쟁과 승리가 아닌, 태초에 주어졌으되 아담의 타락 이후에도 사라지지 않고 영혼의 심연에 내재한 본질적 또는 존재론적 평화성(ontological peaceableness)을 통해 완성된다.

2. 정의와 질서: 정의의 토대

아우구스티누스의 질서 개념은 성경의 선한 창조론(Good Creationism)에 기초하고 있다. 타락 전 창조 세계는 타락 후 세계와는 달리 하나님이 보시기에 좋은(창 1:31) '질서와 조화와 원의'(original righteousness)가 존재하는 세계였다.

아우구스티누스는 『신국론』에서 '질서'를 다음과 같이 규정했다.

동등한 것들과 동등하지 않은 것들을 각각 그 자리에 배치하는 것이다.¹³

『질서론』(De Ordine)에서는 모든 피조물이 창조주에 의해 지배되는 것을 정의라고 한다.¹⁴ 이는 창조주에 의해 세워진 질서가 우주에 있는 모든 존재와 행위의 토대이자 구조라는 말이다.

그에 따르면 우주의 질서와 아름다움은 하나님의 창조와 섭리의 본질이 된다.¹⁵ 의미심장하게도, 피터 브라운(Peter Brown)은 『신국론』에 단연코 두드러진 주제가 우주의 신적 질서라고 한 바 있다.¹⁶

아우구스티누스에 의하면 평화는 '질서의 고요함'이며 질서는 비슷한 것과 비슷하지 않는 것을 구별하여 각자에게 응분의 자리가 지정되어 있음을 뜻한다고 했다. 그리고 정의는 위계질서로 구축된 세계 질서 안에서 만물에 응분의 자리를 지시해 주는 능력이나 의지를 뜻한다. 즉, 정의가 질서를 잡아줄 때 비로소 평화가 가능해진다.

그러므로 아우구스티누스에 있어서 평화와 정의는 질서의 근본 범주이다. 그러나 완전한 질서, 이에 따르는 평화는 역시 신에 의해서만 가능해진다. 그러므로 현세에서는 한시적인 평화와 정의만이 가능하다고¹⁷ 말할 수 있다.

---

13   Ordo est parium dispariumque rerum sua cuique loca tribuendo dispositio(De civ. Dei. 13.11-12).
14   『질서론』에서 "질서는 하나님이 만드신 모든 것이 그것에 의해 지배되는 것"(Ordo est, inquit, per quem aguntur omnia, quae deus constituit)으로 정의한다(1.10.28).
15   De ord. 2.4.12.
16   Peter Brown, *The Life of Augustine* (Grand Rapids: Eerdmans, 1972), 317.
17   박종대, "중세의 평화관", 서강대학교 철학연구소 편, 『평화와 철학』(서울: 철학과 현실사, 1995), 76.

아우구스티누스는 『질서론』(De Ordine)에서 질서 개념을 체계적으로 분석하고 있다. 이 책은 대화체 형식으로 구성되었고 질서의 다양한 의미를 분석하고 있다. 『질서론』은 그가 세례를 받기 위해 카시키아쿰(Cassiciacum)에 머무는 동안 저술한 초기 작품들 중 하나였는데,[18] 이 때문에 초기 아우구스티누스에게 영향을 준 사상이 무엇인지 파악하는데 매우 유용한 자료라고 평가받고 있다.

그는 이 책에서 고대철학에 있어 질서 개념이 얼마나 중요했는지를 소개하면서, 모든 것은 질서 안에 포함되어 있고 하나님의 섭리는 이 질서와 조화를 이룬다고 설명한다.

고대철학의 질서 개념을 간략하게 소개하면, 플라톤에게 있어 질서(taxis) 개념은 혼돈(chaos)과 반대되는 세상의 상태를 가리킨다.[19] 코스모스(cosmos)는 데미우르고스(demiourgos)에 의해 만들어진다.[20] 데미우르고스의 임무는 이미 존재하는 것에 질서를 부여하는 것이었다.[21] 아리스토텔레스에 따르면 코스모스는 완전하고 선하며, 세상의 질서는 영원하다.[22]

스토아학파에서도 질서 개념이 기본적이다. 아리스토텔레스는 창공의 영역만 살아있다고 생각했지만, 스토아학파는 코스모스 전체가 살아있는 합리적 존재라고 주장했다. 코스모스는 프로노이아(pronoia)가 지배하며, 그 안에 프뉴마 (πνεύμα 영, Pneuma)로 가득 차 있다.

---

18 피터 브라운은 아우구스티누스가 이 시기에 신플라톤주의적 관념론과, 영혼이 지상에서 완전에 이를 수 있다는 낙관적 믿음을 갖고 있었다가, 후기에는 이런 태도가 약화되었다고 한다(Peter Brown, *Augustine of Hippo*, 146-157).
19 플라톤, 『티마이오스』, 30a.
20 플라톤, 『티마이오스』, 28b-29a.
21 플라톤, 『티마이오스』, 30a.
22 아리스토텔레스, 『천체에 관하여』, 1.270a12-14; 270a25ff.

키케로에게 질서 개념은 『신들의 본성에 대하여』에서 발견되는데, 여기서 질서는 실재의 내적인 구조인 비율과 조화와 미를 가리킨다.[23] 플라톤과 스토아학파의 질서 개념은 플로티누스에게 영향을 준다.[24]

아우구스티누스는 상기한 고대철학의 질서 개념 일부를 수용하지만, 이것을 다시 기독교적인 방식으로 변형시킨다. 기독교에서는 우주를 창조하고 섭리하시는 인격적인 창조주 하나님에 대한 가르침이 근본이 되기 때문이다.

따라서 아우구스티누스는 질서의 문제를 기독교적인 관점에서 재고하고 완전히 새로운 유비적 개념으로 재탄생시킨다. 마치 아리스토텔레스가 존재의 다의적인 특징을 발견했던 것처럼, 아우구스티누스도 질서의 다의적인 특징을 발견했던 것이다.

그가 초기에 저술한 『질서론』에 나타난 질서의 종류를 나열해 보면, 질서는 우선 만유의 질서(ordo rerum omnium)를 가리킨다(2.18.47). 아우구스티누스는 신적인 섭리의 질서(ordo divinae providentiae, 2.5.15)와 우주의 질서(ordo universitatis, 1.1.1)를 연구하면서, 하나님의 섭리를 신의 질서(ordo Dei, 2.7.23), 신적인 질서(ordo divinus, 2.20.54), 자연의 질서(ordo naturae, 2.4.12), 원인들의 질서(ordo causarum, 1.3.8)라고 표현한다. 종합해 볼 때, 아우구스티누스가 『질서론』에서 사용하고 있는 질서 개념은 하나님의 창조와 섭리를 근간으로 하고 있다.

이 작품에서 가장 놀라운 점은 아우구스티누스가 질서의 다중적 의미를 놓치지 않고 인격적이고 초월적인 하나님을 질서의 원천, 만유 안에 계신

---

23 키케로, 『신들의 본성에 대하여』, 2.5.15; 6.16; 18.48.
24 Plotinus, *EnneA.D.s*, 3.2.3.

아름다움으로 간주하는 데 성공했다는 점이다.

『재고록』에서 그는 『질서론』이 논의하고 있는 대주제는 신적인 섭리의 질서가 선하고 악한 만물을 포함하는지의 여부였다고 말한다.[25] 그는 이 문제가 어려운 문제였기 때문에 연구의 순서(ordo studiorum)를 물질적인 대상에서 비물질적인 대상으로 옮겨가는 방식으로 탐구하는 것을 선호했다고 덧붙여 말한다.[26]

그는 『기독교 교양』(De Doctrina Christina, 1.23.2)에서도 존재의 질서에 대해 언급하는데, 이는 창조의 질서 혹은 자연의 질서로 표현되기도 한다. 그는 여기서 존재의 질서를 4개의 계층으로 구분하는데, 첫째 계층은 인간의 위에 계신 하나님, 둘째 계층은 인간 자신, 셋째 계층은 자신과 동등한 계층에 있는 이웃, 넷째 계층은 인간 보다 아래에 있는 대상들이다.

그는 모든 존재가 정도 차이는 있지만 본질상 선하며, 선악은 사랑의 대상이 무엇인가에 따라 결정되고, 존재의 질서가 가치의 질서, 즉 사랑의 질서(ordo amoris)를 결정한다고 주장했다.

---

25 Retr. 1.3.
26 파치오니에 따르면 아우구스티누스가 이러한 질서의 구분을 통해 철학의 분과들을 만들어내고 이것이 일곱 자유 학예(artes liberales)의 토대로 추정된다고 한다("Order", in Fitzgerald, ed., Augustine through the Ages, 59). 아우구스티누스에 따르면, 사람들은 생활의 질서(ordo vitae, 2.8.25), 면학의 질서(ordo eruditionis, 2.8.25), 도성의 질서(ordo civitatis, 2.4.12)로 구분되는 신의 질서에 참여한다. 면학의 질서는 여러 학문들의 질서(ordo disciplinarum, 2.5.17)와 학문의 질서(ordo disciplinae, 1.9.27)로 구분된다. 여러 학문들의 질서는 다시 가르치는 질서(ordo docendi, 2.7.24)와 논의의 질서(ordo disputationis, 2.10.29)로 구분되어, 결국에는 문자의 순서(ordo letterarum, 2.12.36)와 음보(音譜)의 순서(ordo pedum, 2.14.40)의 구별을 낳는다.
질서의 다의적 특징은 이후의 작품 전체에 골고루 확대된다. 예를 들면, 『독백』(Soliloquia, 1.1.4)은 시간의 질서(ordo temporum)를, 『음악론』(De musica 2.5.8)과 『자유의지론』(De libero aritio 2.8.23)에서는 수의 질서(ordo numerorum)를, 『자유의지론』 3.9.28에서는 법률의 질서(ordo legum)를, 『자유의지론』 3.14.40에서는 정의의 질서(ordo justitiae)를 검토한다.

더 나아가, 아우구스티누스는 『자유 의지론』(De libro arbitio)에서 질서 개념의 근거를 영원법으로 제시한다. 실정법이나 한시적인 법은 현실적인 악을 처벌하고 제거함으로써 정의실현의 기능을 수행한다. 그러나 이것은 본질적으로 영원법의 모상에 불과하다. 일시적인 법들은 조건이나 환경에 따라 변하지만 영원한 이성의 법칙을 반영한다.[27]

반면에 영원한 법은 만물의 완전한 질서를 유지하는 상태, 즉 정의로운 상태를 규정해 준다. 예를 들어, 이성이 육욕을 지배하도록 되어 있고, 정신이 육체보다 더 가치 있다는 질서의 논리다. 이와 같이, 질서란 보다 열등한 것이 보다 우월한 것에 종속되는 것을 말한다. 영원법은 이성에 지배를 받아야 정당하고 질서 있는 것이라 규정한다.

이처럼 영원법의 근본적인 요구는 특별히 인간에게 모든 것이 완전한 질서 속에 있어야 한다는 것을 강조한다(ut omnia sint ordinatissima), 즉 시간과 공간을 초월하여 저급한 것은 상위의 것에 종속되어야 한다는 것을 보여준다. 만물은 신에 의해 창조될 때 이미 질서지워져 있었으며 인간이 질서를 따라 그 대상들을 적법하게 사용할 수 있었다. 그러므로 인간의 난제는 모든 것을 사랑하되 그 대상이 되는 것들을 구별하여야 한다는 점에 있었다.[28]

이러한 의미에서 아우구스티누스는 영원법의 요구를 다음과 같이 요약한다.

---

[27] De lib. arb., 1.3.
[28] E. Gilson, *The Christian Philosophy of St. Augustine*, 130.

선의지에는 행복한 생활을 허락해 주고 악한 의지에는 불행한 생활을 하게 하는 법칙이 있음을 알게 된다면 그 법칙을 사랑하게 될 것이다. 영원한 법을 따르는 사람은 정의로운 자라고 할 수 있다. … 영원한 법은 우리들로 하여금 일시적인 것들에서 돌이켜 영원한 것들에로 향하게 하기 때문이다.[29]

이처럼 영원법과 일시적인 법에 대한 논의로부터 아우구스티누스는 진정한 사랑의 규범이 무엇인지를 규정하는 데로 나아간다. 이러한 논의의 과정에서 우리는 아우구스티누스의 덕론이 사랑의 질서 혹은 질서 있는 사랑의 개념으로 설명된다는 사실을 엿볼 수 있을 것이다.

그에게 있어서 진정한 사랑은 신에 대한 사랑이다. 왜냐하면, 신은 영속적이고 불변하며 쇠하지 않는 생명을 지니고 있기에, 다른 것을 위한 수단으로서가 아니라 그 자체로서 사랑해야 하는 존재이기 때문이다.

지금까지 상술한 내용을 토대로, 아우구스티누스가 확립한 질서 개념에서 두 가지 새로운 특징을 발견할 수 있다.

첫째, 질서는 하나님이 창조하신 만물을 당신의 목적대로 움직이게 하는 원리(De ord. 1.10.28)라는 점이며,

둘째, 질서는 동등한 것과 동등하지 않은 것을 각각 자기 자리에 배치하는 것(De civ. Dei 19.13.1)을 가리킨다는 점이다.

29　De lib. arb., 1.4.

이와 같이, 아우구스티누스는 창조신학에 기초하여 질서를 모든 존재의 원리로, 원리들의 원리로 적용하고 있으며 특히 하나님과 영혼 및 피조물의 존재의 질서와의 관계에 적용하고 있다.

3. 정의와 평화: 정의의 열매

1) 아우구스티누스의 평화 개념

아우구스티누스의 정의관에서 평화 개념이 중요한 이유는 그의 평화 개념이 정의와 같은 의미로 사용되기 때문이다. 구체적으로 말하자면, 정의가 실현된 상태가 곧 평화인 것이다. 아우구스티누스는 『신국론』에서 두 도성 모두 평화를 지향한다고 주장한다. 지상의 도성에서 세속적 정의가 실현될 때 세속적 평화가 유지될 수 있다. 마찬가지로, 영원한 천상의 도성에서도 하나님의 정의가 실현될 때 영원한 평화가 지속될 수 있게 된다.

따라서 아우구스티누스의 종말론적 정의는 말 그대로 영원한 천상의 도성에서만 실현 가능한 것이다. 지상의 도성은 유한하며 불완전하기 때문에 정의의 실현을 통해 영원한 평화를 얻을 수 없기 때문이다.

아우구스티누스에 따르면 평화는 전쟁이 없는 상태를 가리킨다. 이는 평화에 대한 소극적 정의에 해당된다. 전쟁은 무기를 가진 주체들 사이의 물리적 충돌뿐 아니라 심리적이고 영적인 충돌도 포함한다. 이런 충돌의 원인이나 충돌의 필요 자체가 없는 상태가 진정한 평화라 할 수 있다. 그는 『산상수훈 강해』(*On the Sermon on the Mount*)에서 마태복음 5장 8절의 "화평케 하는 자는 복이 있나니"라는 말씀을 강해하면서, "평화의 완전함은 아무 다툼도 없는 곳에 있다"(*In pace perfectio est, ubi nihil repugnat*)라며 위와 유사한 주장을 했다.[30]

아우구스티누스는 『신국론』 제19권 13장에서 좀 더 구체적으로 평화 개념을 진술하는데, 김광채는 이것을 10개의 명제로 정리한다.[31]

① 그리하여, 육신의 평화는 그 지체들의 조화로운 관계다.

(*Pax itaque corporis est ordinata temperaltura partium*)

② 이성을 지니지 않은 영혼의 평화는 충동을 차분히 진정시키는 것이다.

(*Pax animae irrationalis ordinata requies appetitionum*)

③ 이성을 지닌 영혼의 평화는 생각과 행동의 조화로운 일치다.

(*Pax anmae rationalis ordinata cognitionis actionisque consensio*)

④ 육신과 영혼의 평화는 영을 지는 존재의 질서 있는 삶과 안녕이다.

(*Pax corporis et animae ordinata vita et salus animantis*).

⑤ 죽을 수밖에 없는 인생과 하나님 사이의 평화는 영원한 법에 대해 믿음 안에서 질서 있게 순종하는 것이다.

(*Pax hominis mortalis et Dei ordinata in fide sub aeterna lege oboedientia*)

⑥ 사람들 사이의 평화는 마음이 조화롭게 하나 되는 데 있다.

(*Pax hominum ordinata concordia*)

---

30 Augustinus, *On the Sermon on the Mount*, 1.2.9.
31 De civ. Dei. 19.13; 김광채, 『신국론 연구노트』, 70.

⑦ 집안의 평화는 함께 사는 자들 중에 누가 명령을 하고 누구는 순종하지만 마음이 조화롭게 하나 되는 데 있다.

(*Pax domus ordinata imperandi atque oboediendi concordia cohabitantium*)

⑧ 도성의 평화는 시민들 중에 누가 명령을 하고 누구는 순종을 하지만 마음이 조화롭게 하나 되는 데 있다.

(*Pax civitatis ordinata imperandi atque oboediendi concordia civium*).

⑨ 하늘 도성의 평화는 지극히 질서 있고 지극히 조화로운 중에 하나님을 향유하고 하나님 안에서 서로를 향유하는 공동체를 이루는 데 있다.

(*Pax caelestis civitatis ordinatissima et concordissima societas fruendi Deo et invicem in Deo*)

⑩ 만유의 평화는 질서의 평온함에 있다.

(*Pax omnium rerum tranquilitas ordinis*)

열거된 명제들을 살펴보면, 두 가지 공통점을 발견할 수 있다.

첫째, 10개의 명제 모두 평화의 주체와 관련된다는 점이다.
둘째, 10개의 명제 모두 '질서'(*ordina*)와 '조화'(*concordia*)를 평화와 연관 짓고 있다는 점이다.

따라서 아우구스티누스에게 있어 평화란 "조화로운 질서" 내지 "질서 잡힌 조화"를 뜻한다고 정리할 수 있겠다.

위에서 살펴본 바와 같이, 아우구스티누스는 '질서'와 '조화'를 평화를 위한 두 전제로 본다.

첫째, 아우구스티누스는 평화를 논하기 위해 우선적으로 고려해야 할 것이 질서라고 한다.[32]

그가 『신국론』 제19권 제13장에서 주장하는 평화의 개념에는 '조화'와 '질서'라는 단어가 많이 등장하는데, 이 두 표현이 들어 있지 않은 곳에서는 '균형 있는 배치', '일치' 그리고 '정돈' 등의 용어가 사용된다. 이 용어들은 모두 질서와 가까운 뜻을 지니고 있다. 아우구스티누스에 따르면 질서는 "동등한 것들과 동등하지 않은 것들을 각각 그 자리에 배치하는 것"을 의미한다.[33]

정리하자면, 아우구스티누스가 말하는 평화는 모든 것이 자기 위치에 있거나, 합당한 자리가 주어졌을 때 따라오는 질서에 의해 얻어지는 것이다. 이 질서는 육체와 영혼, 그리고 인간과 하나님의 관계에도 적용된다.[34] 결국, 그가 말하는 평화는 모든 것이 하나님의 질서 속에 자리 잡을 때 얻어지는 것임을 알 수 있다.

둘째, 아우구스티누스가 평화를 논하는 데 있어 언제나 수반되는 용어가 '조화'다.

그가 평화의 개념을 정의할 때 '조화'라는 단어를 쓴 것은 사람과 사람 사이의 평화, 가정의 평화 등 사람과의 관계가 전제되는 부분이나 욕구, '신체와 영혼'처럼 분리가 예상되는 영역에서의 평화를 논할 때 조화라는 표현을 사용한다. 그래서 그가 말하는 조화는 먼저 타인과의 관계에서의

---

[32] De. civ. Dei. 19.13.
[33] De. civ. Dei. 19.13.
[34] De civ. Dei. 19.14.

조화를 말한다.³⁵

그렇기에, 조화의 질서는 다음과 같다.³⁶

첫째, 어떤 사람도 해치지 않으며,
둘째, 힘닿는 데까지 모두에게 유익한 일을 하는 것이다.

이는 지상에서 믿음으로 살아가는 의인(義人)이라면 천상의 도성을 향해 순례하는 과정에서 우선은 가족들을, 그리고 다른 사람들을 잘 섬겨야 함을 나타낸다. 이러한 행위는 자비를 사랑하기 때문에 하는 것으로서, 조화를 이루어 평화를 만들어가는 삶의 모습인 것이다.

2) 정의와 평화의 관계

많은 학자가 헬라적 정의관과 성경적 정의관의 성격이 서로 다르다고 주장한다. 정의와 평화의 관계를 설정하면 양자를 쉽게 구별할 수 있다.

---

35 아우구스티누스는 구원된 사람들의 관계를 설명하면서 "concordia"라는 단어를 사용했다. 이 "concordia"는 글자 그대로 풀어보면 '마음을 합침', '한 마음'이라는 뜻이다. 그리고 여기서 파생되어 '조화' 또는 '화해'라는 뜻이 된다. 아우구스티누스는 사람들이 '한 마음'이 될 때 비로소 사람들 사이에 평화가 이룩된다고 말한다; 김대용, "아우구스티누스의 신국론에 나타난 역사 이해와 종말론적 평화의 전망에 대한 연구"(광주 가톨릭대학교 대학원 석사학위논문, 2006), 71.

36 De. civ. Dei. 19.14.

헬라의 전통이나 로마법 전통에서는 평화가 정의에 선행한다.[37] 여기서 평화 질서는 국가의 권력을 통해 보장된다. 이때 정의는 '각자에게 자기의 것이 주어지는 질서의 규율' 내지 백성들이 '주어진 질서에 순응하는 복종'을 말한다.

이와 반대로, 성경적 견해는 정의가 평화에 선행한다. 이에 따르면 평화는 마치 정의의 열매와도 같다. 성경적으로 설명해 보면, 정의(미쉬파트)가 획득된 이후에 평화(샬롬)가 주어지고 평화의 관계가 회복되는 것이다. 여기서 평화는 불의와 압제를 극복하는 투쟁 과정에서 드러난다. 후버와 로이터에 따르면, 두 관점의 차이는 정의 개념에 대한 다른 강조점에서도 찾아볼 수 있다.[38]

헬라적 관점에서는 정의가 각자의 것이 각자에게 소속되는 질서에 대한 복종으로 간주되는 반면, 성경적 입장은 정의가 포괄적 평화의 실현을 추구하는 자세로 간주된다. 전자는 주어진 질서가 보존되어야 하지만, 후자는 정의로운 질서가 먼저 달성되어야 한다.

요컨대, 아우구스티누스는 형식적으로 정의 개념을 고대철학자들을 따라 사용하고 있지만, 내용적인 면에서는 성경의 입장을 충실히 따르고 있다고 볼 수 있다. 의미심장하게도, 그는 지상 도성의 평화를 위해 세속적 정의가 필요한 것은 사실이지만 온전한 정의의 실현은 천상의 도성에서만 가능하다고 주장한다.

37　W. 후버 & H. R. 로이터, 『평화윤리』, 김윤옥·손규태 옮김 (서울: 대한기독교서회, 1997), 196-198.
38　W. 후버 & H. R. 로이터, 『평화윤리』, 197.

아우구스티누스가 설정한 정의와 평화의 관계는 성경의 관점과 동일하다. 구약성경의 다음 두 단락은 정의와 평화가 아주 밀접한 관련이 있음을 보여준다.

> 긍휼과 진리가 같이 만나고 의(차데크)와 평화(샬롬)가 서로 입맞추며 진리는 땅에서 솟아나고 의(차데크)는 하늘에서 내려올 때까지(시 85:11-12).

> 그는 눈에 보이는 대로 판단치 아니하며 귀에 들리는 대로 결정지 아니할 것이다 그는 공의(차데크)로 궁핍한 자를 다스리며 정직으로 세상의 가난한 자를 변호할 것이며 그 입의 막대기로 세상을 치며 입술의 기운으로 악인을 죽일 것이며 공의(차데크)가 그의 허리 띠가 되며 성실이 그의 허리 줄이 될 것이라(사 11:4-6).

두 번째 인용 단락인 이사야 11장의 본문에 따르면, 평화(샬롬)의 나라는 곧 정의와 공의가 시행되는 나라다.[39] 하나님의 원 창조로의 회복은 오직 창조 질서의 원리요 토대인 정의를 통해서만 이루어질 수 있다.

의가 파괴된 곳에서는 결코 샬롬이 존재할 수 없는 것이다. 다시 말해, 하나님의 정의로운 통치가 있는 곳에서만 진정한 샬롬이 가능할 수 있다. 이 같은 사실은 하나님의 도성에서 온전히 실현될 아우구스티누스의 종말론적인 정의 개념을 결부시켜 이해하는 데 아주 중요한 기여를 한다.

나아가 '조화'는 천상 도성의 평화에도 등장한다. 천상 도성의 평화는 제22권 제30장에 언급된다. 아우구스티누스는 하늘의 도성에 진정한 평

---

[39] 류호준, 『정의와 평화가 포옹할 때까지』(서울: 대서, 2006), 186.

화가 드러나는 이유가 아무도 자기 자신이나 다른 사람의 행동으로부터 해를 받지 않기 때문이라고 주장한다. 이는 한 몸에서 손가락이 눈이 되고자 하지 않으면서 이 두 지체가 온 몸의 구조 속에 포함되어 조화를 이루고 있는 것과 같다. 이와 같이, 비교적 적은 선물을 받은 사람은 그 이상의 것을 원하지 않는 자족의 선물까지 받을 것이다.[40]

---

[40] De civ. Dei. 22.30.

제13장

정의와 국가

1. 국가론

아우구스티누스의 국가관은 키케로의 국가관을 반박하는 데서 시작된다. 키케로는 정의가 국가의 본질이라고 주장했지만, 아우구스티누스가 보기에 어떤 지상국도 진정한 의미의 정의를 갖고 있지 않았기 때문이다.

아우구스티누스의 신국 개념이 지상국과의 역사적 대비성과 강한 종말성을 본질적 특징으로 갖고 있음에도 불구하고, 그는 이 세상의 존재들을 과정적 존재들로 긍정하는 입장을 지니고 있다.

이러한 입장은 사회 현실을 인식하는 데에도 영향을 주었은데, 그는 사회 문제의 근원을 인간의 본성에서 찾았다. 그는 사회악이나 인간 악의 근원을 외적인 이유가 아닌 내적인 이유에서 발견하였다. 사회 문제는 궁극적으로 자기 사랑 곧 인간의 의지에서 시작된다.

이것은 마니교적 선악 이원론과 헬라의 영육 이원 사상을 극복하고 일원론적 입장을 취하고 있는 것이다. 마니교와 헬라의 입장은 인간이 죄를 짓게 되는 것은 악한 신의 선동이나 육욕을 따르고자 하는 데 있다고 보는 반면 아우구스티누스는 죄의 원인을 인간의 잘못된 의지에 있다고

본 것이다.[1]

라인홀드 니버(Reinhold Niebuhr)에 따르면 아우구스티누스는 서구 역사상 최초의 위대한 현실주의자였다.[2] 니버가 아우구스티누스를 현실주의자로 평가한 이유는 『신국론』에 기술된 사회적 현상들에 대한 입장이 매우 실제적이기 때문이다.

아우구스티누스는 이 책에서 사회적 갈등과 긴장, 이해의 충돌이나 폭력과 같은 사회적 현상들을 외면하지 않고 현실 그대로를 인식하고 있다. 어둡고 부정적인 현상들임에도 이것들을 종말사관에 비추어 바라봄으로써, 그는 현실의 아픔과 고난을 있는 그대로 수긍하면서 종말에 이르기까지의 역사를 현실로 받아들였다.[3]

같은 맥락에서, 아우구스티누스는 지상의 국가나 공동 사회를 무용한 것으로 보지 않고 그 나름대로의 존재 이유를 갖고 있다고 보았다. 국가는 최소한의 질서와 평화를 유지해야 할 임무가 있으며, 어떤 공동 사회든 자기 사랑의 정도가 지나칠 때 이를 시정시켜야 할 강제적 힘이 필요하다고 했다.

이 점에서 지상에 유토피아를 건설할 수 있다고 생각하는 낙관론을 배격하고, 사회질서와 긴장들이 갖고 있는 문제들이 무엇인가를 솔직히 받아들이고 있는 것이다.[4] 신국의 시민이나 지상국의 시민 모두 이 세상에

---

[1] De civ. Dei. 15.5.
[2] R. Niebuhr, "Augustine's Political Realism," J. V. Downton ed., *Perspectives on Political Philosophy*, I (New York: Holt Rinehart and Winston, 1971), 244.
[3] R. Niebuhr, "Augustine's Political Realism," 257.
[4] D. D. Williams, "The Significance of St. Augustine Today," R. W. Battenhouse, ed., *A Companion to the Study of St. Augustine* (Grand Rapids: Baker Book House, 1956), 10-11.

살아가는 동안 똑같이 고통을 받는다.

아우구스티누스는 인간들의 생활이 사회적일 수밖에 없다는 점을 강조하지만 인간 사회가 많은 시련과 불행으로 가득 찬 이유를 사회의 탓으로 돌리기보다는 인간의 탓으로 돌린다.

다시 말해, 사회 그 자체의 본질이 악하기 때문이 아니라 그것을 구성하고 있는 인간들이 악하기 때문이다. 사회란 본질적으로 중립적이며, 사회들로 구성된 현세도 사실상 중립적이다. 그러나 그것을 구성하고 있는 인간들이 선악의 어느 쪽을 택하느냐에 따라 그 사회의 성격이 결정되며, 갈등도 발생하거나 잠재워진다. 바꾸어 말하면 그의 사회관은 곧 그의 선악관과 같은 맥락에 서 있다.[5]

이 점은 사회의 악이 인간에게보다 제도 자체나 구조 자체에서 비롯된다고 보는 서구의 객관주의자들의 입장과 다르다. 이들에 따르면 인간은 선하거나 중립적인 존재인데 반해 사회가 잘못되어 있기 때문에 사회와 인간의 문제가 발생한다는 주장이다. 바꾸어 말하면 사회, 제도 및 생산양식 등이 바르게 되면 인간들의 문제는 결국 해결되리라는 시각이다.

아우구스티누스의 국가론은 서양 중세뿐만 아니라 근대 국가론의 형성에도 지속적인 영향을 미쳤다. 이 때문에 그의 국가론은 정치사상 연구자들에게 깊은 관심의 대상이 되었는데, 그들은 근대 국가나 절대 군주권의 근거를 아우구스티누스의 정치사상에까지 소급해 추적하고 있다.

아우구스티누스의 인간성에 대한 사실적 분석은 마키아벨리 통치술의 사상적 근거를 제시했고, 인간의 탐욕은 거의 무한정하며 이것을 방임할

---

5 여기서 말하는 사회란 인간이 만들어낸 제도와 문물, 피조된 사물, 문화적 현상과 같은 광역의 의미로 사용되고 있다(필자주).

때 사회적 혼란을 유발할 것이라는 주장은 홉스의 절대 정부 이론의 사상적 기조가 되었다는 것이다.[6]

아우구스티누스가 국가를 어떻게 정의할 것인가에 대한 필요는 『신국론』 저술 초기부터 느끼고 있었던 것 같으나,[7] 본격적인 논의는 그 말미에서 개진되었다.[8] 그의 공화국론은 스키피오의 입을 통해 전개되는데 그 초점은 정의(正義)의 문제였다.

스키피오는 법 없이는 국가가 구성될 수조차 없다고 하면서 그것을 구성하고 있는 국민(populus)의 정의를 이렇게 말했다.

> 국민이란 모든 집합이나 무리가 아니라 법(또는 정의)에 대한 공동의 인정과 공동사회적 이익에 의해서 결합된 집합체[9]

여기서 '유리스'(iuris)라는 단어는 로마식으로는 '법'이라는 뜻에 가깝고 헬라식으로는 '정의'(正義)를 의미한다.[10] 스키피오의 이 같은 기준에 따를 때 국가 또는 공화국이란 이러한 국민들로 구성된 정체(politeia)라 할 수 있다.

---

6 H. Paolucci ed., *The Political Writings of St. Augustine* (South Bend: Gateway Editions, 1962), ix.
7 De civ. Dei. 2.21.
8 De civ. Dei. 19.21.
9 De civ. Dei. 19.21. populum_autem non omnen coetum multitudinis, sed coetum iuris consensu et utilitatis comunione sociatum esse determinat.
10 E. Barker는 라틴어 iustitia는 그리스어 의(dikaiosyne)와 동의어이고 영어 righteousness에 해당된다고 번역했다. 그래서 이 단어는 단순한 법률적 차원의 얘기만이 아니요 도덕적인 의미까지 내포한다고 했다. 또 이 용어는 플라톤이 쓴 『국가』(*The Republic*)가 지향하는 이상사회의 도덕적 이상을 뜻하는 것으로 생각하여, 바울이나 아우구스티누스의 신국 개념과 동일선상에 놓고 썼다(필자주).

이 같은 맥락에서 볼 때 옳은 법[11] 없이는 국가도 없는 것이며, 그 점에서 로마조차도 국가라고 보기 어렵다는 것이 아우구스티누스의 입장이다. 그는 국가에 대한 스키피오의 정의를 받아들일 수 없는 이유를 다음과 같이 설명한다.

> 키케로의 저서 『국가론』(*De Republica*)에서 스키피오가 내린 정의를 우리가 인정한다면, 로마 공화국은 없었다는 것을 될 수 있는 대로 간단명료하게 설명하겠다.
> 스키피오는 공화국을 국민의 복지라고 간단히 정의했다. 만일 이 정의가 옳다면 로마 사람들 사이에서 국민의 복지를 얻은 일이 없으므로, 로마 공화국은 없었다. 그의 정의대로 한다면 국민은 옳은 법을 서로 인정하며 공통된 이해관계로 뭉친 인간들의 집단(*coetum multidinis iuris consensu et tralititsis communione sociatum*)이다. 그는 옳은 법을 서로 인정한다는 것을 설명해서, 공의가 없으면 공화국을 다스릴 수 없다는 것을 밝힌다.
> 그러므로 진정한 공의가 없는 곳에서는 옳은 법이 있을 수 없다. 진정한 공의가 없는 곳에는 권리를 서로 인정함으로써 뭉친 인간들의 집단이 있을 수 없으며, 따라서 스키피오나 키케로가 정의한 국민이 있을 수 없다. 또 공의가 없는 곳에는 옳은 법도 없다면 가장 확실한 결론은, 공의가 없는 곳에는 공화국도 없다는 것이다.[12]

11　키케로는 *iuris*를 법에 가까운 의미로 쓰고 있는데, 이는 단순법이 아닌 바른 법, 즉 도덕적 의미까지를 내포한다. 영어에서는 이를 right로 번역하고 있다. 이는 법, 권리, 정의 등으로 번역할 수 있으나 여기에는 도덕적 의미가 내포되어 있기 때문에 '옳은 법'이라고 했다(필자주).

12　De civ. Dei. 19.21.

여기서 아우구스티누스가 말하려고 하는 부분은 옳은 법에 대한 국민적 합의 없는 국민이란 없는 것이며, 이런 공동의식이 없는 국가도 성립될 수 없기 때문에 그 점에서 바른 법 없는 국가란 없다는 것이다. 그런데 옳은 법(*iuris*)이란 정의(justice, *justitia*) 없이는 성립 불가능한 것으로 정의 없는 국가도 있을 수 없다는 것이 스키피오의 국가 정의에 대한 아우구스티누스의 해석이라 할 수 있다.

이 같은 스키피오에 대한 아우구스티누스의 이해에 따르면 사실상 국가라고 이름 붙일 만한 나라는 지상에 없다. 바꾸어 말하면 정의에 기준을 두고 국가를 정의하면 국가의 성립이 어렵다는 것이다. 이에 아우구스티누스는 다른 기준에 의해서 국가를 규정할 것을 제의했다.

> 그러나 만일 국민에 대한 스키피오식의 정의를 버리고 다른 것을 생각할 수 있다면 국민이란 그들의 사랑하는 대상에 대해 공통적인 합의를 가지고 이 합의로 함께 묶여진 합리적인 사람들의 집합이라 할 수 있다.
>
> 우리는 그 사람들의 특성을 알기 위해서는 단지 그들이 무엇을 사랑하고 있는가를 관찰하기만 하면 된다. 역시 합리적인 인간들의 집합이고, 짐승들의 모임이 아닌 한, 사랑의 대상에 대한 의견의 일치를 통해 뭉쳐질 때 이것을 국민이라고 부르는 것이 온당할 것이다.[13]

---

13 De civ. Dei. 19.24.

아우구스티누스는 스키피오가 중시하는 국가 성립의 기준인 정의를 방기하고 그대신 사랑하는 대상이 무엇이냐에 따라 국민의 개념과 국가의 특성이 구별될 수 있다고 했다. 요컨대 정의 대신에 사랑, 즉 의지를 제기한 셈이다.

이 같은 차이를 프라이버그(H. Friberg)는 다음과 같이 도표화했다.

스키피오의 경우 다음과 같이 도표화할 수 있다.

res publica = res populi

populi = coetus multitudinis

sociatus utilitatis communione

juris consensu

아우구스티누스의 경우는 다음과 같이 도표화할 수 있다.

res publica = res populi

populus = coetus mutitudinis rationalis

sociatus rerum quae

diligit concordi commune[14]

아우구스티누스와의 차이는 국가 규정의 기준을 정의에 둘 것인가 아니면 사랑의 대상에서 구할 것인가에서 명시적으로 드러난다. 그러나 이들 간의 차이는 사실상 정의를 어떻게 이해할 것인가의 견해차에서부터 시작

---

14 H. Friberg, *Love and Justice in Political Theory* (Chicago: University of Chicago Press, 1944), 2.

되었다.

앞에서도 언급했듯이 키케로는 정의를 합의에 가까운 의미로 쓰고 있으며 정의의 실현은 법에 의해 결정된다. 그래서 "그것(法) 없이 어느 누구도 무엇이 그 자신의 것이고, 무엇이 다른 사람의 것인지 알 수 없다"[15]는 말은 법에 의해 "받을 바 몫"의 정의 개념이 실현될 수 있다는 뜻이다. 이 같은 법률적 차원에서 본 정의 개념은 이성의 보편성을 믿는 데 기초하고 있다.

> 진정한 올바른 이성이 있는데, 이는 자연에 따르는 것으로서든 인간들에게 적용되며 불변적이고 영원한 것이다. 그 명령에 따라 이은 모든 사람으로 하여금 그 자신의 의무를 수행토록 요청하고 있다.[16]

이에 비해 아우구스티누스의 정의 개념은 보다 공의적 의미에 가깝다. 정의란 '모든 사람에게 합당한 몫을 주는 것'이라는 데는 의견을 같이 하고 있으나, 그것이 실현되는 곳, 상태에 대해서는 아주 다른 생각을 갖고 있다. 아우구스티누스에게 인간은 신을 경배하도록 창조되었으며, 그것이 이루어지지 않을 때, 진정한 자기 몫을 다한다는 의미에서의 정의 실현은 있을 수 없다는 주장이다.

> 영혼이 신(神)에 봉사할 때만 신체에 대해 올바른 통제를 할 수 있고, 혈기와 사악한 행위의 지배를 받지 않으려면 이성 그 자체는 신에게 복종해야 한다.

---

15 Cicero, *De republica*, 1.13.20.
16 Cicero, *De republica*, I2.22.23.

그래서 인간이 신을 섬기지 않을 때 무슨 정의가 그에게 기인했다고 말할 수 있겠는가?

왜냐하면, 이 경우에 그의 영혼이 그의 육체에 대한 온당한 통제를 했다고 볼 수 없고 그의 이성이 그 사악함을 제대로 방어했다고 볼 수 없지 않겠는가.

만일 이같이 개개인에게 정의가 없다면 그런 개인들로 구성된 공동사회에는 정의란 있을 수 없는 것이다. 그래서 정의에 대한 공통된 인지를 가지고 모아진 사람들의 집단을 공화국이라고 부를 수 없다.[17]

그의 정의 개념의 본질은 분명 종교적이며 이성과 인간 사이의 관계에서 보는 것이 아니라, 그것은 신과 인간과의 관계, 즉 그것이 정상적으로 수립될 때만 실현 가능하다고 믿고 있다. 관계 정상화의 측면에서 볼 때 아우구스티누스는 이성보다는 질서를 더 중시하고 있고 질서가 온당히 지켜지는 곳에 정의가 실현된다고 생각했다.

그는 또 정의의 기준에 의해 국가 성립 여부를 판가름할 수 없는 이유를 키케로가 인용한 알렉산더 대왕과 한 해적과의 대화의 실례를 들어 제시하고 있다. 대왕이 해적에게 바다의 약탈 행위를 힐난했을 때, 그는 아주 대담하게 문제의 본질을 건드렸다.

바다에서 노략질하는 너의 의도는 무엇인가?
해적은 대답했다.
세계를 괴롭히는 당신의 의도와 똑같다!

---

[17] De civ. Dei. 19.21.

그러나 나는 그 일을 작은 배를 가지고 하기 때문에 해적이라고 불리고, 당신은 막강한 해군력을 갖고 하기 때문에 제왕이라고 불릴 따름이다.[18]

국가가 도둑의 무리와 그 성격이 다를 것이 없지만 다른 것이 있다면 그 규모만 다르다는 얘기다. 그 때문에 왕국과 도둑의 무리 사이의 차이는 정의에 따라 구별될 수 있는 것이 아니라 처벌의 면제 여부에 따를 것일 뿐이다.

왕국으로부터 정의를 제거해 버린다면 대도둑의 집단 이상의 무슨 왕국이 되겠는가?
또 바꾸어 도둑의 무리라는 것은 소왕국이 아닌 그 무엇인가?
그 일단의 무리들도 사람들로 구성되어 있고 왕자의 권위로 다스려지고 동맹의 규약에 따라 함께 얽혀져 있다. 노획물도 합의된 법에 따라 나누어 갖는다.
만일 이들이 버려진 자들을 더욱 가입시키고 이런 사악의 집단이 더욱 커져서 영토를 차지하고 주기를 정하고 도시를 탈취하고 백성들을 복종시켜 실제적 사정이 허락해서 왕국이라고 불려진다면 도둑과 왕국의 차이란 어디서 구한단 말인가?
그 차이란 탐욕이 제거되었기 때문에 생기는 것이 아니요, 그보다는 처벌받지 않은 정도, 즉 치외법권적 보호의 정도로 구분되는 것이다.[19]

---

18 De republica, 3.14.24.
19 De civ. Dei. 4.4.

이 같은 그의 국가관은 정치와 사회질서를 영원한 우주질서의 반영으로 보았던 고전적 견해에 대한 거부를 의미한다. 그렇다고 국가를 전적으로 악의 집단으로 보려했던 도나투스주의자들의 주장에 동의한 것도 아니다. 그는 오히려 국가를 사람들로 구성된 집단으로 보고, 그것을 구성하고 있는 사람들의 속성에 따라 분류하려는 현실적 자세를 취하고 있다. 다시 말하면 국가는 전적으로 선한 집단이거나 전적으로 악한 집단이 아니다. 그것은 그 구성원들의 의지에 따라 성격이 결정될 일이다. 그 점에서 아우구스티누스의 국가관은 근본적으로 개인주의적이라는 베인즈의 지적은 옳다. 그에게 국가는 실제로 존재하는 것이 아니라 국가는 그것을 구성하는 인간 존재 자체였다.[20]

이 같은 생각이 아우구스티누스의 소국가주의를 뒷받침하는 근거다. 아우구스티누스는 하나의 큰 제국보다는 평온한 가운데서 서로 도우면서 사는 작은 나라들을 더 선호했다. 그가 말하는 작은 국가들이란 마치 큰 가정과 같은 것을 의미했다고 볼 수 있다.[21] 작은 국가들의 평화적 공존을 지향했다는 점에서 근대 정치학자들은 국제주의적 면모도 그에게서 찾아보려 했다.

그러면 아우구스티누스는 로마와 같은 국가들을 끝내 국가로 인정하지 않았던가?

그렇지 않다. 그는 국가가 갖고 있는 상대적 선의 속성을 인정했다. 로마는 잘못을 많이 저지른 국가였다. 그러나 다른 나라들에 비해서는 덕(德)

---

[20] N. Baynes, "신국과 교회의 불일치론", 이종성 역, in 지동식 외, 『서양중세사상사론』(서울: 한국신학문제연구소, 1981), 199.

[21] N. Baynes, "신국과 교회의 불일치론", 154.

도 지닌 나라였으며, 기독교를 인정한 이후의 로마는 아우구스티누스에게 비난의 대상이 아니라 때로 칭찬받을 만한 부분을 갖고 있었다. 『신국론』에서 아우구스티누스가 말한 로마에 대한 여러 비판은 로마 국가 자체에 대한 것보다는 로마인들이 그릇된 신을 섬기고 그릇된 주장과 행적을 보인 데 대한 질책이었다는 점에 유의할 필요가 있다.

물론 국가란 창조의 질서에 의해 요청된 것이 아니라 죄의 형벌에 의해서 만들어진 것이었다.[22] 하나님의 원래의 계획에 따르면 사람은 다른 사람을 지배하도록 창조된 것은 아니었다. 그러나 그 같은 본래의 계획은 사람의 죄로 인해 방해를 받았다는 것이다. 이러한 죄를 다스리기 위해서는 지상국가의 존재가 어느 정도의 정당성이 확보되는 것이다. 그 때문에 국가는 하늘의 도성에서는 멀리 떨어져 있지만 지상의 도성보다는 훨씬 위에 올라 있다고 할 수 있다.[23]

이처럼 상대적 의가 인정되는 것으로는 재산(財産)을 들 수 있다. 의인들에게 모든 물건들은 공유하는 것이 이상이지만, 현실적으로 초대 교회에서 보여진 것과 같이 더 가지려는 탐욕을 보였기 때문에 탐욕을 벌하는 방편으로 사유재산 제도를 인정하였다. 국가의 경우도 같은 예라 할 수 있다.[24]

국가는 비록 잠정적 가치를 가지고 있고, 비록 그것이 근본적인 악을 제거할 수는 없는 것이지만 그 악의 확산을 최소화하고 현재적 질서 유지를

---

22 De civ. Dei. 19.15. quid postulat ordo creaturarum quid exigit meritum peccatorum.
23 E. Barker, "사회이론", 이장식 역, in 지동식 외, 『서양중세사상사론』(서울: 한국신학문제연구소, 1981), 199.
24 E. Barker, "사회이론", 199.

위해서는 필요한 것이었다.[25]

> 확실히 세상의 왕들이 권력 기구를 갖는 것, 법관들이 사형 선고를 하는 것, 사형 집행인이 가시 철사가 있는 갈고리를 갖고 있다는 것, 병사들이 무기를 소지하는 것, 대군주들이 징벌권을 갖는 것, 심지어는 신실한 아버지의 엄격함마저도 그 나름대로 목적이 있는 것이다.
> 이 모든 것들은 그 나름대로의 방법, 원인들, 이유들과 실제적인 이점을 가지고 있다. 이상의 것들이 무서움을 느끼게 할 때 사악의 무리들은 그 범주 안에 견제해 놓을 수 있고, 겸하여 선인들은 이들 사악한 사람들 사이에서라도 보다 평화롭게 살 수 있다.[26]

아우구스티누스는 지상적 질서를 위해 이 같은 제도들의 필요를 인정했지만, 그 같은 방법을 통하여 인간이 선하게 개조되리라고 생각했던 것 같지는 않다. "어느 누구도 공포나 징벌을 통하여 선해질 수 없고 그것은 의로운 사랑을 통해서만 가능하다"고 했다.[27] 그는 제도와 그 속에 있는 사람과를 구별했는데, 제도의 필요는 인정했지만 제도 자체는 불신했던 것 같다.

그 때문인지 정부의 형태에 대해서는 구체적인 언급을 하지 않았다.[28] 그는 누차 예수의 십자가 못박힘은 구원을 위한 것이지 정치적인 목적을 위한 것이 아니라는 점을 강조하고 있는데, 로마제국이나 어떤 다른 국가

---

25 De civ. Dei. 19.17.
26 Ep. 3.6.16.
27 Ep. 3.6.16.
28 H. Paolucci, *The Political Writings of St. Augustine*, xx-xxi.

들을 기독교 공동체와 혼동해서는 안 된다는 점도 지적하고 있다. 그래서인지 아우구스티누스는 국가와 교회 관계에 대해서 거의 구체적인 언급을 하고 있지 않다.

그의 『신국론』에는 중세나 현대에서 제기된 교회와 국가와의 "협약"의 체제나 세속권(regnum)과 사제권(sacerdotium)의 관계, 서임권과 같은 문제들에 준할 만한 언급을 찾을 수 없다. 오히려 국가란 궁극적으로 언젠가는 사라져야 할 순례자의 단체일 수밖에 없는 것이다.[29]

왕들에 대한 태도도 어떤 면에서는 자유롭다. 모든 왕들이 의로운 자들의 적일 수는 없는 것처럼, 모든 왕들이 기독교인의 친구일 수도 없다. 이 세상에 신국의 사람과 지상국의 사람이 혼재하고 있는 것처럼, 치자들도 개별적인 입장에서 평가할 일이다. 물론 이들 왕들의 권위의 원천은 모두 신에게 그 근거를 두고 있으므로 그것의 호오(好惡)가 기독교인 제왕일 때는 더욱 다행스러운 일이고, 그에게 요구되는 것은 그가 가지고 있는 권력의 힘을 빌어, 신의 경배를 최대한 확대시킬 것을 권장하고 있다.[30]

하지만 그러한 제왕을 국가 자체와 동일시한다든지, 제왕의 종교에 따라 국가의 성격을 규정하려고도 하지 않았다. 이는 정교분리의 소지를 충분히 인정하고 있다고 본다. 물론 아우구스티누스의 국가론이 치자의 편에 유리하게 이용된 바가 있다하더라도, 종교 지도자와 정치 권력자의 역할을 영역별로 분리 인정함으로써 이는 오히려 종교의 도덕적 선도성이 정치의 경직화를 막는데 기여했다고 볼 수 있다.[31]

---

[29] E, Barker, "사회이론", 202.
[30] De civ. Dei. 5.24.
[31] C. Dawson, "St. Augustine and His Age," 17.

아우구스티누스의 국가관은 강한 종말적 역사의식에 기초하고 있었기 때문에, 역으로 현실을 받아들이는 역설적 측면을 보여 주고 있다. 그는 그리스인들이나 헤겔과 같이 국가 자체를 이상화하거나, 반문명주의자나 아나키스트들과 같이 국가 존재의 무용론을 편 것이 아니었다. 오히려 제도의 최종 목적을 종말의 지평에 설정함으로써, 현실 국가를 수용하는 융통성을 갖게 된 것이다.

2. 국민 개념

『신국론』은 두 군데에서 국민 또는 시민 개념에 대해 논의한다. 첫 번째는 제2권에서 아우구스티누스가 이교도의 덕성을 붕괴시킴으로 인해 기독교가 로마제국을 쇠락하게 했다는 이교도의 공격을 반박하면서 언급한다(2.21). 두 번째는 제19권에서 아우구스티누스가 하나님의 도성과 국가의 관계를 논하면서 언급한다(19.21-24).

아우구스티누스의 국민 개념은 공화국과 정의에 대한 그의 견해 속에서 찾아볼 수 있다. 그는 키케로와 마찬가지로 '공화국'(*res publica*, '공공의 사물')을 '국민의 사물'(*res populi*)이라고 규정했다. 이어서 국민을 "온갖 종류의 모임이나 군중이 아니라, 법(정의)에 관한 공통된 인식과 공동의 이해관계로 연합된 결사체"(*coetus iuris consensu et utilitatis communione sociatus*)라고 정의했다.[32]

---

32 De civ. Dei. 2.21.

키케로는 또한, 정의가 단순히 정치생활의 규범 정도에 머물지 않고 국민을 이루는 구성 요소라고 말했다. 정의는 마치 음이 서로 조화되어 화음을 이루는 것처럼 사회 구성원들 사이에 일치와 합심을 꾀하여 공화국을 이루는데 기여한다. 만일 정의가 약화되면 이러한 일치단결은 사라지게 되고 그런 상태에서의 국가는 공화국이라 부를 가치도 없어질 것이다.

아우구스티누스는 알렉산더 대왕과 해적의 대화를 인용하기에 앞서, "정의를 결여한 왕국은 강도떼가 아니고 무엇인가"[33]라고 반문한다.

다소 도발적이고 조금은 과장돼 보이는 아우구스티누스의 이 물음은 정치의 본질이 바로 정의에 있음을 명확히 드러낸다. 그는 아무리 위대한 위정자가 거대한 제국을 통치한다 할지라도, 정의가 없다면 그 제국은 강도떼와 전혀 다를 바가 없다고 주장하고 있다. 강도떼는 왕국과 같이 사람들로 이루어져 있고 나름대로의 규약을 따라 공생을 도모해가는 공동체라 할 수 있다. 다만 강도떼는 왕국에 비해 규모의 차이가 있을 뿐이다. 이 집단도 역시 왕국과 같이 한 두목의 지배를 받고 규약에 따른 조직을 가지며, 일정한 원칙에 따라 약탈물이 분배된다.[34]

아우구스티누스는 왕국과 강도떼를 비교하면서 키케로의 국민 개념에 해당하는, '올바른 법에 관한 공통된 인식(*iuris consensus*)과 공동의 이해관계(*utilitatis communis*)'가 강도 집단에도 똑같이 적용될 수 있음을 보여준 것이

---

33 De civ. Dei. 4.4. Remota itaque iustitia quid sunt regna nisi magna latrocinia?
34 De civ. Dei. 4.4; 여기서 키케로가 『국가론』 3.14.24에서 알렉산더 대왕이 체포한 해적에게 바다에서 다른 사람들을 괴롭히는 이유를 묻자 그 해적인 답변한 내용을 아우구스티누스가 재인용한다. "그것은 당신이 온 세상을 괴롭히는 의도와 같습니다. 단지 저는 작은 배를 가지고 그런 짓을 하기 때문에 해적이라고 불리고, 당신은 큰 함대를 가지고 그런 짓을 하기 때문에 황제라고 불리는 차이가 있을 따름입니다."

다. 아우구스티누스는 '공화국은 시민의 행복'이라고 정의한 스키피오의 말을 인용하면서, 시민의 행복은 위정자가 건전하고 정의롭게 통치할 때만 존재한다는 데 동의한다. 하지만 불의한 위정자와 시민이 등장한다면 공화국은 부패할 뿐 아니라 더 이상 존재할 수 없게 된다고 주장한다.

이 같은 아우구스티누스의 날카로운 지적은 우리의 시선을 참된 정의를 찾을 수 있는 그리스도와 하나님의 도성으로 향하게 한다. "그리스도가 세우고 다스리는 나라에는 그 시민의 행복이 있다는 것을 부인할 수 없기 때문에 그 나라를 공화국이라고 부른다면, 그 공화국 외에는 진정한 정의가 존재하지 않음이 사실이다"라고 아우구스티누스는 주장한다.(2.21) 그는 이를 통해 정의의 사회적 특징보다 신학적 특징을 부각시키고 있다.

'각자에게 자기 몫을 돌려줌'이라는 고전적 정의 개념을 적용하면, 사람이 자기 창조주 신에게 자기 몫을 마땅히 돌려드리는 것을 정의라고 할 수 있을 것이다. 이 세상에서 하나님에게 순종하고 하나님을 사랑하는 기본 정의가 세워지지 않는다면, 정의로운 공화국이나 국민도 더 이상 존재하지 못할 것이다.

따라서 아우구스티누스는 '하나님 사랑'을 정의의 절정으로 파악한다. 각자에게 자기 몫을 돌려주는 것을 정의라고 한다면 '하나님 사랑'에 마땅히 사랑으로 응답하는 것이야말로 정의의 진수가 될 것이다. 아우구스티누스는 정의를 가리켜 "하나님만을 섬기는 사랑(*amor Deo tantum serviens*)으로 인간에게 복종하는 다른 모든 것을 잘 다스리는 것"(*bene imperans ceteris quae homini subiecta*)이라고 했다.[35]

---

35   De mor. eccl. 1.5.

이와 같이 정의를 엄밀하게 규정한다면 진정한 정의가 구현되는 참된 공화국은 하나님의 도성뿐이라는 결론에 도달한다. 그 도성은 이 세상 것이 아니므로 현세 국가들은 진정한 공화국이라고 할 수 없을 것이다. 이에 기초하여 국민을 새로이 정의한다면, 국민이란 "사랑하는 대상에 대해 서로 합의함으로써 한데 뭉친 이성적 존재들"을 가리킨다.[36]

"두 가지 사랑이 두 도성을 이루었다"는 아우구스티누스의 표현에서 볼 수 있는 바와 같이, 올바른 법에 대한 공통 인식(*iuris consensus*) 대신 사랑할 대상에 대한 합의(*concors dilectio*)가 국가의 토대를 이루게 되며, 정의보다는 사랑이 국민을 구성하는 기본 요소가 된다.[37]

국민의 구성 원리가 되는 사랑은 합심과 단결의 원천이며, 삶을 응집하는 막강한 힘이 된다. 제도와 법률, 도덕 관습과 풍속이 그들의 공통되고 합의된 사랑에 토대와 원리를 둔다는 것은 지극히 당연하다. 사랑의 원리가 없으면 정치는 성립되지 않으며, 사랑이 약화하면 정치가 부패되고 와해되고 존속하지 못한다.

아우구스티누스에 따르면 한 국민이 정치적으로 올바로 수립되고 존속하려면 마땅히 그리스도를 건국자요 통치자로 받들어야 한다. 아우구스티누스는 정의에 입각한 진리,[38] 혹은 진정한 정의가 되는 사랑, 하나님 사랑으로의 합의를 이룰 때, 참으로 정의로운 국민이 구성된다고 본다.

---

36 De civ. Dei. 19.24: coetus..rerum quas diligit coutcorali communione sociatus.
37 De civ. Dei. 14.29: feceruint civitates disas amores duo.
38 iustitiae veritas: De civ. Dei. 19. 24.

3. 전쟁과 평화

1) 고대와 초기 교회의 전쟁관

전쟁은 인류가 풀어야 할 가장 큰 난제 중의 하나가 되어 왔다. 그 때문에 역사의 아버지라는 헤로도토스도 전쟁사를 썼고, 투키디데스도 그의 역사 주제를 펠로폰네소스 전쟁에 설정했다. 그리고 근대사는 온통 군사적 주제들로 가득 찼으며, 금세기 안에 우리는 제1, 2차 세계대전이라는 가공할 살인극을 경험했다. 전쟁은 바람직한 것이 아니라는 생각에는 동서와 고금에 다름이 없었던 것 같다. 그 때문에 전쟁에 대한 나름의 정당한 이론적 근거를 갖고자 했다.

그리스의 정당한 전쟁 논의는 플라톤과 아리스토텔레스로 대표된다. 이들은 그리스인들 간의 전쟁은 바람직하지 않은 것으로 보았고, 바바리안들과의 전쟁은 피할 수 없는 것으로 여겼다.[39] 그러나 그들은 전쟁을 목적으로 생각하지 않았으며, 그것은 어디까지나 수단일 뿐이라는 점에서 일치했다.[40]

로마인들의 전쟁관은 보다 법률적이었다. 로마인들에게 전쟁을 정당화시키는 법적 기초는 계약적 의무였다. 계약은 상호간에 의무와 권리를 약정하는 것으로 그것을 위반했을 시는 법의 판결과 같은 제재를 받는다. 사실 로마가 지중해 연안 세계를 정복하고 그들을 통치하는 방법은 도시나 국가 간에 차별 관계를 갖는 계약 관계를 맺고 그에 근거하여 지배하는 것

---

39   Plato, *Republic*, 469c, 470B.C., 471ab.
40   Aristotles, *Politics*, I.7.1255a-1255b.

이었다.⁴¹

계약의 원리는 국가 간에도 적용되어 만일 어떤 국가가 계약을 위반하거나 그것으로 인해 피해를 입었을 경우 그 국가는 그 자신의 정당한 명분에 따라 법정과 같은 역할을 함으로써 그 피해를 보상받거나 잘못을 시정하게 된다. 이 점에서 사실상 모든 정당한 전쟁이란 상대방의 가해 행위를 통한 계약 위반이 전제되어 있다고 볼 수 있다.⁴²

이 같은 로마인들의 법률적 전쟁 원인들을 대표하는 이론가는 키케로였다. 키케로는 어떠한 전쟁도 잃어버린 것을 되찾기 위해 선포되거나 수행된 것이 아니면 정당한 전쟁으로 보지 않았다. 그렇기 때문에 명분 없는 전쟁은 단지 해적 행위와 다르지 않으며, 정당한 전쟁은 정당한 원인을 필요로 했다. 그래서 명분 있는 전쟁은 단순한 폭력이 아니라 피해를 정상화하려는 정당한 노력이어야만 했던 것이다. 이 같은 원리는 격퇴되는 적이나 전쟁의 과정까지 적용되어, 선전 포고 없는 전쟁을 부당한 것으로 생각했다. 키케로는 전쟁의 도덕성도 강조하고 있는데, 적에게도 약속과 관용이 꼭 지켜져야 한다고 주장했다.⁴³

로마인들이 갖고 있는 전쟁관의 긍정적인 측면에도 불구하고, 현실에 있어서는 오히려 전쟁의 잔혹성을 정당화해주는 면도 있지 않았다. 전쟁 선언 절차는 그것에 부당하게 대응했을 때 오히려 적을 무자비하게 유린할 수 있는 근거를 주었으며, 공격과 방어를 다 이 정당한 전쟁의 범주에

41　로마인들은 당시에 피정복지를 세 개의 유형, 즉 식민지(colonia), 자유시(municipia), 동맹시(socii)로 나누어 통치하였다고 한다(필자주).
42　F. Russell, *The Just War in the Middle Age* (Cambridge: Cambridge University Press, 1979), 4-5.
43　Cicero, *De Officiis*, 1.2.36.

넣는 그들에게 포로의 획득이나 약탈, 동지의 황폐화 등을 용인케 하는 결과를 초래했다.[44] 이 때문에 로마인의 전쟁론은 정복자의 법률이요, 제국을 위한 윤리라고 비난받기도 했다.[45]

아우구스티누스 전쟁론의 토대가 되는 구약과 신약에 나타난 전쟁과 폭력과 비폭력의 문제는 서로 상치되는 면이 있어, 이를 어떻게 조화시키느냐의 문제가 주요 과제가 된다. 더구나 구약의 경우 여호와의 유일신적 성격 때문에 전쟁 자체가 단순한 국가와 인간들의 문제를 넘어 지상에 신의 의지를 어떻게 실현시키느냐의 문제와도 연결되어 있어, 여호와가 전쟁신의 성격까지도 띠는 문제를 어떻게 현실 문제에 적용시킬 것인지의 어려움이 있다.

또한, 구약이 출애굽과 가나안 정복 그리고 히브리 왕국의 정치적 성격 때문에 전쟁을 수없이 치루어야 했던 역사적 배경과 신약에서의 예수 출현의 평화주의적 태도들을 어떻게 조화시킬 것인가의 문제가 제기된다. 구약에서의 전쟁의 성격도 출애굽 이후 가나안 정복에 이르기까지의 과정과 사울 왕으로부터 시작된 히브리 통일왕조를 전후해서 일어난 전쟁의 성격이 구분되는 것 같다.[46]

출애굽기에는 여호와와 용사를 동일시하여 "여호와는 용사시니 여호와는 그의 이름이시로다 그가 바로의 병거와 그 군대를 바다에 던지시니 그 택한 장관이 홍해에 잠겼고 큰 물이 그들을 덮으니 그들이 돌처럼 깊음에 내렸도다"라고 쓰고 있다. 이러한 기록자의 인식으로 볼 때 여호와는 용사

---

[44] F. Russell, *The Just War in the Middle Ages*, 7.
[45] F. Russell, *The Just War in the Middle Ages*, 7.
[46] R. Bainton, *Christian Attitudes toward War and Peace* (Nashvill: Abington Press, 1960), 44.

이며 승리의 주관자인 전쟁의 신일 뿐만 아니라 적(敵)의 도살까지도 서슴없이 명하는 잔혹성마저 띠고 있다.[47]

그러나 사사 시대의 신정주의적 지배 형태에서 통일 왕조의 면모를 갖추게 되면서, 구약에서의 전쟁의 성격도 변화를 겪게 되었다. 여호와의 전쟁 명령과 국가 통치자의 이해가 꼭 일치하지만은 않은 양태를 보이기 시작했기 때문이다. 남은 가나안 사람을 정복하라는 여호와의 명령에도 불구하고 다윗이 그것을 감행하지 않은 것은 국가적인 전력 증대를 위해 그들의 거주가 필요했기 때문이다.

그러나 신약성경에서 전쟁에 대한 논의는 오히려 중립적이고 애매한 태도를 취하기도 한다. 더구나 구약성경과는 달리 직접적인 전쟁 사례가 추상적이고 원론적인 입장만 제기하고 있기 때문에, 상황과 처지에 따라 해석을 달리할 여지가 많아진다. 신약에서 전쟁을 긍정적인 것으로 받아들일 수 있는 대표적인 사례로 성전에서의 예수의 채찍과[48] 세상에 오신 목적에 대한 언급[49] 등에서 찾아볼 수 있다.

베인턴(Roland Bainton)은 십자군 원정의 신학적 근거를 성전의 채찍질과 분노에서 찾고 있고 검(劍)에 대한 언급도 제자들을 전도하러 내보내면서 검을 가질 것을 권고한다는 점[50]에서 전투적 의지를 엿볼 수 있다는 것이

---

47 가나안 정복 시의 전쟁 중의 하나를 묘사하고 있는 신명기 20장의 내용을 분석해 보면, a. "네 하나님이 여호와께서 함께하며...너희와 함께 행하시며 너희를 위하여 대적을 치는" 적극적인 전쟁의 참여자이며, b. "여호와께서 이 민족들의 성읍에서는 호흡하고 있는 자를 하나도 살리지 말지니"라고 하여 극단적인 상태까지 허용하고 있다.
48 "노끈으로 채찍을 만드사 양이나 소를 다 성전에서 내어 쫓으시고 바꾸는 사람들의 돈을 쏟으시며 상을 엎으시고"(요 2:15)
49 "내가 세상에 화평을 주러 온 줄로 생각하지 말라. 화평이 아니요 검을 주러 왔노라"(마 10:34)
50 누가복음 22:35-38.

다. 그러나 검에 대한 이야기도 상황에 따라 달리 사용되고 있는데, 검을 버리라는 명령을 하는가 하면 검을 가진 자는 검으로 망하리라고 경고함으로써[51] 전혀 상반된 해석을 낳게 하고 있다.

오히려 산상수훈 같은 곳에서는 비폭력과 양보와 평화주의적 자세를 줄곧 설파하는 것처럼 보인다. 악한 자를 대적치 말고 오른 뺨을 치거든 왼뺨도 돌려주고 속옷을 갖고자 하는 자에게 겉옷까지도 주라고 말씀한다. 인내와 비폭력 무저항적 당부뿐만 아니라 적을 사랑하고 다른 사람을 판단치 말라는 보다 적극적인 대응까지 가르치고 있다.

이러한 전통이 초대교회의 알렉산드리아의 클레멘트(Clement of Alexandria, 150-215)나 오리게네스(Origenes, 185-254), 키프리아누스(Cyprianus, 200-258), 락탄티우스(Lactantinus, 240-320)와 같은 교부들로 하여금 전쟁을 반대하고 군 복무를 거부하는 주장까지 하게 만들었던 것으로 보인다.[52] 이 시기에 군 복무에 대한 교회의 부정적 태도는 "살인하지 말라"는 제6계명의 가르침에 근거했으며, 이 같은 해석은 군 복무만이 아니라 사형의 선고와 집행의 의무를 지닌 민간 행정 관리들에게까지 적용된다고 보았다.[53]

그러나 콘스탄티누스 대제 이후 국가와 기독교 간의 변화된 관계 때문에 전쟁에 관한 기독교인의 입장 또한, 변화를 보일 수밖에 없었다. 콘스탄티누스 대제의 기독교 공인 이후 로마제국의 평화 유지 또는 전쟁의 목적이 하나님의 명령이나 뜻과 동일시되는 경우가 종종 발생했기 때문이다.

51　마태복음 26:52.
52　오만규, "교부들의 전쟁관", 『삼육대학논문집』 17 (1985), 123.
53　오만규, "교부들의 전쟁관", 『삼육대학논문집』 17 (1985), 149.

로마의 체재 아래 살아야 했던 그리스도들은 로마에 일반화되어 있던 정당한 전쟁 개념과 공존하지 않으면 안 되었다. 유세비우스는 이러한 변화에 민감하게 반응한 인물이었다. 그는 두 가지 수준에서 이 문제에 대한 답을 제시했는데 성직자와 평신도를 구분하여 평신도들은 시민의 책무를 다하기 위해 전쟁에도 참가해야 하지만 성직자는 하나님에게만 전적으로 헌신해야 했다. 그는 전쟁 윤리를 성직자와 평신도로 분리함으로써 중간적 해결책을 제시한 것이다.[54]

당시에 국가와 기독교의 전쟁관을 보다 적극적으로 일치시킨 인물이 암브로시우스였다. 밀라노의 주교로서 로마제국의 고위직에도 있었던 그는 세계를 이원화하여 신정주의적 성격의 기독교 로마제국과 비기독교권 이교도 사회로 양분하였다. 그때까지의 국가와 교회의 대립 관계는 기독교와 이교들의 대립 구도로 바뀌었다.

이제 제국의 힘을 도구로 하여 이단을 적으로 간주함으로써, 로마가 행하는 전쟁은 기독교인의 전쟁이 된 셈이다. 그 때문에 암브로시우스는 제국을 보호하기 위해 싸우는 병사들은 정의의 전사라 했고, 제국의 군대를 위한 기도를 서슴지 않았다.[55]

그러나 기독교 입장에서 올바른 전쟁관을 정립하는 데는 아우구스티누스의 체계적 논리를 기다려야만 했다. 그는 그리스 로마적인 전쟁관을 전적으로 방기하지 않으면서도 그리스도인의 전쟁 참여의 정당한 논거를 제시함으로써 고대의 전쟁론을 종합 정리하였다. 그는 또한, 전쟁론을 단순히 국가의 방위나 분쟁 해결의 수단으로만 보지 않고, 궁극적으로 평화 달

---

[54] R. Bainton, *Christian Attitudes toward War and Peace*, 84.
[55] En. in Ps. 45.21.

성을 위한 불가피한 과정으로 간주함으로써 전쟁의 윤리성과 한계성을 동시에 밝혔다고 볼 수 있다.

2) 아우구스티누스의 전쟁론

(1) 정당한 전쟁

아우구스티누스는 전쟁의 불가피성과 정당한 전쟁을 인정하는 근거를 세상적인 차원에서 구하지 않고 궁극적인 천상의 평화와 연결시킴으로써 논의의 폭을 확장시켰다. 이는 전쟁론의 고대적인 제한성을 철폐하고, 중세로의 길을 열어 놓았다고 할 수 있다.

전쟁의 궁극적인 목적이 평화의 달성에 있음을 명백히 하고,[56] 이런 원칙은 전쟁 중일지라도 평화를 사랑하는 태도를 지킬 뿐 아니라 적을 정복한 전쟁 후라도 적용되어야 한다고 했다.[57] 그러나 그는 단순한 평화주의에 머무르지 않고, 평화를 두 영역으로 나누어 지상의 평화와 천국의 평화로 나누고, 지상의 평화는 항상 깨어질 수 있는 불안한 것으로 보았으나 천상의 평화는 영원하고 궁극적인 안식과 행복이라고 생각했다.

때문에 천상 평화의 유지를 위해 지상 평화의 파괴가 불가피하다면 그것이 전쟁 수단이라도 용인될 수 있는 것으로 보았다. 그 같은 예는 모세의 출애굽에서 찾을 수 있는데 모세가 전쟁에 참여하지 않을 수 없었던 것은 현상적 평화와 타협하는 것보다는 여호와의 명령을 따름으로써 천상의

---

[56] Ep. 6; De civ. Dei. 19.12.
[57] 이는 "화평케 하는 자는 복이 있나니 저희가 하나님의 아들이라"는 말씀에 근거하고 있다(마태복음 5:9).

평화를 선택한 점을 들 수 있다.[58]

그의 이같은 천상 평화와 지상 평화론은 좀 더 깊이 파고 들어가 보면 궁극적으로 그의 선악관과 밀접히 관계되어 있다. 천상의 영원한 평화란 절대선의 상태이며, 지상의 평화란 이 선의 부족 상태에서 오는 것이다. 앞에서 거듭 지적한 바와 같이, 악이란 실체가 아니고 다만 '선의 결여'(*privatio boni*)일 뿐이므로 전쟁 없는 평화는 있을 수 있지만 어떤 형태로든 간에 평화가 전혀 없는 전쟁만의 상태란 있을 수 없다.[59]

바꾸어 말하면 전쟁이란 전혀 희망적이지 않지만, 이를 지상의 현상으로 받아들이지 않을 수 없다는 것이다.

같은 맥락에서 아우구스티누스는 신약성서의 평화주의적 태도를 극복하고 있다.

첫째, 징벌은 증오의 표시가 아니며, 오히려 궁극적인 사랑의 선택이기 때문에 전쟁은 징벌의 수단이 될 수 있다는 입장이다.

그는 적에게라도 관용과 정의, 경건의 정신을 베푸는 일은 중요하지만, 잘못을 저지르고도 아무런 벌도 받지 않으며 가해자들이 안전하다면, 결과적으로 악이 강화되고 마는 불행을 경계하였다.[60]

'악을 징벌하지 않고 그대로 놓아두는 것은 오히려 지독한 심판'이며, 반대로 물질적인 풍요를 누리면서도 그에게 만족하지 않는 사람에게 궁핍의 징벌을 주는 것은 차라리 자비로운 것이라고 생각했다.

---

[58] Cont. Faust. 22.74.
[59] De civ. Dei. 19.13.
[60] Ep. 138.9-15.

전쟁의 경우도 이러한 원리가 적용될 수 있는데 "탐욕에 재갈을 물리는 바른 정부"가 있다면 전쟁의 방법조차도 정당화될 수 있다고 아우구스티누스는 주장했다.[61]

둘째, 신약에 나타난 평화주의적 표현이 결코 구약의 성전이나 징벌 전쟁과 상치되는 것은 아니라고 보았다.

구약 자체가 행동주의적인 것이었다면, 신약의 경우는 내면적 자세를 가르치는 것이라고 했다. 신약 자체에서도 검(劍)에 대한 상반된 듯한 가르침도 앞의 원리가 적용된다. 검을 가지라는 것이나 갖지 말라는 것은 상황에 따른 다른 대처에 불과한 것이며, 구약에 나타난 것과 같이 전쟁을 적극 주도하는 자세나 신약의 인고적 자세도 서로 상치되는 것이 아니라 상호보완적이라는 것이다.[62]

셋째, 아우구스티누스는 지상에서의 평화 유지 기능으로서의 국가의 역할을 현실적으로 인정하고 국가와 기독교간의 관계를 배타적이 아닌 협력적인 관계로 설정하였다.

그는 신약에서 세례 요한이나 예수가 다같이 군인의 존재를 부정하지 않았고 군인을 거부하지 않은 것은 결국 국가를 용인한 것이라고 말하고 있다. 병사들이 세례 요한을 찾아가 자신들이 어떻게 할 것인지 물었을 때 "사람에게서 강탈하지 말며 거짓으로 고발하지 말고 받는 급료를 족한 줄로 알라"고 답하고 있다.[63]

61　Ep. 138.9-15.
62　Cont. Faust. 22.74-79.
63　누가복음 3:14.

그는 결코 무기를 버리고 군 복무를 포기하라고 권유하지 않았다는 것이다.

예수의 가르침도 "가이사의 것은 가이사에게, 하나님의 것은 하나님께" 바치라고 했다.[64] 백부장이 그 하인의 병을 고쳐주길 간청했을 때도 예수님은 그의 믿음을 지극히 칭찬했을 뿐이지 백부장에게 군직을 떠나라고 명령하지 않았다.[65]

아우구스티누스는 또한, 군인의 의무를 다하는 데 있어 그가 처해있는 상사의 명령에 따라 행동할 뿐이지 하나님에게 책임지는 것은 아니라고 말하고 있다.[66]

전쟁의 불가피함을 그가 인정했다고 하더라도 모든 전쟁을 정당한 것으로 간주한 것은 아니었다. 그는 전쟁을 그릇된 전쟁과 정당한 전쟁으로 구분했으며, 도덕적 질서의 파괴에 대한 문책, 피해에 대한 응징, 탐욕에 대한 제어 등을 정당한 전쟁의 요건으로 규정하였다.

우선 한 국가나 지배자가 지나치게 탐욕적이거나 공격적일 때 이를 제어하기 위한 것이라면 정당한 전쟁이 되는 것이다. 그는 전쟁에서의 죽음보다 더 무서운 것은 폭력에 대한 사랑, 복수심이 가득한 잔인성, 사납고 무서운 적개심, 거친 저항과 권력에의 욕구라고 보았다.[67] 이것을 막기 위한 전쟁을 한 가정의 가장의 채찍에 비유했다.[68]

---

[64] 마태복음 22:21.
[65] 마태복음 8:6-10
[66] Cont. Faust. 22.74.
[67] Cont. Faust. 22.74-79.
[68] De civ. Dei. 19.16. "만일 어떤 가정의 성원이 불복종 때문에 가정의 평화의 적이 된다면, 인간 사회에서 허락되는 정도 안에서 징벌을 받아야 한다. 그렇지 않고 놓아둘 때 오히려 더 큰 죄를 범하기 때문이다."

정당한 전쟁은 또한, 피해를 응징하는 것을 뜻한다. 전쟁이 정당화되는 것은 부나 영광의 획득과 같은 성과에 있는 것이 아니라 이미 받은 피해를 회복시키고 가해자를 징벌하는 데 그 목적을 둘 때이다.[69]

그의 이러한 '정당한 전쟁론'은 표면적으로 보아 키케로의 그것과 크게 달라 보이지 않지만 사실은 그렇지 않다고 러셀(F. Russell)은 지적했다.[70] 요컨대, 키케로는 원상회복이라는 소극적인 정도에 머문데 반해, 아우구스티누스의 그것은 보다 적극적이고 질서 파괴의 것임을 묻는 수준에 이르고 있다는 것이다.[71]

다시 말해 그의 정당한 전쟁론은 보다 더 징벌적인 성격을 띠고 있는데, 피해를 입힌 폭력은 기존의 법적 권리를 깨뜨렸을 뿐만 아니라 도덕 질서까지를 파괴했기 때문이다. 더구나 상대방의 부당행위는 법률적 측면에서 범법일 뿐 아니라 의로움을 범한 죄이기 때문에 신권에 대한 도전으로 까지 해석되었다.[72]

그가 전쟁을 죄에 대한 응징으로까지 확대시키는 데는 그만한 가치들이 있다. 아우구스티누스는 정의가 실현된 상태는 "하나님을 사랑하고 그 이웃을 사랑하며" 선의를 가질 뿐만 아니라 선의를 사랑하며 선의에 반대되

---

[69] H. Deane, *The Political and Social Ideas of St. Augustine* (New York: Columbia University Press, 1963), 160.
[70] F. Russell, *The Just War in the Middle Ages*, 18-19.
[71] 중세에는 정당한 전쟁의 원인과 범위를 협의와 광의적 측면에서 구별했는데 협의의 정당한 전쟁은 침해당한 것을 회복하거나 보상 받는 것, 즉 불공정을 시정하는 정도의 소극적인 의미를 지닌다. 그렇기 때문에 전쟁은 단순히 원상회복을 하는 것이지 새롭거나 보다 개선된 입장을 취하는 것이 아니다. 그러나 광의의 정당한 전쟁은 보다 적극적인 면을 지닌 것으로 전쟁은 존재해 온 법적 기존 원리를 깨뜨린 데에 대한 응징일 뿐만 아니라 도덕적인 질서 파괴에 대한 책임의 죄까지를 묻는 것이다.
[72] F. Russell, *The Just War in the Middle Ages*, 19.

는 것에 저항하며 누구에게나 악을 행하지 않고 누구도 해함을 받지 않을 상태를 말한다.[73]

램지(P. Ramsey)의 주장에 따르면, 이러한 아우구스티누스의 정의 개념은 분명 신권에 대한 존중을 포함하고 있기 때문에 지상의 의를 깨뜨리는 것은 신권을 범하는 것이며 이는 도덕을 어길 뿐만 아니라 죄를 범하는 행위로까지 간주될 수 있다는 것이다.[74]

(2) 전쟁과 권위

전쟁의 궁극적인 권위는 어디로부터 오는 것인가?

전쟁의 책임은 누구에게 있는가?

정당성 문제를 제기할 때 이 점 또한, 논의될 수밖에 없다. 그는 전쟁은 하나님의 창안물이 아니며 인간들의 죄를 말미암은 여러 악들에 그 책임이 있다고 했다. 전쟁은 신의 행위일 수 없으며 인간들의 육체와 영혼 사이에 뿌리를 박고 있는 인간들의 소행이다.

그럼에도 불구하고 인간들의 모든 행위가 그런 것처럼 비록 사악한 것일지라도 그것이 신의 섭리를 벗어나는 것은 아니다. 신이 인간들로 하여금 죄를 짓도록 강요한 것은 아니지만 그 행동을 규제하고 사용함으로써 이들은 신의 영원한 계획을 실현하는 도구가 된다. 이 점에서 전쟁은 신의 의도 아래 있으며, 딘(Dean)이 말한 대로 비록 국가와 통치자들이 그릇되게 행동한다 할지라도 그들의 전투와 사역이 하나님의 목적에 어긋나지

---

[73] De lib. arb. 19.27.93; De civ. Dei. 19.4.
[74] P. Ramsey, *War and The Christian Conscience* (Durham: Duke University Press, 1961), 19.

않는 한 전쟁은 용인될 수밖에 없는 것이다.[75]

이 때문에 러셀은 하나님을 전쟁의 발안자로 보고 있고, 전쟁의 결과도 그의 세계를 위한 의로운 계획에 기여하는 방향으로 결정 지워진다고 했다.[76] 그래서 정당한 전쟁의 권위는 일차적으로 신에게서 비롯되고 신의 전쟁은 자동적으로 정당한 전쟁이 되는 것이다.

그러나 아우구스티누스는 실질적인 전쟁 결정권자는 국가의 원수인 왕(王)이라는 사실을 간과하지 않았다. 이것은 세상의 잠정적인 질서 유지권을 왕들이 행사한다는 점과 맥을 같이한다. 한번 전쟁이 결정되면 병사는 국가의 지시에 불복종하거나 이의를 제기할 수 없으며, 옳은 지시건 그른 지시건 간에 복종할 의무만 지닌다.

비록 바르지 못한 왕의 통치 아래 전쟁에 종사한다 할지라도 잘못은 왕 편에 있는 것이며, 그 상황에서 의무를 행하고 있는 병사의 잘못은 아니라는 것이다.[77] 이는 외형상으로 왕의 권한에 절대 복종하는 것을 의미하는 것 같으나 모든 권력은 위로부터 온다는 하나님의 절대주권사상에 근거를 두고 있는 것이다. 또한, 치자(治者)의 폭정이라 할지라도 혼란과 무정부 상태보다는 낫다는 아우구스티누스 자신의 믿음을 반영하기도 한 것이다.

이 점이 아우구스티누스가 국가 통치자의 전횡을 승인했던 것처럼 해석되고 권력의 옹호자라고 비난받는 이유이기도 하다.

---

75 H. Dean, *The Political and Social Ideas of St. Augustine*. 157.
76 F. Russell, *The Just War in the Middle Ages*, 20.
77 전쟁과 권위 문제는 이석우, "Aurelius Augustine의 전쟁론", 『경희사학』, 6-8, 181-206을 참고할 것.

하지만 군주에게 전쟁 관할에 관한 전권을 귀속시킴으로써 병사들을 살상과 같은 도덕성의 문제로부터 해방시켜 주고 전쟁 수행은 병사들의 일임을 분명히 함으로써 성직자가 전쟁에 종사하는 것을 금지시켰다. 또한, 개인적 차원의 이해관계나 원한에 의한 살인 등이 군무나 공적인 권위 부여 없이는 허용될 수 없다는 점을 지적했다고 볼 수 있다. 병사들의 경우 그릇된 왕의 명령일지라도 그것에 복종하면 무죄가 되지만, 만일 병사가 왕의 명을 거절했을 경우 그는 반역자가 되는 것이 현실이다.[78]

아우구스티누스는 하나님의 법이나 치자의 법에 의한 살인은 무죄하다고 변론하고 있다.[79] 이 때문에 살인을 인정하는 몰인정한 사람으로 비난받기도 하지만, 아우구스티누스 자신은 죽음보다 더 높은 차원의 귀속지를 상정하고 있었다는 점을 간과해서는 안 될 것이다.

앞에서도 말했듯이 전쟁을 그는 근본적으로 악의 산물로 보았으며, 그가 군국주의적 자세를 보이거나, 전쟁을 영광으로 치장하는 곳을 한 곳도 발견할 수 없다. 그가 기론하고 있는 모든 전쟁은 비극적으로 묘사되고 있으며, 오히려 전쟁에 대한 적대 감이 신의 도성 곳곳에 표출되어 있다. 그는 정당한 전쟁까지도 참화를 빚어낸다는 사실을 심각하게 지적했다.[80] 더구나 위정자가 지배하는 국가가 영원한 것이 아님을 아우구스티누스가 누누이 지적하고 있다는 점에 유의할 필요가 있다. 치자와 그가 수행하는 전쟁을 영광스럽게 만들 필요가 있었다면 국가의 영광과 영속성도 칭송했어야 할 것이다.

---

78 De civ. Dei. 1.21.
79 De civ. Dei. 1.21.
80 De civ. Dei. 19.7.

그는 키케로가 국가의 영속성을 주장하고 국가의 안전이 전쟁의 제일 목표가 되어야 한다는 견해를 비난하였다. 국가의 안전이 간과될 수도 없 겠지만 그것만이 전쟁의 일차적인 이유가 될 수 없다는 것이다. 만일 도덕적 가치와 국가의 안전 중 어느 것을 택해야 한다면 오히려 믿음과 도덕, 정의의 편을 택해야 하며 국가의 안전은 부차적인 것임을 밝히고 있다.[81]

국가의 안전만을 희구하는 전쟁의 결과가 무엇인지에 관해 로마제국의 예를 들면서 설명하고 있는데 그는 국가가 영원하리라고 생각하는 데서 키케로와 플라톤의 그릇된 전쟁관이 나온다고 지적하고 있다.

국가가 상대화된 마당에 전쟁이 국가의 안전을 위한 당연한 수단이거나, 그 자체의 결과가 지나치게 영광스럽게 될 수 없는 것은 명백하다.[82] 그 때문에 그는 로마가 안전을 위해 싸웠다고 하지만 그것의 외적 위협을 제거한 뒤에도 결코 진정한 평화를 지상에 실현하지 못했으며 카르타고의 몰락이 오히려 로마 사회의 부패와 도덕적 타락에 깊은 영향을 끼쳤다고 비난하였다.

부는 오히려 중산층의 몰락과 지배자들 간의 권력 다툼만 증대시켰고, 도덕적 신뢰를 국민들 간에 잃게 함으로써 제국은 언젠가 소멸하게 될 결과를 초래했다고 예언적으로 말했다. 국가의 흥망은 신의 전체적 계획 아래 진행되고 있는 변화의 과정일 뿐이며 그 자체가 바로 궁극적 목적이 아님을 그는 여러 차례 언급하고 있다는 점에서 전쟁론에 접근해야 할 것 같다.

---

[81] De civ. Dei. 22.6.
[82] De civ. Dei. 22.6.

그렇기 때문에 그의 치자 중심적 태도와 전쟁 불가피성의 인정도 그러한 상대적 관점에서 이해되어야 하리라 본다.

(3) 전쟁과 무고한 자의 죽임

전쟁은 결국 죽임을 필수적으로 동반하게 되므로 살상의 정당성 문제가 제기되지 않을 수 없다.

이 살상의 문제는 전쟁에 직접 참여한 전투 요원의 경우는 말할 것도 없고 무고한 시민들이 전쟁으로 인해 살상을 당하지 않으면 안 된다는 데 논의의 어려움은 더한다. 아무리 정당한 전쟁이라도 살해 행위 그 자체가 정당화될 수는 없기 때문이다.

이 문제에 대한 아우구스티누스의 입장은 전쟁에서 무고한 시민들의 죽음과 살상 행위를 인정하는 입장에 설 뿐 아니라 예상치 못한 무정함과 무관심한 태도를 취하고 있다는 비난을 받는다.[83] 더구나 무고한 사람을 의도적으로 살해해서는 안 된다는 일반적인 전쟁 윤리가 보편화되다시피 한 현대적 감각으로는 더욱 이해하기 어려운 점이 있는 것도 사실이다.

하티간(Hartigan)도 인정하고 있지만 아우구스티누스가 교회 초기 전임자들의 평화주의를 극복하려는 논지를 펴는 과정에서 자기의 입장을 지나치게 강조한 데서 이런 오해가 생겼다고 보고 있다.[84]

도덕철학의 맥락에서, 질서와 정의를 이 문제 논의의 기준으로 삼을 때 아우구스티누스의 논지는 일관성을 갖고 있다. 그러나 사적 윤리와 공직

---

83 R. Hartigan, "Saint Augustine on War and Killing: The Problem of the Innocent," *Journal of History of Idea*, 27 (1966), 95-204에서 이 문제를 심도 있게 다루고 있다.
84 R. Hartigan, "Saint Augustine on War and Killing: The Problem of the Innocent," 204.

윤리를 나누어 이 문제에 접근하는 과정에서 공적 윤리의 측면을 너무 강조함으로써 악인이 죽지 않는데, 무고한 자가 죽는 일이 일어나는 현실적 상충 부분을 너무 경히 여기지 않았느냐 하는 비난을 받고 있는 것도 사실이다.[85]

이 점은 물론 아우구스티누스 개인에게만 해당되는 사항이라기보다는 기독교 윤리가 안고 해결해야 할 당면한 어려움이기도 한 것 같다.[86]

그의 『자유의지론』에서 아우구스티누스는 살인 행위의 본질에 대해 깊숙이 논의하고 있는데, 그 과정에서 그 자신도 이 문제에 관해 고민한 흔적이 역력하다. 그의 담론(議論)은 에보디우스와의 대화 형식으로 진행된다.[87] 그를 두 사람은 살인의 동기가 무엇이든지 간에 살해 행위는 악이라고 보는 데는 의견의 일치를 보이고 있지만 어떤 살해 행위를 살인범으로까지 분류할 수 있는지에 관해서는 어려움을 겪고 있다.

아우구스티누스는 국가가 살인법으로 규정하고 있는 국가법을 어기는 경우가 도덕법에도 어긋나는 것이라는데 쉽게 동의하고 있다.[88] 그러나 법률적 금지 조항만으로, 도덕과 윤리 문제가 해결되었다고 보지 않는다.

그 대표적인 예가 정당방위와 같은 경우인데, 자기방어를 위해 가해자를 살해하는 것은 법적 차원에서 볼 때는 당연히 정당한 행위로 간주될 수 있다.

85　R. Hartigan, "Saint Augustine on War and Killing: The Problem of the Innocent," 204.
86　R. Hartigan, "Saint Augustine on War and Killing: The Problem of the Innocent," 204.
87　De lib. arb. 1.4.7.
88　De lib. arb. 1.4.7.

그러나 기독교 윤리적 차원에서 볼 때는, 비록 자기 방어를 위한 것일지라도 상대방을 죽이기까지 해야 하는가의 문제가 제기될 수 있다.[89] 이에 대한 견해를 에보디우스의 입을 통해 밝히고 있다. 기본적으로 살인에 대해 반대하는 입장인데, 현세의 삶에서 생명이나 재산 소유는 영원한 세계의 그것에 비해 상대적으로 중요성이 덜하다는 것이다.

왜냐하면, 생명의 조성자도 하나님이요 재산을 부여한 자도 그이기 때문에 이들의 진정한 소유자는 하나님이며, 인간은 이것들을 전적으로 소유할 수 없고, 또 잠정적으로만 소유할 수 있기 때문이다. 생명과 재산을 지키기 위해 상대방을 죽이기까지 하는 것은 용인될 수 없다는 것이다.[90] 그의 친구에게 써 보낸 편지에서도 "죽임을 당하지 않기 위해 죽여야 한다는 견해에는 찬동하기 힘들다"라고 하고 있다.[91] 그 점에서 아우구스티누스는 개인이 개인을 살해하는 것은 그 동기야 어쨌든 부당하다고 보는 점에서 기본적으로 평화주의적 틀을 지키고 있다.

하지만 그의 평화주의적 입장도 현실 문제에 부딪힐 때 굴절을 겪게 되었다. 예를 들어, 정당한 행위로 상대를 살해했을 경우, 기독교윤리와 법에 합당한 것은 아니지만 현세적 법의 테두리 안에서 인정할 수밖에 없다는 점이다.[92]

다시 말해 더 큰 악을 막기 위해서는 더 작은 악의 수용은 불가피하다는 입장이다. 만일 한 사람의 생명을 더 죽이지 않기 위해 정당방위조차 허용

---

[89] R. Hartigan, R. Hartigan, "Saint Augustine on War and Killing: The Problem of the Innocent," 197.
[90] De lib. arb. 1.4.9.
[91] Ep. 47.
[92] R. Hartigan, "Saint Augustine on War and Killing: The Problem of the Innocent," 197.

되지 않는다면 이 세상에는 무고하게 목숨을 잃는 사람들의 수가 늘어갈 것이며, 이는 더 많은 사회문제를 야기 시킬지도 모른다는 염려다.[93]

여기서 아우구스티누스는 현실적인 문제와 하나님 나라의 영역 사이에는 상충되는 부분이 있음을 인지하지 않을 수 없었다. 국가와 제도 안에 사는 인간들로서는 현실적 제 여건을 무시해 버릴 수 없는 것이었다. 이 문제에 대한 해결 방안으로 그는 '현세적인 법'(temporal law)과 '영원법'(eternal law)으로 나누어 이들 문제들에 대한 답을 구하고 있는 것 같다.[94] 현세적인 법은 현세의 국가나 제도 속에서 사는 동안에 제약 받아야 할 잠정적인 법으로, 우리는 이를 따를 수밖에 없다. 그러나 그것 자체가 영원한 하나님의 법과 언제나 일치하거나 그것의 또 다른 심판을 면제시키는 것은 아니다. 현실적인 법으로 볼 때는 정당방위의 경우 가해자가 법의 영역을 피해 갈 수 없는 것이지만 영원의 법에 그것이 꼭 합당하다고 보기는 어렵다. 또 법에 꼭 저촉되지 않은 사악한 행위라도 그것이 영원한 법, 하나님의 섭리의 심판까지 벗어날 수는 없다는 것이다.

결과적으로 아우구스티누스는 살해는 반대하지만 공적인 법의 집행을 현실에서 인정하고 있는 셈이다.

이러한 논리는 전쟁 중의 살인 행위에도 적용되는 원리다. 전쟁에도 분명 정당한 전쟁이 있는데 개인도 그릇된 행위를 한 자를 처벌해야 하는 것과 같이, 한 나라가 부당한 전쟁을 일으켰을 경우 이를 응징하는 전쟁은 정당하다.

---

93 De lib. arb. 1.5.12.
94 R. Hartigan, "Saint Augustine on War and Killing: The Problem of the Innocent," 197.

그런 의미에서의 전쟁은 개인의 열정이나 복수심에서 행한 것이 아니라 신의 평화를 깨뜨린 자들에 대한 정당한 분노의 매라 할 수 있다. 그러나 그 전쟁의 궁극적인 목적은 평화의 회복에 있으며, 야욕의 충족에 있지 않아야 한다. 이 점에서 전쟁에서의 살인 행위나 폭력의 인정은 불가피하다고 그는 생각한 것 같다.[95]

그가 인간 목숨을 뺏는데 유일하게 인정한 예외가 있었는데, 그것은 공익(公益)을 위해서 행했을 경우이며 정당한 전쟁에서의 살상이나 사형 집행인의 형 집행은 이에 해당한다. 그의 친구 에보디우스와의 대화에서 적을 죽인 병사나 사형 집행인을 살인자라고 부를 수 없다는 데 동의하고 있다.[96] 이 같은 공익과 살인의 관계에 대해서는 그의 편지들에서도 천명하고 있지만,[97] 그의 『신국론』에 이르러 더욱 명쾌하게 개진된다.

> 그 자체의 법, 즉 신의 권위에 따라 만들어진 법률 들에, 사람을 죽이고도 살인자로 취급되지 않는 예외가 있다. 이들 예외에는 두 가지 공휴가 있는데 하나는 일반법에 의해 정당화 되는 것이고, 다른 하나는 특정한 때에 특정한 사람에게 허락된 특별한 임무가 주어 짐으로 이루어진다. 후자의 경우에 권위가 위임되어, 그의 손에 검이 있어서 이를 사용한 사람은 그가 다루는 살해에 대해 그 자신이 책임지지 않는다.
>
> 따라서 신의 명령이나 그의 법에 복종하여 전쟁을 수행한 사람들은 한 인간으로 공적 정의를 대표하거나 정부의 판단에 따르고 있으므로 그 자격상 악

---

95 R. Hartigan, "Saint Augustine on War and Killing: The Problem of the Innocent," 198.
96 De lib. arb. 1.5.12.
97 Ep. 47.

인을 살해한 살인자라고 할 수 없다. 그런 사람들은 살인하지 말라는 계명을 어겼다고 볼 수 없다.[98]

전쟁을 직접 수행한 병사들의 경우와 같이 구분이 뚜렷할 경우, 아우구스티누스의 논리는 설득력을 갖는다 할지라도, 전쟁 중 무고하게 죽어가는 사람들의 살상에 관해서는 어떻게 보아야 할 것인가의 문제는 여전히 남는다.

아우구스티누스는 이 문제에 관해 상당히 막연한 자세를 취하고 있다고 하티간 또한, 지적했다. 뿐만 아니라 어떤 면에서는 아우구스티누스가 오히려 전쟁 중에 무고한 백성이 죽임 당하는 것을 인정하고 있는 감마저 든다는 것이다.[99] 그는 이런 태도를 취하고 있는 아우구스티누스의 자세를 다음과 같은 두 가지 이유에서 이해하려고 노력하고 있다.

첫째, 적국(敵國)의 인구 중에는 분명 무고한 사람들이 있다는 것을 인정한다 하더라도 그 숫자가 많지 않을 것이라는 생각이다. 뿐만 아니라 개인은 그 사회의 사회도덕적 분위기와 무관하게 존재할 수 없는데 정의롭지 못한 나라에 정의로운 사람들이 많으리라고 생각하기 어렵다는 것이다. 물론 소돔성의 롯과 같은 의인이 있지만 설혹 그들이 있다 하더라도 소수에 불과할 것이라는 점이다. 더구나 있다 하더라도 무고하다는 것은 오히려 개인의 내적 사항이므로 도저히 외적으로 분별해 내기 어렵다는 점을

---

98 De civ. Dei. 1.21.
99 R. Hartigan, "Saint Augustine on War and Killing: The Problem of the Innocent," 202.

지적하고 있다.[100]

둘째, 그가 무고한 사람들의 죽음에 대해 무관심해 보이는 것은, 그의 죽음관 때문이기도 하다. 앞에서도 지적했듯이 죽음이란 단순히 육체적인 죄악일 뿐이며, 오히려 탐욕의 노예나 악한 일의 유발자가 되는 것보다는 차라리 죽음이 더 바람직할지 모른다고 그는 생각했다. 죽음이란 참으로 한탄스러운 일이긴 하지만 결코 신의 심판은 아니기 때문에 차라리 영원한 심판을 피하는 길이라고 보았다. 이런 관점에서 볼 때, 자연히 전쟁에서의 무고한 자들의 죽음을 그렇게 심각하게 고려할 수 없었다고 보겠다.

그럼에도 그가 기본적으로 전쟁을 악의 산물로 보았으며, 전쟁의 참담함을 누차 강조하고 있었음을 감안할 때, 무고한 자들의 죽음도 불가피하게 인지할 수밖에 없었다고 생각된다. 그리고 당시 도나투스주의자들의 협조 아래서 정부의 지원까지 요청하지 않을 수 없었던 그의 처지도 이 문제를 이해하는 데 고려되어야 할 사항이다.

3) 평화 사상

(1) 평화의 분류와 속성

아우구스티누스의 전쟁론은 아우구스티누스의 평화 사상에 대한 이해를 필요로 한다. 그가 논하는 전쟁이란, 사실은 평화를 얻기 위한 수단일 뿐이다. 그렇기 때문에 그의 전쟁과 평화론은 함께 이해해야 할 일이며 따

---

100 R. Hartigan, "Saint Augustine on War and Killing: The Problem of the Innocent," 203.

로 떼어 생각하기는 어렵다. 그럼에도 불구하고 그의 평화론은 전쟁과 같은 차원에서 이야기할 성질의 것이 아니며, 보다 더 포괄적이며 광범위한 것으로 오히려 궁극적이며 본원적인 성질을 갖고 있다는 측면에서 접근해야 될 것 같다.

전쟁에서 지향하는 평화는 잠정적이며 현세적이고 결국 부정적인 평화일 수밖에 없다. 갈퉁(Galtung)이 평화의 개념을 긍정적인 평화와 부정적인 평화로 나눈 것도 이 같은 문제점을 알고 있었기 때문인 것 같다. 전자의 평화는 협력과 통합의 적극적인 속성을 내포하고 있는데 반해, 후자는 다만 "전쟁이 없는 상태"로서 이는 표면적인 평화이며 내적 평화는 아니다.[101] 이들을 보다 구체적으로 나누면 완전성, 총체성의 평화와 부분성, 임시성의 평화로 구분할 수 있겠다.[102]

히브리적 평화 개념과 그리스적 평화 개념의 차이도, 앞의 구분과 맥을 같이하고 있는 것 같다. '평화'를 뜻하는 히브리어 '샬롬'은 '안녕'(well being), '번영'(prosperity), '안전'(security) 등의 의미를 내포하고 있는데, 여기에는 폭력과 갈등의 단순한 부재를 넘어 완전성과 영원성을 지향하는 의미가 강하다.[103] 반면 헬라어 '에이레네'는 '질서'나 '부분들의 통합'이라는 뜻을 지니며, 로마인들이 사용한 '팍스'(pax) 또한, '협약'이나 '합의'의 의미를 갖고 있다. 이들이 말하는 평화란 폭력의 부재라는 차원에서 평화가 유지는 되고 있지만, 그것은 언제나 깨어질 것을 예상한다는 점에서 불완전하다.

---

101 D. Sills ed., *International Encyclopedia of Social Science* II (1980), 487.
102 J. Macquarrie, 『평화의 개념』, 조만덕 역 (서울: 대한기독교서회, 1980), 27-29.
103 R. Bainton, *Christian Attitudes toward War and Peace*, 17.

아우구스티누스는 이상의 히브리식의 평화와 그리스·로마식의 평화 이해를 함께 수용하고 이를 종합하고 있다고 볼 수 있다. 그는 완전한 평화의 근거를 하나님에게서 구하고 있다는 점에서 히브리적이다. 그러면서도 지상 평화의 불완전성을 현실적으로 받아들이고, 이의 유지를 위한 자연법의 순응과 힘의 논리를 인정하고 있다는 점에서, 그리스·로마적 평화 유산을 물려받고 있다.[104]

아우구스티누스는 평화를 크게 둘로 나누고 있는데, 하나는 천상의 평화로 이는 신국의 평화이며, 다른 하나는 지상의 평화로 이 세상의 평화이다. 전자의 평화는 인간의 오성(悟性)이 이해할 수 있는 범주를 넘어서는 것으로 이는 '신의 평화'에 해당한다.[105] 그것은 완전하여 깨어지지 않으나 인간은 그것을 부분적으로만 소유할 뿐이다. 그는 인간이 영원히 지향하는 평화를 이 천상의 평화로 보고 있으며, 그것은 영생, 행복과 거의 동의어로 쓰이고 있다.[106] 이에 대응하는 개념의 지상 평화는 신(神)의 평화의 반영이긴 하지만, 인간 의지의 잘못 사용으로 부분적인 평화, 임시적인 평화의 속성을 지닐 수밖에 없다.[107]

아우구스티누스 평화론의 큰 특징은 교회 초기의 그것과 달리, 천상의 평화인 진정한 평화와 세상의 평화인 허위의 평화 사이의 구분을 대립적 개념으로 파악하지 않았다는 데 있다.[108] 다시 말해 지상의 평화는 불완전

104　이석우, "Augustine의 평화론 소고", 『경희사학』 9-10 (1980), 218.
105　T. Renna, "The Idea of Peace in the Augustine TrA.D.ition 400-1200," *Augustinian Studies*, 10 (1979), 106.
106　De civ. Dei. 19.11.
107　T. Renna, "The Idea of Peace in the Augustine TrA.D.ition 400-1200," 106.
108　T. Renna, "The Idea of Peace in the Augustine TrA.D.ition 400-1200," 106.

한 것이긴 하지만, 그만큼 허위적인 것은 아니며, 오히려 그것은 천상의 평화로 가기 위한 방편으로 이해했다는 점이다.[109]

아우구스티누스가 이해하는 평화의 속성은 보편성과 본능성을 갖고 있다. 이 말은 모든 사물이나 사람에게는 그 정도의 차이는 있지만 모두 평화적 요소를 분담하고 있다는 점에서 보편적이며 이들 모두는 평화를 바라는 속성을 지니고 있다는 점에서 본능적이다.[110] 아무리 본성에 어긋나는 악이라 할지라도 본성을 뿌리 채 뽑아버릴 수는 없기 때문이다.[111]

그 때문에 어떠한 지상의 갈등, 분쟁, 폭력 속에도 그 안에는 부분적 평화 요인이 내재되어 있으며, 절대적 의미로서 평화의 부재 상태란 있을 수 없다. 이는 그의 선악관과 맥을 같이하고 있다. 그 때문에 전쟁에도 평화의 속성이 반드시 내재해 있어서, "전쟁 없는 평화는 있을 수 있지만, 어떤 형태로든 평화가 전혀 없는 완전한 전쟁 상태란 있을 수 없다"고 할 수 있다.[112] 전쟁조차도 그 목적은 평화에 있으며, 평화의 상태를 깨뜨리는 것조차 그들에게 맞는 상태의 평화로 이를 변화시키고자 하는데 본래의 의도가 있는 것이다.[113]

도둑의 경우일지라도 자신은 물론 주변과의 평화 관계를 바라며, 더구나 다른 사람과 공모하여 타인의 평화를 깨뜨리고자 할 때라도 공모자와는 평화 관계를 유지하길 바란다. 이는 동물의 경우에도 해당되는데 아무리 사나운 동물이라 할지라도 그 새끼들을 보호하며, 키우고 살피는데 필

---

109 De civ. Dei. 19.11-14.
110 E. Barker, "사회이론", 207.
111 De civ. Dei. 19.12.
112 De civ. Dei. 19.12.
113 De civ. Dei. 19.12.

요한 평화를 원한다. 물론 이들 또한, 자기에게 알맞은 방법으로 평화를 유지하려 하고, 그것에 위배될 때 갈등과 긴장이 생기는데, 이것이 평화의 속성이 지닌 역설적 측면이다.

(2) 평화의 성취

아우구스티누스는 "모든 평화는 질서의 평온한 이름"(tranquility order)이라고 했다.[114] 그에게 평화란 언제나 질서와 함께한다. 바커(Barker)는 이 둘의 관계를 동전의 앞면과 뒷면과 같은 관계로 비유했다.[115] 바꾸어 말하면, 질서 없는 평화는 있을 수 없으며, 평화 없이는 질서가 결코 세워질 수 없다는 말이다. 질서와 자연법과 평화는 서로 의존적이며 순환적이다. 거꾸로 매달린 사람에게는 질서도 평화도 없는 법이다.

그런데 질서란 의(義)가 없이 이루어질 수 있는 성질의 것이 아니다. 의(義)란 바른 관계의 체제, 즉 질서이며, 평화도 하나의 질서 관점에서 의(義), 질서, 평화는 불가분의 관계에 있다.[116] 의(義)가 존재하지 않는 곳에 질서가 부재하고, 질서가 존재하지 않는 곳에는 평화도 부재한다. 이를 거꾸로 순환시켜도 마찬가지의 말이 된다. 그러나 아우구스티누스가 말하는 진정한 의(義)는 이 지상에서 이루어질 수 없는 것이며, 그것은 신국에서나 가능한 성질의 것이다. 그렇기 때문에 진정한 평화, 영원한 평화는 천상에서나 이루어질 일이며, 지상에서는 잠정적, 임시적으로 이루어질 수밖에 없는 것이다.

---

114 De civ. Dei. 19.13.
115 E. Barker, "사회이론", 207.
116 E. Barker, "사회이론", 207.

지상의 의(義)는 상대적 의(義)의 성격을 띠고 있기 때문에 그것은 상대적 질서일 수밖에 없다. 지상의 의는 불의한 자들까지를 포함하며, 그 나름의 질서에 따라 평화가 유지된다. 지상의 불의한 자들일지라도 그것은 전체적 의미에서 질서 속에 있으며, 그들은 질서를 깨뜨린 자들이지만 깨뜨린 그 자체 안에서 질서 속에 있다.[117] 그런 의미에서 국가나 정부, 노예제도 같은 것도 질서를 깨뜨렸기 때문에 상대적 의를 지닐 뿐이지만 그들 또한, 의, 질서, 평화 속에 있다고 볼 수 있다. 지상의 평화가 항상 깨뜨려질 속성을 지니고 임시적일 수밖에 없는 이유도 여기에 있다.

국가는 그 자체의 질서를 가지고 있으므로 그 자체의 평화를 소유한다. 물론 국가가 갖는 질서란 창조의 질서도 아니고 완전한 의(義)도 아니라는 점에서 그 질서는 참되고 영원한 질서는 아니다.[118]

그러나 그 질서는 하늘의 질서에 반(反)하는 것은 아니다. 그래서 하늘의 도성은 지상의 평화가 달성되는 여러 제도나 방편들을 폐지하는 것이 아니라 보존하며, 오히려 지상의 평화를 사용한다. 그 과정에서 지상의 평화가 하늘의 평화를 모방하도록 하며, 지상의 평화가 천상 평화의 질서 안에 있거나 교체 안에 있을 때 자기 분수의 평화를 누릴 수 있음을 알게 된다.[119] 각각의 목적하는 평화의 종류가 다르지만 자기들의 목적을 달성하면 그들이 원하는 평화를 누리며 산다.[120]

---

117   E. Barker, "사회이론", 208.
118   De civ. Dei. 19.17.
119   De civ. Dei. 19.17.
120   De civ. Dei. 14.1.

인간의 본질적인 평화는 신과의 화해를 통해 가능하다. 그 점에서 인간 자신의 평화는 자신의 의지에서부터 출발하고 있다고 할 수 있다. 자신이 하나님을 자기보다 더 사랑할 것인지, 자기를 하나님보다 더 사랑할 것인지는 의지선택에서 비롯된다. 지상국 시민의 길을 가느냐, 신국시민의 길을 가느냐에 따라 자신이 선택하는 평화의 길이 달라진다. 믿음을 통하여 하나님과 자신의 '관계'가 정상화될 때 행복은 얻어진다. 질서 없는 곳에 평화 없고 평화 없는 곳에 행복이 있을 수 없다.

아우구스티누스의 평화관은 질서의 체계 내에서의 평화라고 할 수 있을 것이다. 여기서 질서는 관계의 정상화를 함의한다.

> 신체의 평화는 그 구성 부분들을 그 합당한 질서에 따라 배치했을 때 이루어지며, 비이성적 영혼의 평화는 그들 욕구들의 질서에 따른 충족에 있으며, 이성적 영혼의 평화는 인지와 행동의 질서 있는 일치에 있을 때 이루어진다. 육체와 영혼의 평화는 살아있는 피조물의 질서 있는 삶과 건강에 의존한다.
> 인간과 하나님 사이의 평화는 믿음 속에서의 질서 잡힌 복종, 영원한 법의 예속으로 이루어진다. 인간들 사이의 평화는 마음과 마음이 일치할 때 얻어진다. 가정의 평화는 함께 사는 사람들 간에, 즉 주관하는 자와 따르는 사람들 간의 호응 여부에 달려 있다.
> 천상도성의 평화는 완벽한 질서와 조화 안에서 하나님을 즐기는 공동의 협력이다. 전 우주의 평화는 질서의 평정함에 있다. 그리고 질서란 동등한 것과 동등하지 않은 것들을 그 받은 바 몫에 따라 그 각각의 자리에 배치하는 것이다.[121]

---

[121] De civ. Dei. 19.13.

아우구스티누스는 이 글에서 평화를 이루는 데는 합의와 질서, 관계의 정상화를 강조하였다. 그러나 크게 보아 그 같은 합의에 이르지 않는다고, 큰 의미의 질서가 존재하지 않는 것은 아니다. 예를 들어, 불행한 사람들은 불행한 점에서는 평화를 즐기지 못하고 평온한 질서로부터 분리되어 있지만, 분리되어 있는 그 자체가 이미 질서의 한 부분을 이루고 있는 것이다.[122]

고통의 경우도 마찬가지다. 고통을 받는다는 점에서는 평온의 평화를 누리지 못하고 있지만 고통을 통해 질서에 참여하고 있다. 선한 것이 조금이라도 남아 있지 있으면 잃어버린 선에 대한 고통은 없을 것이다. 다시 말해 죄를 범하는 자가 자신이 죄 지은 것, 의를 잃어버린 것을 기뻐한다면 그는 그만큼 악한 것을 많이 갖고 있다고 볼 수 있다.[123] 그러므로 선한 것을 버리고 악한 일을 하고서도 죄인이 기뻐하는 것은 그만큼 악한 의지가 많다는 것을 증거 하는 것이며, 벌을 받고 나서도 선을 잃은 것을 슬퍼하는 것은 그의 선한 본성을 증거 한다.

그런 점에서 고통은 행복이 아니며 질서의 위배에서 오는 것이지만, 큰 의미의 질서를 위해서는 받아야 할 일이며, 그 점에서 그릇된 자에 대한 형벌이나 징계는 정당화되는 것이다. 질서의 평온 밖에 머무르면 진리가 주는 벌을 면할 수가 없다.[124]

아우구스티누스에 따르면 우주 전체의 재회를 주시는 이는 창조주이다. 그는 천지만물을 최고의 지혜로 창조했고, 그들을 완벽한 정의 안에 질서

---

122 De civ. Dei. 19.13.
123 De civ. Dei. 19.13.
124 De civ. Dei. 19.13.

지웠다. 그리고 하나님은 지상의 인간들에게 삶에 필요한 여러 가지 것들을 만들어 주었다. 금생에 적합한 현세적 평화를 누리고 삶을 즐길 수 있는 건강과 인간관계, 그리고 평화를 지키고 다시 회복시킬 수 있는 것을 주었다.

예를 들어, 우리의 외적 감각에 필요한 빛과 밤, 공기와 마실 물, 스스로 먹으며 살아야 할 것과 입을 옷, 신체의 보살핌과 장식들이 다 그런 것들이다.[125] 심지어, 썩을 것과 썩지 않을 것, 강자가 약자에게 잡혀 먹히는 것조차도 사실은 질서에 해당된다. 썩을 것이 썩지 않고 남아있거나 생명을 유지하기 위해 다른 생명들을 먹지 못한다면 거기에는 창조주의 질서와 평화가 이룩될 수 없다.

이것을 아우구스티누스는 창조주의 법칙에 따라 그 소속된 생명에게 평화롭게 봉사하는 것이라고까지 했다.[126]

아우구스티누스는 이 모든 것은 신의 가장 공정한 조건 아래 주어졌다고 믿었다. 이 모든 주어진 것들을 평화에 적합하게 사용했을 때는 더 좋고 풍성한 영생의 평화를 누릴 것이다. 그러나 주어진 축복들을 악용하는 사람들에겐 누리는 평화조차도 잃어버릴 것이며, 다른 축복도 받지 못하고 깨어진 평화 속에 있을 것이라고 했다.[127]

'질서'와 '관계'를 중시하는 아우구스티누스의 평화관은 이의 유지를 위해 필요하다면 '강제적 힘'(coercive power)의 사용까지도 용인하지 않을 수 없었다. 그리고 인간과 신의 관계, 남편과 아내, 부모와 자녀, 주인과 종의

---

125 De civ. Dei. 19.13.
126 De civ. Dei. 19.12.
127 De civ. Dei. 19.13.

관계로 상하종속의 관계를 보는 것도 그 같은 인식의 반영이라 할 수 있다. 국가의 평화는 통치자에 대한 피치자의 복종을 요구한다는 그의 주장도 같은 맥락에서 이해되어야 할 것 같다.

아우구스티누스의 질서론이 통치자의 절대권을 강화시켜 주고 있다고 비난받고 있지만[128] 아우구스티누스가 강조하는 '질서'와 '합의'의 관점에서 볼 때 이것은 일방적인 강제 사항일 수만은 없으며, 오히려 통치자의 절제와 합당한 역할 부분을 간과하지 않았으리라는 점도 지적되어야겠다.

아우구스티누스는 평화 유지를 위한 외적 제재의 필요를 인정하고 있지만 그것이 인간성을 완전히 바꾸거나, 불완전한 평화를 완전으로 바꿀 수 있다고 생각하지 않았다. 개인의 내적 평화는 신과의 참다운 교제를 통하여 이루어진다고 본점에서 내적 평화는 개별적이고 절제적이며 자율적인 성격을 띤다. 이 점에서 강제적 힘을 받아들이거나 필요로 하는 사회적 평화의 달성 방법과는 구별된다.

아우구스티누스의 평화론은 천상적인 평화와 지상적인 평화로 대별되지만 개별성을 띤 내적 평화나 복수성을 띤 사회적 평화가 공히 진정한 평화 상태에 이르기 위해서는 천상 평화의 도움을 필요로 한다고 믿는다.

그럼에도 불구하고 평화 실현의 기본 단위는 먼저 개인이며, 개인들의 가슴 속에 이루어진 평화는 곧 사회적 평화 실현의 기초가 된다고 본 점에서 아주 현실적이다. 천상의 완전한 평화에 대한 지상 평화의 대비를 통하여, 지상 평화의 유용성과 동시에 그 한계성을 밝히고 평화 실현의 자율적 측면과 타율적 측면까지 밝힌 것은 그의 평화론이 오늘까지 생명성을

---

128 H. Carlyle, *Medieval Political Thought in the West* (London: Edinburgh, 1930), 109.

지니고 있는 큰 이유이다. 그의 평화론은 그 근본을 종말적인 천상에 두고 있음에도, 논의의 전개는 현실의 문제를 외면할 수 없었다.

그가 지향하는 평화는 현세(*saeculum*)가 궁극적으로 도달하고자 하는 목표였다. '천상도성'의 시민이 도달하고자 하는 목적지는 자유가 아니라 평화라고 했던 피기스(J. Figgis)의 말은 아우구스티누스 평화론의 본질을 말해 주고 있다.¹²⁹

---

129 John N. Figgis, *The Political Aspects of St. Augustine's City of God*, 167.

제5부

결론

A Study of Augustine's
Concept of Justice in De Civitate Dei

『신국론』을 통해 아우구스티누스의 두 도성 이론과 그의 사회이론에 나타난 여러 덕목들과 정의 개념을 자세히 분석해 보았다.

이 작업을 위해 우선적으로 『신국론』의 배경이 되는 당시 로마제국의 국내외 상황과 관련된 저자의 저술 배경도 살펴보았다.

게르만족의 대이동이 단초가 되어 로마의 직접적인 붕괴 원인이 되었던 역사적 배경, 이교도들이 로마 유린의 귀책사유를 기독교에 떠넘겼던 종교적 배경, 그리고 아우구스티누스에게 직접적인 영향을 준 신플라톤주의의 사상적 배경을 순차적으로 분석했다.

다음으로, 아우구스티누스에게 영향을 미친 이전의 정의 개념을 살펴보았다. 그 결과 우리는 아우구스티누스가 플라톤의 4주덕 이론과 아리스토텔레스의 분배적 정의 개념으로 대표되는 고대철학의 정의관, 성경적 정의관, 그리고 교부들의 정의관을 수용하여 기독교 정의관으로 변형시켰다는 것을 확인할 수 있었다.

무엇보다도 그는 고전적 4주덕, 즉 절제, 용기, 정의, 지혜를 하나님의 사랑의 네 가지 유형으로 해석한다.

절제는 하나님을 위해 스스로를 온전한 상태로 유지하는 사랑이고, 용기는 하나님을 위해 기꺼이 모든 것을 견디는 사랑이며, 정의는 하나님만을 섬김으로써 인간에게 종속되는 그 밖의 모든 것을 잘 다스리는 사랑이고, 지혜는 하나님께 향하도록 도움을 주는 것과 방해할지도 모르는 것을 올바르게 구별하는 사랑이라고 해석한다.

또한, 아우구스티누스는 '각자에게 자기 몫을 돌리는 것(*unicuique suum tribuere*)'이라는 고전적 정의 개념을 키케로를 통해 그대로 차용한 것은 사실이지만 사람들 간에 수평적인 관계에 더해서 인간과 하나님의 수직적 관계를 첨가하여 하나님과의 올바른 관계에서만 인간의 모든 의가 가능하다고 보고 있다.

아우구스티누스는 플로티노스의 유출이론으로부터 영향을 받아 성경의 창조론을 기초로 존재의 위계 질서와 선의 위계 질서를 상정한다. 따라서 아우구스티누스에게 있어서 질서의 개념은 지고의 것과 저급한 것, 육체적인 것과 영적인 것 등의 구분으로 드러난다.

그는 이러한 질서를 전제로 사랑을 '그 자체를 위한 사랑(propter se)'과 '다른 것을 위한 사랑(propter aliud)', 또는 '그것 자체를 위해 향유하는 사랑'과 '더 상위의 목적을 위한 수단적 사랑'으로 구분한다.

하지만 아우구스티누스에게 있어 진정으로 향유해야 할 대상은 최고선인 하나님뿐이며, 그 밖의 대상들은 하나님에게 이르기 위한 수단으로 족하다. 이것이 바로 사랑의 질서이다.

따라서 그에게 덕이란 근본적으로 의지가 최고의 가치로서 향유해야 할 것과 이용해야 할 것을 제대로 구분하고 인간의 관심을 질서 있게 정돈하는 것으로 드러난다.

이와 같이 아우구스티누스는 고대철학의 정의관, 신구약성경의 정의관(특히, 바울서신의 의의 개념), 교부들의 정의관을 골고루 수용하여, '4주덕', '각자의 몫', '사랑의 질서' 등의 이론 체계를 통해 기독교적 정의 개념으로 변환시켰던 것이다.

따라서 아우구스티누스의 정의(iustitia) 개념은 세 가지 의미가 융합된 것으로 정리할 수 있다.

첫째, '각자에게 자기 몫을 주는 덕목'이란 의미로 고대 헬라 철학에서 유래한 개념이다.

둘째, '하나님과 자기 이웃에게 마땅히 돌려야 할 사랑'이라는 의미로, 신약성경과 라틴 교부들에게서 유래한 개념이다.

셋째, '의로움'(righteousness)이라는 의미로, 하나님과 영혼의 올바른 관계 맺음을 가리키는데, 이것은 특히 바울의 의(디카이오쉬네) 개념과 밀접한 관계가 있는 개념이다.

『신국론』의 두 도성 이론에서 두 도성이란 정치적인 의미보다는 인간들의 사회(human society)에 더 가까운 의미로 사용되었다. 이 땅의 현실 세계에서 볼 수 있는 물리적인 국가나 정치 제도가 아니라 비물질적인 공동체이다.

아우구스티누스는 두 도성의 원리를 하나님 사랑(*amor Dei*)과 자기 사랑(*amor sui*)으로 구분한다. 그에 의하면 두 도성은 이 두 가지 사랑으로 건설되었다.

뿐만 아니라 인류의 역사는 두 도성으로 소급되고 두 도성은 두 종류의 인간들로 소급되며, 두 부류의 인간들은 두 사랑으로 소급된다. 다시 말해, 두 종류의 사랑이 두 도성의 토대인 것이다.

아우구스티누스의 두 도성 개념을 정리해 보면, 두 도성은 그 구성원들의 '사랑의 질서'(*ordo amoris*)에 따라 구분되며, 그들의 의지의 방향이 곧 사랑의 핵심이 된다. 더 나아가, 구성원들의 영원한 것을 향한 사랑을 '카리타스'(*caritas*)라고 하며, 한시적인 것에 집착하는 욕구를 '쿠피디타스'(*cupiditas*)라고 한다.

따라서, 하나님의 도성(civitas Dei)은 '카리타스'를 통해 영원한 하나님을 사랑하는 사람들의 공동체를 말하며, 지상의 도성(civitas terrena)은 '쿠피디타스'에 빠져 하나님을 멸시하고 자기를 사랑하고 세상을 사랑하는 사람들의 공동체를 말한다고 볼 수 있다.

다음으로 이러한 두 도성에서 구현되는 정의가 어떻게 드러나는지를 살폈다. 아우구스티누스에게 있어서 정의란 '오직 신만을 섬기는 사랑으로 인간에게 속한 것들을 잘 다스리는 것'이라고 정의한다.

그러나 그에 따르면 지상에 있는 나라들 중에서 어떤 국가도 참된 정의를 갖고 있다고 주장할 수 없고, 다만 상대적으로 다른 국가보다 더 많거나 더 적은 정의를 갖고 있을 뿐이다. 물론 그렇다고 해서 지상의 정의는 있어도 그만 없어도 그만이라거나 아예 무시해도 괜찮다는 말이 절대 아니다. 천상에서 실현된 정의와 비교할 때 지상의 정의가 상대적으로 약할 뿐인 것이지, 지상의 정의가 무익한 것은 아니다.

참된 정의는 천상의 하나님 나라에서 완전히 실현된다. 따라서 천상의 '하나님의 도성'에서 완전하게 실현될 하나님의 정의는 종말론적이다. 아우구스티누스가 두 도성 이론에서 두 도성을 대비시키고 있다고 해서 그가 지상의 도성에 대해 완전히 부정적인 입장을 가졌다고 판단해서는 안 된다. 그는 세상 나라에 있는 정치 질서와 덕목들의 역할을 긍정적으로 보고 있기 때문이다.

그러나 아우구스티누스는 『신국론』에서 각각의 덕목이 두 도성 안에서 어떤 한계가 있고 관련이 있는지 보여 줌으로써 현재 지상의 도성에서 살아가는 하나님의 백성들이 지향해야 할 사회 생활의 종말론적 전망을 제시하고 있다.

고대로부터 이어져 온 덕 전통의 정의관을 견지한 아우구스티누스는 정의를 다른 덕목들, 즉 사랑, 질서, 행복 등과 연계시켜 그 의미를 더욱 풍성하게 되살리고 있다.

여기서 정의와 관련하여 덕목의 우열을 가린다는 것은 무모한 일이겠지만, 아우구스티누스가 '사랑'(*caritas*)과 '질서'(*ordo*)를 정의의 토대로 강조한다는 점을 눈여겨 볼 필요가 있다.

우선, 아우구스티누스는 『삼위일체론』 제8권에서 "피차 사랑의 빚 외에는 아무런 빚도 지지 말자"(롬 13:8)라는 말씀 위에 소개한 첫째 의미 곧 분배적 정의와 연결시킨다.

그는 또 로마서 13:8을 해석하면서 '각자에게 자기 몫을 주는 것'이라는 고대철학의 분배적 정의 개념을 성경의 사랑의 이중 계명(마 22:40)에 접목시켜 자기들의 몫이 된 사랑을 하나님과 자기 이웃에게 베푸는 것으로 설명한다.

따라서 성도가 '의롭게 산다는 것'(*iuste uiuere*)은 하나님의 계명과 그리스도의 모범을 통해 드러났듯이, 자신과 자기 이웃, 그리고 하나님을 사랑하는 삶이라 할 수 있다.

아우구스티누스에 따르면 정의는 사랑의 하위 덕목이고 사랑은 정의로 가기 위한 선결요건이다. 그러므로 정의의 실현은 이성만으로는 불가능하고 사랑을 필요로 한다. 다시 말하면 정의의 실현은 이성과 사랑의 신비적 결합에 의존한다. 인간 영혼의 내적 움직임이 무엇을 사랑하는지에 따라 정의의 실현 여부가 결정된다는 것이다. 단적으로 말하면 정의는 이성을 통해 알려지되 사랑에 의해 구현되는 미덕이다.

또한, 아우구스티누스는 고대철학의 질서 개념을 일부 수용하지만 이것을 다시 창조주의 우주질서로 변형시킨다. 창조주에 의해 세워진 우주의 질서는 모든 존재와 행위의 토대로서, 존재의 질서이고 가치의 질서, 즉 사랑의 질서(ordo amoris)이다.

아우구스티누스는 정의를 질서 개념 특히 사랑의 질서에 기반하여 재정립한다. 사랑의 질서는 하나님이 사랑과 욕구의 대상으로 제시한 선의 위계질서로 아우구스티누스의 정의개념의 토대가 된다. 사랑의 적절한 배열에 따라 세워진 정의는 사랑의 자발적 측면과 창조된 자연의 질서와 조화된다. 이런 맥락에서 아우구스티누스는 정의란 '하나님의 창조 질서와 사랑의 질서에 따라 오직 하나님을 섬기는 사랑, 하나님을 사랑하기 위한 이웃 사랑, 하나님이 질서 지어준 모든 것을 잘 다스리는 것'이라고 규정한다.

마지막으로 필자는 두 도성 개념과 구별되는 현실의 지상국에 있어서 정의가 어떤 위치에 있는가를 살펴 보았다.

그러기 위해서 국가, 국민, 전쟁과 평화 등의 주제를 다루었다. 여기에서 우리는 아우구스티누스가 이러한 주제에 대해서 주로 키케로의 입장과 비교하면서 자기 입장을 피력할지라도 그와 어떤 차별성이 있는지를 알 수 있었다.

이러한 주제들은 『신국론』에 나타난 아우구스티누스의 정치사상이라 할 수 있을 것이다. 아우구스티누스가 보기에는 어떤 지상국도 진정한 의미의 정의를 갖고 있지 않다. 아우구스티누스는 정의를 가리켜 "하나님만을 섬기는 사랑(amor Deo tantum serviens)으로, 그리하여 인간에게 속하는 것들을 잘 다스리는 것(bene imperans ceteris quae homini subiecta)"이라고 말하고 있다. 그러므로 이 세상에서 하나님에게 순종하고 하나님을 사랑하는 기본 정의가 세워지지 않는다면, 정의로운 공화국이나 국민도 더 이상 존재하지 못할 것이다.

따라서 아우구스티누스는 진정한 정의가 구현되는 참된 공화국은 하나님의 도성뿐이라는 결론에 도달한다. 하나님의 도성은 이 세상 것이 아니므로 현세 국가들은 진정한 공화국이라고 할 수 없다는 것이다.

이러한 사회이론은 그것의 신학적 내력에도 불구하고 사회와 사회들 사이에 관계에 대해서 우리가 경험적으로 검증할 수 있는 몇 가지 점들을 제공한다.

오늘날 국가는 자신이 소유한 사회가 '개화된 자기 이기' 또는 '잠정적인 폭력의 통합'과 같은 것에 의해서 결합되지 않는다면 그 기능을 길게 행사할 수 없게 되어 버렸다. 그러나 아무리 진보적인 시기일지라도 자기이기와 폭력은 우리 자신을 파괴할 것이다.

이것은 관계자들의 거만한 주장으로 일관되는 국제적인 관계의 영역에 대해서도 동일하게 말할 수 있다. 조약, 협정, 협약들은 그것들의 효과적인 행사를 위해서 그것들에 개입한 사람들의 의지에만 의존해 결정되어 버린다. 그 결과 그들의 주장은 위선에 빠지고 외교 관계에 있어서 불신과 불안만을 불러일으키곤한다.

이것은 아마 본질적인 것에 대한 동의가 존재할 수 없다는 확신에 근거하고 있을지 모른다. 따라서 사랑에 대한 합의가 국가의 토대가 되어야 한다는 아우구스티누스의 입장은 오늘날도 의미심장하다. 그야말로 사회의 존재론적인 원리는 사랑이어야 한다. 사회의 크기와 욕망이 커질수록, 사회 속에 야망들이 다양하게 증가할수록 공동적인 선과 사회 안에서 본질적인 힘인 초월적인 선에 대한 사랑이 반드시 요청되어야만 한다. 이러한 초월적인 선만이 모든 욕구를 만족시키고 그 갈망들을 재질서지우고 완성시키며, 보다 나은 의욕으로 승화시킬 수 있다.

다시 말해서 최고의 선인 하나님의 사랑만이 회복의 힘을 제공할 수 있고 승화의 힘을 제공할 수 있다는 것이다. 그래서 아우구스티누스는 '하나님의 사랑과 하나님 속에서 우리의 이웃에 대한 사랑이 있지 않는다면 우리의 이웃 사랑이 있을 수 없다'라고 한다.

설사 하나님을 초월적인 원리로서 인정하지 않는다 할지라도 모든 개별적인 다양성을 초월하는 최상의 이상에 헌신하도록 하려면 우리는 가치 목적과 우리 사회를 화합하게 하는 선을 틀림없이 찾아야만 한다. 이러한 것은 정치가들이 피할 수 없는 결과이다. 그들은 반드시 사랑과 폭력 사이에서 어느 것을 선택해야만 한다.

그런데 이러한 결론들을 두고 사실의 세계를 넘어서 종교적인 가치의 영역으로 나아가는 설교라는 느낌을 받는다면 불행한 일일 것이다.

부록 1

『신국론』 제11-22권에 대한 학자들의 구조 분석 비교

1. 김광채의 분석[1]

후반부(제11-22권): 하나님 나라의 역사

[제11-14권: 역사의 기원]
제11권: 천지 창조, 천사 창조, 천사들의 분화
제12권: 악한 천사들의 타락 원인 및 인간의 창조
제13권: 인간의 타락과 그 결과(특히, 죽음)
제14권: 타락의 결과인 정욕의 문제에 대한 상론

[제15-18권: 역사의 발전]
제15권: 노아 홍수까지의 구속사
제16권: 다윗 치세까지의 구속사
제17권: 그리스도의 강림까지의 구속사
제18권: 교회 시대까지의 세속사와 구속사의 대조

---

1 김광채, 『신국론 연구노트』 (부천: 부크크, 2018), 32-54.

[제19-22권: 역사의 종말]

제19권: 최고선으로서의 참된 평화

제20권: 최후의 심판

제21권: 영원한 지옥 형벌

제22권: 하나님 나라에서 누릴 영원한 복락

2. 성 염의 분석[2]

[제11권: 하나님이 시간 속에 창조한 세계와 천사]

제1부: 성서가 말하는 하나님의 도성 (1-3)

제2부: 시간 속 존재 아닌 하나님의 시간 속 존재인 세계 창조 (4-8)

제3부: 선한 천사로 창조되었으나 타락한 존재들 (9-21)

제4부: 하나님의 창조와 삼위일체에 관한 오류 논박 (22-34)

[제12권: 천사와 인간 창조]

제1부: 천사와 사물에서 무엇이 선이고 무엇이 악인가 (1-9)

제2부: 인류 창조와 시간 (10-14)

제3부: 회귀설 논박: 인간의 유일회성과 원초적 선성 (15-28)

[제13권: 영원한 생명의 복원인 인간의 구속]

제 1부: 죽음의 양상 (1-11)

제 2부: 죽음은 죄에서 온다 (12-18)

---

2 성 염, 『신국론』(외관: 분도출판사, 2004),

제 3부: 은총으로 인간은 죄와 죽음에서 구속된다 (19-24)

[제14권: 범죄 후 인간의 형태에서 나온 두 도성]

제 1부: 육에 따른 감정과 영에 따른 감정 (1-9)

제 2부: 원죄 범죄 후의 감정과 정욕 (10-28)

[제15권: 두 도성의 전개: 가인과 아벨부터 대홍수까지]

제 1부: 최초의 두 도성 (1-8)

제 2부: 두 계보: 셋과 가인부터 대홍수까지 (9-21)

제 3부: 대홍수에서 일어난 일들이 예표하는 것 (22-27)

[제16권: 하나님 도성의 초기 역사: 노아부터 다윗까지]

제 1부: 하나님 도성의 아동기: 노아부터 아브라함까지 (1-11)

제 2부: 하나님 도성의 청년기: 아브라함 시대 (12-36)

제 3부: 하나님 도성의 장년기 초반: 이스라엘부터 다윗 사이 (37-43)

[제17권: 예언자 시대의 하나님 도성]

제 1부: 예언이라는 현상 (1-3)

제 2부: 다윗 전에 나타난 예언 (4-7)

제 3부: 다윗과 시편에 표상된 예언 (8-19)

제 4부: 솔로몬 이후의 예고 (20-24)

[제18권: 역사 속의 두 도성 비교]

제 1부: 시대 흐름 속의 두 도성 (1-26)

제 2부: 그리스도와 교회에 관해 말한 예언자들 (27-44)

제 3부: 하나님의 도성인 교회의 시원과 발전 (45-54)

[제19권: 선의 목적은 하나님 안에서의 평화]

제 1부: 철학자들이 말하는 선과 악의 목적 (1-9)

제 2부: 선의 목적으로 만인이 희구하는 평화 (10-20)

제 3부: 로마와 온 세계에 존재하던 국가 (21-28)

[제20권: 최후심판에서 닥칠 일들]

제 1부: 문제 제기 (1-4)

제 2부: 최후심판에 관한 신약의 예고 (5-20)

제 3부: 최후심판에 관한 구약의 예고 (21-30)

[제21권: 종말의 징벌]

제 1부: 합리적으로 설명할 수 없는 실존 사건들 (1-8)

제 2부: 악마와 악인에게는 꺼지지 않을 불 (9-12)

제 3부: 생시에도 사후에도 정화되는 죄벌 (13-16)

제 4부: 오리게네스파 자비론자들의 내생관 (17-22)

제 5부: 하나님의 말씀을 전거로 자비론자들을 논박하다 (23-27)

[제22권: 육신의 부활과 영원한 생명]

제 1부: 부활과 영생을 신앙과 이성으로 궁구한다 (1-10)

제 2부: 육신은 부활한다 (11-21)

제 3부: 영원한 생명 (22-30)

3. 오도넬(J. O'Donnell)의 분석

[제11권 기원: 창조 특히 타락한 천사]

A. 서론 (1-4)

B. 창조 (5-31)

    1. 헥사메론 (5-8)

    2. 천사학 (9-20)

    3. 모든 피조물의 선함 (21-28)

    4. 천사여, 다시 한 번 (29)

    5. 헥사메론이여, 다시 한 번 (30-31)

C. 요약과 결론 (32-34)

    1. 용납할 만한 대안 (32)

    2. 요약 (33)

    3. 용납할 수 없는 대안 (34)

[제12권 기원: 특히, 천사의 타락, 인간의 창조]

A. 서론 (1a)

B. 천사들 (1b-9)

    1. 창조 속에 내재하는 선함 (1b-5)

    2. 악의 기원 (6-9)

C. 인간 (10-28)

    1. 시간, 영원, 인간의 기원 (10-21)

    2. 창조함의 함의 (22-28)

[제13권 (기원: 인간의 타락과 그것이 지닌 함의)]

A. 타락의 결과: 죽음 (1-11)

    1. 죽음이라는 사실 (1-3)

    2. 신자들의 대응 (4-11)

B. 타락의 결과: (영혼의) 두 번째 죽음 (12-18)

C. 타락의 결과: 육체에 대한 물질적-정신적 측면에 대한 제고 (19-24a)

D. 결론: 두 명의 아담 (24b)

[제14권 (기원: 두 개의 사랑, 두 개의 도성)]

A. 서론 (1-5)

B. 인간 의지, 타락 전과 후 (6-14)

    1. 타락한 인간의 사랑과 격정 (6-9)

    2. 타락하지 않은 인간의 자존심과 겸손 (10-14)

C. 인간 행위, 타락 전과 후 (15-27)

    1. 욕정으로 인한 타락의 결과 (15-20)

    2. 오염되지 않은 낙원에서 욕정이 없는 성 (21-27)

D. 결론: 두 종류의 사랑과 두 도성 (28)

[제15권: (역사: 타락에서 홍수까지)]

A. 서론 (1a)

B. 두 개의 도시: 역사와 알레고리에 나타난 형제 갈등

    [가인과 아벨, 이스마엘과 하갈, 로물루스와 레무스] (1b-8)

    [방법론상의 간주: 연대기적 난제와 성경판본의 권위]

C. 가인에서 홍수까지 (17-21)

D. 홍수 (22-27)

[제16권 (역사: 홍수에서 이스라엘 왕조 시대까지)]

A. 셈 종족 세대: 언약 시대 이전 생명의 조건에 대한 일반적인 제고
   [특히, 바벨, 언어 등] (1-11)
B. 아브라함과 그의 언약 (12-34)
C. 아브라함에서 다윗까지 (35-43)

[제17권 (역사: 성경과 왕조 시대 하의 예언)]

A. 예언 (1-3)
B. 안나와 사무엘 (4-7)
C. 다윗 (8-19)
   1. 역사 속 다윗 (8-13)
   2. 하나님의 도성에 관한 시편 (14-19)
D. 솔로몬의 예언에서부터 그리스도의 시간까지 (20-24)
   [제18권에서 자세히 다룬다]

[제18권 (역사: 지상의 역사, 과거와 미래, 그리고 두 도성에 대한 개요)]

A. 서론 (1-2)
B. 니느웨의 창설자 겸 아시리아의 왕 니누스(Ninus) 시대 이후 아시리아 지배하에 있던 두 도성 (3-14)
C. 로마 지배기 동안의 두 도성 (15-54a)
   1. 초기 (15-26)
   2. 선지자의 시대 (27-41)
      a. 구약 시대의 선지자들 (27-36)
      b. 선지자들과 이방의 현자들 (37-41)

3. 구약의 표준 텍스트의 확립 (예를 들어, 70인 역) (42-44)

4. 구약과 신약의 중간기 (45-48)

5. 그리스도의 오심과 교회 (49-54a)

D. 결론 : 두 도성의 현재적 융합 (54b)

[제19권 (종말: 평화)]

A. 서론: 바로의 288 분파들 (1-4)

B. 인간 조건의 비참함 (5-9)

C. 평화 (10-26)

1. 열망해 온 평화 (10-13)

2. 지상에서 진정한 평화의 가능성 (14-20)

3. 키케로와 포르피리오스 논박 (21-26)

D. 하나님 도성의 목표-평화, 인간의 도성-전쟁 (27-28)

[제20권 (종말: 마지막 심판)]

A. 서론 (1-4)

B. 신약의 심판 (5-20)

1. 복음서들 (5-6)

2. 묵시록 (7-17)

3. 서신서 (18-20)

C. 구약의 심판 (21-29)

1. 이사야와 다니엘 (21-23)

2. 시편과 말라기 (24-29)

D. 결론: 심판자 그리스도 (30)

[제21권 (종말: 지옥)]

A. 서론 (1)

B. 영원한 심판과 정의 (2-12)

    1. 반대의 논박 (2-9)

    2. 교리의 온당함 (10-11)

[심판과 정화(정결): 13-16]

C. 영원한 심판과 긍휼 (17-27a)

    1. 오리게네스의 반대 (17-22)

    2. 반박과 설명 (23-27a)

D. 결론 (27b)

[제22권 (종말: 천국)]

A. 서론 (1-3)

B. 부활 (4-20)

    1. 기적에 관한 논의 (4-12)

    2. 부수적인 질문들 (13-20)

C. 영원한 행복 (21-30)

    1. 지상에서의 예고편(그림자) (21-24)

        [포르피리오스와 플라톤의 반박:25-28]

    2. 실현된 하나님의 도성 (29-30a)

D. 결론 (30b)

부록 2

『신국론』에 인용된 주요 고전 작가들

1. 헬라 저술가들

1) 플라톤(Plato, B.C. 427-348)

플라톤은 B.C. 428년경 아테네의 귀족 가문에서 태어났다. 아버지는 아테네의 마지막 왕인 코드로스의 후손이었고 어머니는 초기 그리스의 입법가인 솔론과 친척 관계에 있었다. 귀족 출신인 플라톤은 젊은 시절 정치적 야망을 품고 있었지만 아테네의 정치 풍토에서는 양식 있는 사람이 설 자리가 없다는 사실을 깨닫고 포기한다. 존경하던 스승이자 친구였던 소크라테스가 누명을 쓰고 사망하자, 그리스, 이집트, 이탈리아 남부 지역을 순회하며 여행했고 B.C. 387년경 아테네로 돌아와 '아카데메이아'를 창설했다.

그 정문에는 '기하학을 모르는 자는 이 문을 넘어오지 말라'는 글귀가 새겨져 있었다고 한다. 이 글귀를 통해 당시의 학문성을 엿볼 수 있는데, 수학과 기하학의 기본 지식을 습득한 사람만이 철학을 배울 수 있었던 것이다.

플라톤은 수많은 대화 형식의 글들을 남겼는데, 그 가운데 대표작들로는 『국가』, 『법률』, 『티마이오스』 등이 있다. 플라톤의 이데아 사상은 스승 소크라테스의 가르침을 이어받아 전쟁의 패배와 폴리스의 타락으로 부패하고 혼란스러웠던 상황에서 보편적인 정의를 수립하는 데 크게 기여하였다.

그는 현대의 과정철학자 A. 화이트헤드가 "서양철학은 플라톤의 각주에 불과하다"고 언급할 정도로 서양철학과 사상사에서 가장 뛰어난 학자였다. 플라톤 사상은 신플라톤주의를 통해 아우구스티누스에게 전해졌으며, 기독교 신학이 정립되는 데 큰 도움을 주었다.

아우구스티누스는 『신국론』에서 키케로가 번역한 플라톤의 『티마이오스』의 일부를 자료로 활용한다(11.21; 13.16-19).

2) 플로티누스(Plotinos, A.D. 204-270)와 포르피리오스(Porphyrios, A.D. 234-305)

플로티누스는 북아프리카 리코폴리스(Likopolis)에서 태어났고, 28세에 뒤늦게 철학에 입문했다고 한다. 암모니우스에게 플라톤 철학을 배우면서 그 사상에 크게 감동하여 이후 플라톤 철학의 해석자로서의 길에 들어섰다. 플라톤 사상에 심취하여 플라톤 철학을 가르쳤다고 해서 신플라톤주의의 효시로 불리기도 한다.

플로티노스는 플라톤의 이원론과 아리스토텔레스의 일원론을 결합하여 '유출설'(the theory of emanation)을 주장한 철학자다. 플로티누스의 유출설은 이미 플라톤이 『티마이오스』(*Timaeus*)에서 제기한 '어찌 하나(헨)에서 다수가 흘러나왔는지?'의 물음을 발전시켜 '영원한 것이 완전한 채로 머물러 있지 않고 이 세상의 불완전한 다수로 존재하게 되었는가?'라는 난제에 답변을 제시하고자 했다.

그에 따르면 만물은 일자(the One)에게서 존재의 충만이 흘러나와 존재하게 되고 일자에게 가까울수록 선하고 멀어질수록 악하다는 존재의 위계질서를 갖는다. 플로티노스의 작품은 그의 제자 포르피리오스에 의해 모두 54편이 보존되어 전해져 오는데, 이는 포르피리오스에 의해 9권씩, 총 6집으로 편집되었다.

포르피리오스는 신플라톤주의자로서 페니키아의 무역도시인 티로스 섬에서 태어났다. 그는 자기 스승 플로티노스의 논문을 모아 편집한 『엔네아네스』를 출판하였다. 그리고 많은 저작들도 남겼는데, 그가 다룬 주제들은 호메로스 서사시와 같은 서양 고전에서부터 철학, 논리학, 수학 등의 학문과 기독교와 미트라교와 같은 종교에 이르기까지 광범위했다.

포르피리오스의 저작들 중 『신탁에서 유래한 철학』과 『기독교에 대한 반론』으로 인해 초기 그리스도인들과 여러 논쟁을 했던 것으로 알려졌다. 아우구스티누스가 '플라톤주의자들'(Platonici)이라고 언급한 자들 가운데 플로티누스와 포르피리오스가 포함된다. 『신국론』 제9권과 제10권에 플라톤주의에 대해 언급하면서 플로티누스의 많은 논문들이 소개된다.

특히, 『엔네아네스』에 있는 글들이 많이 인용되는데, 『신국론』 9.10, 17; 10.2, 14, 16, 23, 30; 22.19에 등장한다.

포르피리오스는 『신국론』에서 아우구스티누스의 주요 논적자로 나온다. 아우구스티누스는 플라톤주의가 기독교의 형이상학에 아주 가까운 사상이라는 것을 인정했지만, 포르피리오스의 주장에 대해서는 상당히 비판적이었다(7.25; 10.9, 11, 21, 22, 26, 29: 19.23).

3) 플루타르코스(Plutarchos, A.D. 46-120)

『영웅전』으로 잘 알려진 플루타르코스는 그리스 중부의 보이오티아에 위치한 카이로네이아의 명문 집안에서 태어났다. 소년기에 아테네에서 수사학을 공부했으며 당시 아카데메이아의 원장이었던 암모니우스에게 철학을 배웠다.

그는 헬레니즘 문화의 중심지였던 이집트의 알렉산드리아와 그리스를 지배하고 있던 로마를 두 차례 방문하기도 했는데, 그리스 문화와 로마 문화의 차이를 느끼며 두 곳의 인물들에 관한 전기를 비교하는 작업을 했다. 그가 지은 『영웅전』은 현재 22편의 대비열전과 4편의 단독 전기가 남아있다.

플루타르코스는 250편의 저술을 남긴 작가로 대비열전 이외에 철학과 자연과학, 문학, 종교 등 다방면의 주제들을 다룬 에세이들을 남겼는데, 『윤리논집』이라는 책으로 엮어져 있다.

2. 라틴 저술가들

아우구스티누스가 언급하고 있는 라틴 저술가들은 모두 '키케로 시대'(Ciceronian Period)의 유명한 저술가들이었다. 일명 '키케로 시대'는 라틴 문학의 첫 번째 전성기(B.C. 70-43)로 그 뒤에 이어지는 아우구스투스 시대와 함께 라틴 문학의 황금기에 해당한다. 키케로 시대에 탁월했던 인물들로는 정치 연설과 군사 기록에 뛰어난 율리우스 카이사르, 농사일에서 라틴어에 이르기까지 다양한 주제들을 다룬 마르쿠스 테렌티우스 바로, 키케로식 문체를 반대한 살루스티우스, 그리고 살루스티우스가 주창한 문체를 모방한 세네카, 로마의 역사가인 타키투스 등이 있다.

아우구스티누스가 『신국론』에서 특히 동시대 인물들을 다루지 않고 자기보다 4-500년 전 인물들이나 그 이전의 인물들을 취급한 이유는 로마인들이 역사적 문헌들과 고대인들의 권위를 매우 존중했기 때문이며 또한, 로마들이 존경하는 고고대인들의 주장들을 통해 하나님을 더욱 효과적으로 변증할 수 있다고 여겼기 때문이다.

1) 바로(Marcus Terentius Varro, B.C. 116-27)

로마의 위대함을 고취하려는 강한 애국심에서 도덕적이며 교훈적인 작품들을 많이 썼다. 로마의 영화로운 과거와 미래를 연결시키려 했던 그의 작품들은 로마제국 건립을 전후하여 큰 영향력을 발휘했다.

그는 자신의 대표작인 『인간과 신의 역사』(*Antiquitates rerum humanarum et divinarum*) 제2부를 카이사르에게 헌정했는데, 2차 삼두정치 시대에 마르쿠스 안토니우스에 의해 사회로부터 매장당하고 그 책들이 불태워졌다. 바로의 재산은 아우구스투스 시대에 되찾았으며 이후 연구와 집필로 여생을 보냈다고 한다.

마르쿠스 바로는 아우구스티누스가 『신국론』에서 가장 많이 인용하고 있는 인물이다. 아우구스티누스는 『신국론』 제4권, 제6권, 제7권에서 로마 종교를 조목조목 비판할 때 바로의 이름을 언급하거나 바로의 주장들을 인용한다(4.8, 12-13, 17-25; 6.3-4, 5-9; 7.5-6, 17, 22-23, 28).

2) 키케로(Marcus Tullius Cicero, B.C. 106-43)

키케로는 로마의 가장 뛰어한 웅변가요 라틴 문학의 거장으로 로마의 정체가 공화정에서 제정으로 넘어가는 시기에 결연하게 공화정을 수호했던 정치가였다. 키케로는 아르피눔의 부유한 집안의 아들로 태어나서 로마와 그리스에서 훌륭한 교육을 받았다. 그리고 B.C. 89년 폼페이우스의 아버지였던 폼페이우스 트라보 밑에서 군복무를 하기도 했다. 그는 변호사로도 주요 인물들을 변호했는데, B.C. 81년에는 큉크티우스를, B.C. 80년에는 섹스투스 로스키우스를 훌륭하게 변호하여 법조계에서 명성을 세웠다고 한다.

키케로는 아우구스티누스에게 플라톤을 비롯하여 고대철학으로 가는 징검다리 역할을 해 준 인물이었다. 철학 공부를 권장하는『호르텐시우스』(Hortensius)라는 키케로의 작품은 후에 아우구스티누스의 마음을 깊이 매료시켜서, 철학에 대한 열정과 기독교로의 개종에 영향을 주기도 했다.

키케로의『국가론』(De Re Publica)은 아우구스티누스가『신국론』에서 자신의 정치 이론을 확립하는데 크게 기여한 작품이다. 하지만 아우구스티누스는 키케로의 국가에 대한 낙관적인 견해에 대해서는 항상 비판적이었다. 아우구스티누스는 키케로의 공화국 개념을 소개하면서 일반 국가의 정의 실현에 대해 회의적인 반응을 보인다(2.21; 19.21, 24).

아우구스티누스는 『신국론』 전체에 걸쳐 골고루 『국가론』에 나타난 키케로의 견해를 언급하기도 하고 반박하기도 한다(2.8-13; 2.21; 3.15; 5.12; 19.21; 22.6).

키케로의 다른 저서들 가운데 『투스쿨룸과의 대화』(Tusculan Disputations)는 『신국론』 9.4-5; 14.3-9에서 중요하게 취급된다. 또 그의 『운명론』(De Fato)과 『점성술』(De Divinatione)은 『신국론』 5.1-10에 나오고, 『신들의 본성에 대하여』(De Natura Deorum)는 『신국론』 4.30; 22.24에서 인용되고 소개된다.

3) 세네카(Lucius Annaeus Seneca, B.C. 4 - A.D. 65)

세네카는 스페인 코르도바에서 부유한 집안의 둘째 아들로 태어났다. 아버지 루키우스 안나이우스 세네카는 로마에서 수사학교사로 유명했고, 어머니 헬비아는 훌륭한 성격과 교양을 지니고 있었다. 그의 형 갈리오는 아카시아에서 바울을 만난 적이 있다.[1] 세네카는 1세기 중엽 로마의 대표적인 지성인이었고 네로 황제 재위 기간인 54-62년에 로마의 실질적인 통치자로 이름을 떨쳤다.

세네카는 스토아 철학자답게 영혼의 평정심에 대한 글을 많이 남겼는데, 대표적인 작품들로는 『분노에 관하여』(De ira), 『관용에 관하여』(De clementia), 『영혼의 평정에 관하여』(De tranquillitate animi), 『행복한 삶에 관하여』(De vita beata), 『자선에 관하여』(De beneficiis), 『여가에 관하여』(De otio), 『삶의

---

[1] 사도 바울의 제2차 전도여행 때 갈리오는 아가야 총독으로 있었다. 이때 유대인들이 갈리오 총독에게 바울을 고발했으나 그는 이를 거부했다(행 18: 12-17).

짧음에 관하여』(*De brevitate*) 등이 있다. 세네카에 관해 악의적이든 선의적이든 적지 않은 루머들이 존재하지만, 그가 삶과 사상이 후대에 큰 영향을 미쳤다는 것은 틀림없는 사실이다.

아우구스티누스와 제롬에 따르면 세네카의 저작은 감옥에 있는 보에티우스(Boethius)를 위로했다. 에라스무스가 편집한 세네카의 도덕 작품들은 단테(Dante)와 초서(Geoffrey Chaucer) 그리고 페트라르카(Petrarca) 등에게 알려졌고 세네카의 산문은 종교개혁자들을 비롯하여 16-18세기 사상가들에게 많은 영향력을 행사하였다.

『신국론』 6.10-11에서 아우구스티누스는 세네카의 『미신에 대하여』(*De Superstitione*)를 언급한다. 하지만 세네카를 자주 언급하지는 않는다. 아우구스티누스는 세네카가 바로(Varro)보다는 더 자유롭게 국가 종교의 신빙성을 훼손시켰다고 주장한다. 아우구스티누스에 따르면 세네카는 유대교의 의식에 대해서도 비판했다(6.11).

4) 살루스티우스(Gaius Salustius Crispus, B.C. 86-35)

살루스티우스는 고대 로마의 지방 귀족 출신으로 로마 역사가이자 정치가 겸 뛰어난 라틴 문학가였다. 그는 정치 인물들과 부패의 연관성, 그리고 당파들 간의 경쟁을 다룬 서사체 글로 유명했다. 그의 가족은 중부 이탈리아 고대인이었던 사비니안(Sabine) 계열로 로마 상원에서 활동한 유일한 사람이었다.

그래서 그의 정치 이력에 덧붙여진 별명이 '새로운 인물'(*novus homo*)이었다고 한다. 그는 공화정 말기에 발발했던 내란 때 카이사르 파에 속해 카이사르의 총애를 받으며 누미디아 총독으로 임명되었다. 그 후 정치생활에서 물러나 가까운 미래에 황실의 소유가 될 아름다운 정원에서 역사서를 저술하며 여생을 보낸 것으로 알려졌다.

살루스티우스는 아우구스티누스가 『신국론』에서 가장 많이 인용한 학자들 중 한 사람이다. 아우구스티누스는 그를 "진실하기로 유명한 역사가"였다고 인정한다(1.5). 그는 참된 정의에 대해 논변할 때, "로마인들 사이에는 법률에 의해서라기보다는 본성에 의해서 정의와 도덕성이 널리 퍼져 있었다"라는 살루스티우스의 말의 권위를 빌려 자주 논변한다. 살루스티우스의 주장들은 대부분 『신국론』 제1-5권에 등장한다(특히, 2.17-22 참조).

3. 유대교와 기독교 저술가들

1) 요세푸스(Flavius Josephus, A.D. 37-100)

요세푸스는 예루살렘의 귀족 제사장 가문에서 태어났고 조숙하여 14세 경에는 유대교의 율법 문제를 놓고 대제사장들에게 자문을 해줄 정도였다고 한다. 그는 젊은 시절 바리사이파에 가입했고 64년 로마에 대사로 파견되어 로마의 수도에 갇혀 있던 유대인 제사장들을 석방시키는 임무를 맡았다. 66년에 광적인 열심당이 대반란을 일으켜 로마의 총독을 쫓아내는 사건이 벌어졌다.

이 사건이 있기 직전에 예루살렘에 돌아온 요세푸스는 자신의 의지와는 무관하게 갈릴리 군대 지휘관으로 임명되어 요파타파 요새를 방어하게 된다. 로마군에 의해 이 요새가 함락되자 그는 베스파시아누스 장군에게 항복하고 황제의 예언자 행세를 한다. 베스파시아누스 황제의 신임을 얻게 된 요세푸스는 황제의 아들 티투스와 함께 A.D. 70년 예루살렘을 함락시킬 때 함께 참전하였다. 제국과 피식민지의 전쟁이 발발하기 전에 요세푸스는 예루살렘의 항복을 이끌어내려 했지만, 민족의 배신자라는 이유로 거부당했고 예루살렘의 멸망을 지켜봐야만 했다.

그는 이후에 로마에 거주하면서 황제의 후원을 받으며 평생 저술 작업에 몰두했다고 한다. 그가 저술한 대표작으로는 『유대 전쟁사』(Bellum Judaicum, 75-79)와 『유대 고대사』(Antiquitates Judaicae, 93)가 있다.

아우구스티누스는 『신국론』 18.45에서 요세푸스의 『유대 고대사』 제11-14권에 나오는 내용을 요약한 것으로 추정된다.

2) 알렉산드리아의 필론(Philo of Alexandria, B.C. 25-A.D. 50)

필로는 알렉산드리아의 부유한 명문가 출신으로 헬레니즘 유대주의를 대표하는 가장 중요한 인물이다. 그는 계시신앙과 철학적 이성을 종합하려고 시도한 최초의 인물로서 이후 기독교 신학과 철학에 큰 영향을 준다. 필로는 예수님과 바울과 동시대의 인물이라는 점에서 그가 이해한 유대주의에서 기독교의 기원을 파악하는 데 공헌했다.

그의 저서들은 당시 팔레스틴 밖에 살았던 유대인의 역사와 정황을 잘 알려주고 헬레니즘의 중심지인 알렉산드리아의 유대교 사상이 기독교의 헬라화에 미친 영향을 탐구하는 데 큰 도움을 준다.

아우구스티누스는 398년 『파우스트 반박』(Contra Faustum)에서 필론의 "창세기 글"(Quaestiones et Solutiones in Genesis)을 활용하는데, 이 글이 또한, 『신국론』 15.16에서 노아의 방주 기사를 다루는 자료가 되었을 것으로 추정된다.[2]

3) 오리게네스(Origenes, A.D. 185-254)

오리게네스는 알렉산드리아 학파를 대표하는 기독교 교부다. 그는 나태함을 극복하기 위해 엄격한 금욕생활을 했을 뿐 아니라 거세까지 했던 것으로 유명하다. 오리게네스 역시 필로처럼 신학적인 지식과 철학적인 지식을 새롭게 종합하려고 시도했다. 그는 이단에 맞서면서도 비성경적인 주장 때문에 교회와 자주 충돌을 일으키기도 했다.

오리게네스의 대표 저작은 『제1원리들에 대하여』(De principiis), 구약성경의 6가지 판본을 병기해 놓은 『헥사플라』(Hexapla), 이교도의 비판에 맞서 기독교를 변호한 『켈수스 반박』(Contra Celsum, 284) 등이다.

오리게네스는 일반적으로 청년 아우구스티누스에게 영향을 미친 인물로 추정된다.[3] 특히, 오리게네스의 알레고리적 성경 해석은 암브로시우스와 아우구스티누스에게 영향을 준 것으로 알려졌다. 한편, 아우구스티누스는 『신국론』 제21권에서 오리게네스의 구원론과 종말론을 반박한다. 오

---

2 Gerard O'Daly, *Augustine's City of God: A ReA.D.er's Guide* (New York, NY: Oxford University Press, 1999), 261. 필로의 글을 아우구스티누스에게 중계한 인물은 암브로시우스였을 것으로 추정한다(*De Noe et Arca* 7.16).

3 György Heidl, *The Influence of Origen on the Young Augustine: A Chapter of the History of Origenism* (Piscataway, NJ: Gorgias Press, 2009).

리게네스는 보편구원론과 만유회복설을 주장한 것으로 잘 알려져 있는데, 오리게네스파의 주장이 성경의 종말론과 일치하지 않는다면서 논박했던 것이다.

415년 아우구스티누스는 오로시우스(Orosius)의 요청으로 오리게네스를 반박하는 글을 쓰기 시작하는데, 오리게네스가 주장한 별들의 생명, 타락한 천사에 대한 형벌, 영혼의 선재설, 형벌의 장소인 세계 등을 비판했다. 『신국론』 11.23; 12.4, 14; 12.11-28; 13.20, 24; 21.17, 23 등에서 이 내용을 확인할 수 있다.

4) 유세비우스(Eusebius of Caesarea, A.D. 미상-미상)와 제롬(Jerome)

유세비우스가 지은 『교회사』(Historia Ecclesiastica)는 기독교의 초기 역사를 살펴보는 데 소중한 이정표가 되었다. 유세비우스는 성직임명을 받은 뒤 장로 겸 학자인 팜필리우스(Phamphilius)에게 수학하였다. 친구이자 스승이 었던 팜필리우스가 신앙을 포기하지 않고 순교를 당하자 유세비우스는 스승을 존경하는 의미로 자기 이름에 팜필리우스라는 이름을 붙였다고 한다. 유세비우스 역시 카이사리아와 이집트 등지에서 로마 권력에 저항하다가 투옥되었다고 전해진다.

그는 신플라톤주의자였던 포르피리오스가 기독교를 비판한 내용을 반박하는 논박서를 썼고 박해자였던 비시니아의 총독 히에로클레스를 반박하는 글도 썼다. 무엇보다도, 그가 역사적인 명성을 얻게 된 계기는 『교회사』 때문이었다. 이 책은 로마의 박해기간에 쓰여진 것으로 보이는데, 312-324년에 여러 번 개정했다고 한다.

유세비우스가 교회사에 기여한 바가 크기는 하지만, 아쉽게도 그의 역사관은 제국 신학(또는 번영신학)에 기초한 제국의 역사관을 고수했다. 그가 박해에서 풀려나 콘스탄티누스 황제와 연회를 할 때 환상을 보게 되는데, 유세비우스는 콘스탄티누스를 통해 메시아의 왕국이 도래할 징조라고 확신하게 된다.[4]

유세비우스의 『연대기』(Chronicle)는 아우구스티누스가 『신국론』 제18권에서 성경의 사건과 성경 밖 사건을 동기화(同期化, synchronization)하는 기초가 되었다(De civ. Dei 4.4도 참조). 유세비우스의 『연대기』는 제롬이 번역한 것인데, 아우구스티누스는 이것을 유세비우스의 작품이라고도 하고 (16.16; 18.25) 유세비우스와 제롬의 작품이라고도 한다(18.8, 10, 31).

이외에도 아우구스티누스는 『신국론』에서 100여명에 이르는 많은 학자들과 그 주장들을 인용하거나 반박함으로써 자신의 학문적 역량을 보여줬을 뿐 아니라 당대에 가장 훌륭한 기독교 변증서를 집필했다는 평가를 받는다.

---

[4] 『고백록』 제7장에서 알리피우스가 로욜라의 감독 파울니우스에게 유세비우스의 『교회사』를 빌려달라고 부탁하는 장면이 나오는데, 당시 사제들에게 잘 알려진 책이었다는 것을 보여준다.

참고 문헌

1) 원서

Sancti Aurelii Augustini Opera omnia. Editio Latina. PL 32-45. (http://www.augustinus.it/latino/index.htm.)

Augustinus, Aurelius. *Sancti Aurelii Augustini Opera omnia: Confessionum libri tredecim*, PL 32.
[한국어 번역: 선한용 역(2003), 『고백록』, 대한기독교서회; 김광채(2005), CLC; 성염 역(2016), 경세원]

_____ . Sancti Aurelii Augustini Opera omnia: Contra AcA.D.emicos libri tres, PL 32.
[한국어 번역: 성염(2016), 『아카데미아학파 반박』, 분도]

_____ . Sancti Aurelii Augustini Opera omnia: Contra Faustum Manichaeum libri triginta tres, PL 42.

_____ . Sancti Aurelii Augustini Opera omnia: Contra Iulianum opus imperfectum libri sex, PL 45.

_____ . Sancti Aurelii Augustini Opera omnia: De Beata Vita liber unus, PL 32.
[한국어 번역: 성염 역(2016), 『행복한 삶』, 분도; 박주영 역(2018), 『행복론』, 누멘]

_____ . Sancti Aurelii Augustini Opera omnia: De Civitate Dei contra Paganos libri viginti duo, PL 41.
[한국어 번역: 성염 역[2004], 『신국론』, 분도; 조호연·김종흡 역[2014], CH 북스; 김광채 역(2017-2018), 아우룸]

_____ . Sancti Aurelii Augustini Opera omnia: De diversis Quaestionibus octoginta tribus liber unus, PL 40.

_____ . Sancti Aurelii Augustini Opera omnia: De Doctrina Christiana libri quatuor, PL 34.

[한국어 번역: 성염 역(1989), 『그리스도교 교양』, 분도]

_____. Sancti Aurelii Augustini Opera omnia: De Genesi A.D. Litteram libri duodecim, PL 34.

_____. Sancti Aurelii Augustini Opera omnia: De Immortalitate Animae liber unus, PL 32.

[한국어 번역: 성염 역(2018), 『영혼 불멸』, 분도]

_____. Sancti Aurelii Augustini Opera omnia: De Libero Arbitrio libri tres, PL 32.

[한국어 번역: 성염 역(1998), 『자유의지론』, 분도]

_____. Sancti Aurelii Augustini Opera omnia: De Moribus Ecclesiae et de Moribus Manichaeorum libri duo, PL 32.

_____. Sancti Aurelii Augustini Opera omnia: De Musica libri sex, PL 32.

_____. Sancti Aurelii Augustini Opera omnia: De Natura Boni contra Manichaeos liber unus, PL 42.

[한국어 번역: 성염 역(2019), 『선의 본성』, 분도]

_____. Sancti Aurelii Augustini Opera omnia: De Ordine libri duo, PL 32.

[한국어 번역: 김영국 역(1984), 『질서론』, 전망사; 성염 역(2017), 분도]

_____. Sancti Aurelii Augustini Opera omnia: De Trinitate libri quindecim, PL 42.

[한국어 번역: 김종흡 역(1993), 『삼위일체론』, CH북스; 성염 역(2014), 분도]

_____. Sancti Aurelii Augustini Opera omnia: De Vera Religione liber unus, PL 34.

[한국어 번역: 성염 역(1989), 『참된 종교』, 분도]

_____. Sancti Aurelii Augustini Opera omnia: Enarrationes in Psalmos, PL 36.

_____. Sancti Aurelii Augustini Opera omnia: Enchiridion de Fide, Spe et Charitate liber unus, PL 40.

[한국어 번역: 김광채 역(2017), 『신망애 편람』, 마르투스]

_____. Sancti Aurelii Augustini Opera omnia: Epistolae, PL 33.

_____. Sancti Aurelii Augustini Opera omnia: In Evangelium Ioannis tractatus centum viginti quatuor, PL 35.

_____. Sancti Aurelii Augustini Opera omnia: Retractationum libri duo, PL 32.

_____. Sancti Aurelii Augustini Opera omnia: Sermones, PL 38.

_____. Sancti Aurelii Augustini Opera omnia: Soliloquiorum libri duo, PL 32.

[한국어 번역: 김영국 역(1984), 『독백』, 전망사; 성염 역(2018), 분도]

2) 영역본

Dods, Marcus. Ed. *The Works of St. Augustine*. 15 Vols. Edinburgh, Scotland: T & T Clark, 1871-1876.

St. Augustine. *The City of God*. Translated by M. Dods. New York, NY: Modern Lib., 1950.

_____ . *The City of God*. Translated by John Healey, 2 vols. New York, NY: Dutton, 1957.

_____ . *The City of God*. Translated by G. G. Walsh, foreword by E. Gilson, and introduced by V. J. Bourke. New York, NY: Doubleday, 1958.

_____ . *The City of God*. Translated by Marcus Dods, in *The Nicene and Post-Nicene Fathers*. Edited by Philip Schaff. First Series. Vol. II. Grand Rapids, Michigan: Eerdmans Publishing Company, 1956.

2. 2차 문헌

1) 단행본

A. 국내 문헌

가다머, 한스 게오르크. 『진리와 방법 I』. 이길우 외 옮김. 서울: 문학동네, 2000.

가이슬러, 노만 편. 『작품으로 살펴본 어거스틴 사상』. 박일민 옮김. 서울: 성광문화사, 1994.

곤잘레스, 후스토 L. 『초대교회사』 (개정증보판). 엄성옥 옮김. 서울: 은성출판사, 2010.

_____ . 『중세교회사』 (개정증보판). 엄성옥 옮김. 서울: 은성출판사, 2010.

그린, 마이클. 『BST 시리즈. 마태복음 강해』. 김장복 옮김. 서울: 한국기독교학생회 출판부, 2005.

기번, 에드워드. 『로마제국쇠망사』. 제3권. 송은주·윤수인 옮김. 서울: 민음사, 2009.

김광채. 『신국론 연구노트』. 서울: 부크크, 2018.

김영재. 『기독교 교회사』. 개정증보판. 서울: 합동신학대학원대학교출판부, 2005.

김원익. "정의의 구현과 노동의 신성함". 헤시오도스. 『노동과 나날』. 김원익 옮김. 서

울: 민음사, 2003.
김회권.『하나님의 도성, 그 빛과 그림자』. 서울: 비아토르, 2018.
김회창.『어거스틴의 하나님의 도성 분석』. 서울: 새순출판사, 1998.
김희보.『하박국 스바냐 주해』. 서울: 총신대학교출판부, 1987.
게에를링스, 빌헬름.『교부 어거스틴』. 권진호 옮김. 서울: 기독교문서선교회, 2013.
게제니우스, 빌헬름.『히브리어·아람어 사전』. 이정의 옮김.서울: 생명의말씀사, 2007.
내쉬, 로날드.『기독교신앙과 역사이해』. 문석호 옮김. 서울: 성광문화사, 1989.
데일리, 레오 C.『어거스틴 입문』. 박일민 옮김. 서울: 성광문화사, 1986.
라이트, 크리스토퍼.『현대를 위한 구약윤리』. 김재영 옮김. 서울: 한국기독학생회 출판부, 2006.
르브룅, 장 카르팡티에. 프랑수아 편.『지중해의 역사』. 강민정·나선희 옮김. 서울: 도서출판 한길사, 2006.
마린, 알버트 편,『전쟁과 그리스도인의 양심-어거스틴에서 마르틴 루터 킹까지』. 오만규 옮김. 서울: 성광문화사, 1981.
마르스텐, 죠지 & 로버츠, 프랑크.『기독교와 역사이해』. 홍치모 옮김. 서울: 총신대학교출판부, 1978.
매스턴, T. B.『성경윤리』. 고재식 옮김. 서울: 대한기독교출판사, 1982.
모타이어 J. A. 외.『IVP 성경주석』. 임용섭 외 공역. 서울: 한국기독학생회출판부, 2008.
문시영.『아우구스티누스의 은혜의 윤리학』. 서울: 북코리아, 2008.
반드루넨, 데이빗.『자연법과 두 나라』. 김남국 옮김. 서울: 부흥과개혁사, 2018.
뱁코크, W. S. 편.『아우구스티누스의 윤리학』. 문시영 옮김. 서울: 서광사, 1998.
베빙톤, 데이빈.『역사관의 유형들』. 천진석·김진영 옮김. 서울: 도서출판 두란노, 1986.
베인튼, R. H.『전쟁 평화 기독교』. 채수일 옮김. 서울: 대한기독교출판사, 1981
베튼하우스. 로이 편.『아우구스티누스 연구핸드북』. 현재규 옮김. 고양: 크리스챤다이제스트, 1994.
브라운, 피터.『어거스틴-생애와 사상』. 차종순 옮김. 서울: 한국장로교출판사, 1992.
서던, R. W.『중세교회사』. 이길상 옮김. 고양: 크리스챤다이제스트, 1999.
선한용.『시간과 영원성-어거스틴에 있어서』(개정증보판). 서울: 대한기독교서회, 1998.
성 어거스틴,『신국론 요약. 신앙핸드북』. 심이석 옮김. 서울: 크리스챤 다이제스트, 1990.
샤프, 필립.『교회사전집』. 제2권. 고양: 크리스챤 다이제스트, 2004.
슈타센, 글렌 H.『하나님의 통치와 예수 따름의 윤리』. 신광은·박종금 옮김. 서울: 대장간, 2011.
스택하우스, 맥스 L. 『지구화·시민사회·기독교윤리』. 심미경 옮김. 서울: The Pastor's House, 2005.
아렌트, 한나. 『사랑 개념과 성 아우구스티누스』. 서유경 옮김. 서울: 텍스트, 2013.
아리스토텔레스. 『수사학-말하기의 규칙과 체계』. 안재원 편역. 서울: 도서출판 길, 2006.
_____. 『정치학』. 천병희 옮김. 서울: 도서출판 숲, 2009.
_____. 『니코마코스 윤리학』. 이창우·김재홍·강상진 옮김. 서울: 이제이북스, 2006.
아폴로도로스. 『원전으로 읽는 그리스 신화』. 천병희 옮김. 고양: 도서출판 숲, 2004.
에드워즈, 조나단. 『구속사』. 김귀탁 옮김. 서울: 부흥과개혁사, 2007.
에코, 움베르토. 『중세 I』. 김효정 외 공역. 서울: 시공사, 2018.
이상규. 『초기 기독교와 로마 사회-로마제국 하에서의 기독교』. 서울: SFC, 2016.
이상원. 『십자가에서 아가페로』. 서울: 솔로몬, 2016.
이석우. 『기독교 사관과 역사의식』. 서울: 성광문화사, 1981.
_____. 『아우구스티누스』. 서울: 민음사, 1995.
_____. 『기독교 사관과 역사 이해』. 서울: 경희대학교 출판국, 2004.
이진성. 『그리스 신화의 이해』 개정2판. 파주: 아카넷, 2016.
웰즈, 로널드. 『신앙의 눈으로 본 역사』. 한인철 옮김. 서울: 한국기독교학생회출판부, 1995.
정태남. 『건축으로 만나는 1000년 로마』. 서울: 21세기북스, 2013.
지동식. 『로마제국은 왜 멸망했는가?』. 서울: 대학문화사, 1982.
질송, 에티엔느. "신국론 서론". 성 어거스틴. 『신국론 요약 신앙핸드북』. 심이석 옮김. 파주: 크리스천다이제스트, 1990.
_____. 『아우구스티누스 사상의 이해』. 김태규 옮김. 서울: 누멘, 2018.
채드윅, 헨리. 『아우구스티누스』. 김승철 옮김. 서울: 시공사, 2001.
_____. 『초대교회사』. 박종숙 옮김. 고양: 크리스챤다이제스트, 1999.
최기수. 『아모스 다시보기』. 안양: 성결대학교출판부, 2010.
카르팡티에, 장 & 르브룅, 프랑수아 편. 『지중해의 역사』. 강민정 옮김. 서울: 한길사, 2006.
키케로, 마르쿠스 툴리우스. 『키케로의 의무론』(개정). 허승일 옮김. 서울: 서광사, 2006.
_____. 『국가론』. 김창성 옮김. 파주: 도서출판 한길사, 2007.
_____. 『법률론』. 성 염 옮김. 파주: 도서출판 한길사, 2007.

크리스텐슨, 두아인 L. 『W.B.C.: 신명기(하)』. 정일오 옮김. 서울: 솔로몬, 2007.
피이퍼, 요셉. 『정의에 관하여』. 강성위 옮김. 서울: 서광사, 1994.
플라톤. 『국가』. 박종현 옮김. 서울: 서광사, 2002.
_____. 『티마이오스』. 박종현·김영균 옮김. 서울: 서광사, 2000.
후버, W. & 로이터, H. R. 『평화윤리』. 김윤옥·손규태 옮김. 서울: 대한기독교서회, 1997.
회페, 오트프리트. 『정의-인류의 가장 소중한 유산』. 서울: 이제이북스, 2004.

B. 해외 문헌

Armstrong, A. H. (Ed.), *The Cambridge History of Later Greek and Early Medieval Philosophy*. New York, NY: Cambridge University Press, 1967.

Atkins, E. M. & Dodaro, R. J. (Ed.), *Augustine: Political Writings*, Cambridge Tests in the History of Political Thought. New York, NY: Cambridge University Press, 2004.

Bathory, Peter D. *Political Theory as Public Confession*. London: Transaction Books, 1981.

Bonner, Gerald. *St. Augustine of Hippo: Life and Controversies*, Revised edition. St. Mary's Works, Norwich: The Canterbury Press Norwich, 1986.

Brough, Michael W. et al (Ed.), *Rethinking the Just War TrA.D.ition*. Albany, NY: State University of New York Press, 2007.

Brown, Peter. *The Life of Augustine*. Grand Rapids, MI: Eerdmans, 1972.

Brunstetter, Daniel R. and O'Driscoll, Cian (Co-ed.), *Just War Thinkers: From Cicero to the 21st Century*. New York, NY: Routledge, 2018.

Burnaby, John. *Amor Dei: A Study of the Religion of St. Augustine*. Norwich, UK: The Canterbury Press, 1991.

Burt, Donald X. O.S.A., *Augustine's World: An Introduction to His Speculative Philosophy*. Lanham, Maryland: University Press of America, 1996.

_____. *Friendship and Society: An Introduction to Augustine's Practical Philosophy*. Grand Rapids, Michigan: William. B. Eerdmans Publishing Co., 1999.

Deane, Herbert A. *The Political and Social Ideas of St. Augustine*. New York, NY: Columbia University Press, 1963.

DelgA.D.o, Teresa et al. *Augustine and Social Justice*. Lexington Books, 2016.

Dodaro, Robert. *Christ and the Just Society in the Thought of Augustine*. Cambridge, UK:

Cambridge University Press, 2004.

_____. and George Lawless, co-ed., *Augustine and His Critics: Essays in Honor of Gerald Bonner.* New York, NY: Routledge, 2000.

Dyson, Robert W. *St. Augustine of Hippo: The Christian Transformation of Political Philosophy.* New York, NY: Continuum International Publishing Group, 2005.

Figgis, John Neville. *The Political Aspects of St. Augustine's 'City of God.'* London, UK: Longman, Green, and Co., 1921.

Fitzgerald, Allan D. O.S.A. *Augustine through the Ages.* Grand Rapids, Michigan: Wm. B. Eerdmans Publishing Co., 1999.

Fortin, Ernest L. *Political Idealism and Christianity in the Thought of St. Augustine.* Wetternen, Belgium: Cultura Press, 1972.

Friberg, Hans Deniel. *Love and Justice in Political Theory: A Study of Augustine's Definition of the Commonwealth.* Forgotten Books, 2017.

Harding, Brian. *Augustine and Roman Virtue.* New York, NY: Continuum International Publishing Group, 2008.

Harmless, William. S.J. Ed. *Augustine in His Own Words.* Washington, D.C: The Catholic University of America Press, 2010.

Heidl, György. *The Influence of Origen on the Young Augustine: A Chapter of the History of Origenism.* Piscataway, NJ: Gorgias Press, 2009.

Jenson, Matt. *The Gravity of Sin: Augustine, Luther and Barth on 'homo incurvatus in se'.* New York, NY: T&T Clark, 2007.

Kretzmann, Norman & Stump, Eleonore. *The Cambridge Companion to Augustine.* New York, NY: Cambridge University Press, 2001.

MacIntyre, Alasdair. *Whose Justice? Whose Rationality?* Notre Dame, IN: University of Notre Dame Press, 1988.

Markus, R. A. *Saeculum: History and Society in the Theology of St. Augustine.* New York, NY: Cambridge University Press, 1970.

Marshall, R. *Studies in the Political and Socio-Religious Terminology of the 「De Civitate Dei』.* Washington, DC: Catholic University of America Press, 1952.

Mattox, John Mark. *Saint Augustine and the Theory of Just War.* New York, NY: Continuum, 2006.

Mazzolani, Lidia S. *The Idea of the City in Roman Thought.* Bloomington: Indiana University Press, 1970.

Meynell, H. A. (Ed.), *Grace, Politics and Desire: Essays on Augustine*. Calgary, CanA.D.a: University of Calgary Press, 1990.

Nash, Ronald H. *The Meaning of History*, 4th edition. B&H AcA.D.emic, 1998.

O'Daly, Gerard. *Augustine's City of God: A ReA.D.er's Guide*. New York, NY: Oxford University Press, 1999.

O'Donnell, James J. *Augustine: A New Biography*. New York, NY: HarperCollins, 2005.

O'Donovan, Oliver. *The Just War Revisited*. New York, NY: Cambridge University Press, 2003.

O'Meara, John. *Charter of Christendom: The Significance of the City of God*. New York, NY: The Macmillan Company, 1961.

Possidius, *The Life of Saint Augustine*, The Augustinian Series Vol. 1. Villanova, PA: Augustinian Press, 1988.

Rist, John M. *Augustine: Ancient Thought Baptized*. Cambridge, UK: Cambridge University Press, 1994.

Russell, Frederick H. *The Just War in the Middle Ages*. New York, NY: Cambridge University Press, 1975.

Schmaltz, TA.D. M. Ed. *Efficient Causation: A History*. New York, NY: Oxford University Press, 2014.

Stump, Eleonore & Kretzmann, Norman. *The Cambridge Companion to Augustine*. New York, NY: Cambridge University Press, 2001.

Uhalde, Kevin. *Expectations of Justice in the Age of Augustine*. PhilA.D.elphia, Pen: University of Pennsylvania Press, 2007.

Vessey, Mark (Ed.), *A Companion to Augustine*. West Sussex, UK: Blackwell Publishing Ltd., 2012.

Wetzel, James (ed.), *Augustine's City of God: A Critical Guide*. Cambridge, UK: Cambridge University Press, 2012.

2) 논문

강문구. "헤브라이즘 국가론 연구". 『한국과 국제정치』 Vol.29 No.4 (2013): 33-59.

강상진. "아우구스티누스의 고전적 덕론의 변형". 『인간·환경·미래』 Vol.5 (2010): 135-156.

강준창. "아우구스티누스의 사회이론: 국가론의 Civitas 개념을 중심으로". 『인문과학논집』 제1호 (1982): 81-96.

_____. "아우구스티누스의 도시관과 'Civitas Dei'". 『청대사림』 Vol.4-5 (1985): 143-171.

_____. "초기 기독교의 사상적 정치관: 성 아우구스티누스를 중심으로". 『국제문화연구』 Vol.4 (1987): 161-181.

김광채. "팍스 로마나와 어거스틴". 『개신논집』 Vol.6 (2006): 237-271.

김래용. "스바냐서에 나타난 미쉬파트 연구". 『신학사상』 제162호 (2013): 9-44.

김성욱. "어거스틴의 하나님의 도성에 나타난 역사기록방법". 『개혁 신학』 Vol.17 (2005): 233-257.

김영도. "어거스틴의 전쟁관". 『선교와 신학』 Vol.23 (2009): 249-281.

김용민. "키케로의 정치철학: 『국가에 관하여』와 『법률에 관하여』를 중심으로". 『한국정치연구』 제16집 제1호 (2007): 1-33.

김유준. "로마제국과 초대교회와의 관계". 『대학과 선교』 Vol.35 (2017): 183-212.

김정숙. "기독교 신학적 사유를 통한 한나 아렌트의 세계 사랑의 의미". 『신학 사상』 Vol.175 (2016): 205-239.

김종두. "아우구스티누스와 철학(I)". 『논문집(한세대학교)』 Vol.4 (1993): 301-315.

_____. "아우구스티누스와 철학(II)". 『교수논총(한세대학교)』 Vol.5 (1994): 277-294.

_____. "아우구스티누스와 철학(III)". 『교수논총(한세대학교)』 Vol.6 (1995): 81-106.

김종민. "St. Augustinus의 정치사상: 신국론을 중심으로". 『가톨릭교육연구』 Vol.1 (1986): 143-157.

김종희. "아우구스티누스의 De Civitate Dei(『하나님의 도성』)에 나타난 보편사와 구속사". 『성경과신학』 Vol.76 (2015): 181-207.

김태규. "아우구스티누스의 행복론". 『일립논총』 Vol.5 (1997): 135-158.

_____. "아우구스티누스에 있어서 시간과 창조". 『동서철학연구』 vol. 44 (2007): 109-125.

남성현. "역사학 고전 다시읽기: 아우구스티누스의 『신국론』(神國論, De Civitate Dei)". 『서양사론』 제113호 (1012): 325-356.

_____. "국가는 강도 떼인가 필요악인가: 아우구스티누스의 신국론에 나타난 국가론". 『신학사상』, 제181호 (2018): 257-287.

문시영. "아우구스티누스의 의로운 전쟁이론에 대한 윤리학적 고찰". 『사색』 Vol.9 (1991): 361-370.
_____. "아우구스티누스의 덕 윤리에 관한 연구". 『사색』 Vol.11 No.1 (1996): 68-111.
_____. "사회윤리에 있어서 아우구스티누스-니버적 접근". 『기독교사회윤리』 Vol.1 (1999): 61-87.
_____. "신의 도성과 아우구스티누스의 윤리적 호교론". 『남서울대학교 논문집』 Vol.13 No.4 (2007): 73-90.
_____. "아우구스티누스의 사회윤리: 현실주의? 공동체주의?". 『기독교사회윤리』 Vol.29 (2014): 7-37.
_____. "아우구스티누스를 통해 본 개인의 성화와 사회적 성화". 『장신논단』 Vol.49 No.1 (2017): 307-329.
박영실. "어거스틴의 국가 정의에 관한 소고". 『역사신학논총』 Vol.5 (2003): 253-272.
_____. "신의 도성에 나타난 어거스틴의 로마사 이해". 『성경과신학』 Vol.36 (2004): 341-369.
박의경. "로마제국과 아우구스티누스: 기독교와 정치질서 그리고 평화". 『세계지역연구논총』 Vol.28 No.3 (2010): 7-30.
박종대. "아우구스티누스의 평화관: 사회철학적 관점에서 신국론을 중심으로". 『가톨릭사회과학연구』 Vol.5 No.1 (1988): 7-32.
_____. "중세의 평화관". 『중세철학』 Vol.1 (1995): 65-106.
변종찬. "아우구스티누스의 '의로운 전쟁' 이론". 『신학전망』 200호 (2018): 137-173.
선한용. "어거스틴의 신국론에 나타난 두 도성에 대한 문제 연구". 『신학과 세계』, 제12호 (1986): 169-186.
성 염. "IUSTITIA의 어원학적 고찰: 초창기 라틴문학에 나타나는 IUS, IUSUS, IUSTITIA 용례". 『서양고전학연구』 4 (1990): 175-204.
손봉호. "인간에게 자유의지는 있는가?". 『신학지남』 41권 2집 (1974): 55-56.
스택하우스, 맥스 L. 『지구화·시민사회·기독교윤리』. 심미경 옮김. 서울: The Pastor's House, 2005.
양선건. "아우구스티누스의 덕과 덕의지". 『철학탐구』 Vol.41 (2016): 33-60.
유지황. "어거스틴의 정의 개념 이해: 존재론적 평화의 변증법적 이성 극복". 『한국교회사학회지』 Vol.12 (2003): 121-154.
_____. "어거스틴과 (후기)현대 사상의 정의 이해 비교 분석". 『한국기독교신학논총』 Vol.34 No.1 (2004): 209-240.

_____. "미덕의 정치: 분단한국을 위한 성 어거스틴의 신학적 정치사상 이해". 『기독교사회연구』 Vol.2 (2004): 185-222.

이경재. "아우구스티누스의 정치철학". 『신학과 세계』 제74호 (2012): 288-306.

이석우. "신국론의 역사적 전개와 그 평가". 『논문집(총신대학교)』, 제1호 (1981): 117-132.

_____. "Aurelius Augustine의 전쟁론-중세사의 이해를 위해". 『경희사학』 6-8 (1980): 181-206.

_____. "Augustine의 평화론 소고". 『경희사학』 9-10 (1982): 217-225.

이창호. "정치적 사랑에 대한 기독교 윤리적 모색". 『기독교학문연구회』 15 (2010): 195-227.

_____. "교회의 공공성에 관한 신학적 윤리적 탐구-고전적 '두 정부'론의 규범적 이해와 현대신학적 전개 및 발전 탐색을 중심으로". 『한국기독교사회윤리학회』 29 (2014): 141-189.

_____. "기독교의 공적 참여 모형과 신학적 '공동의 기반'의 모색". 『기독교사회윤리』 Vol.31 (2015): 65-117.

이재현. "전쟁과 평화에 관한 연구: 그 이론적 논의의 외연 확대: 토마스 모어 이전과 이후". 『평화학연구』 Vol.13. No.3 (2012): 5-25.

임성빈. "21세기 초반 한국 교회의 과제에 대한 소고-공공신학적 관점에서". 『장신논단』 47-2 (2015): 179-207.

임영섭, "이사야서의 '체덱/체다카'를 통해 본 이신득의와 사회정의의 상관성", 『개혁논총』 제8권 (2008): 1-18.

정평진. "신국론에 나타난 Augustinus의 역사의식". 『역사학』 제2호 (1985): 59-78.

조인형. "성 아우구스티누스의 신국론에 관한 연구: 역사학적 관점에서". 『사학지』, Vol.16 No.1 (1982): 43-62.

주재용. "어거스틴의 사상 형성 배경과 하나님 나라". 『신학연구』 Vol.31 (1990): 137-154.

하디, 에드워드. "신의 도성". 로이 베튼하우스 편. 『아우구스티누스 연구핸드북』, 현재규 옮김. (고양: 크리스챤다이제스트, 2004): 310-340.

한 설. "The Concept of Natural Justice in Ancient and Christian Political Philosophy". 『한국시민윤리학회』 Vol.17 (2004): 175-184.

한천설. "δικαιοσύνη θεου 개념에 대한 재조명". 『신학지남』 통권 313호 (2012): 38-69.

홍치모. "교회사와 세속사". 『한국교회사학회지』 Vol. 2 (1987): 7-22.

Africa, Thomas W. "The City of God Revisited: Toynbee's Reconsiderations." *Journal of the History of Ideas*, 23/2 (Apr.-Jun., 1962): 282-292

BaB.C.ock, William S. "Grace, Freedom and Justice: Augustine and the Christian TrA.D.ition." *Perkins Journal* (Summer, 1973): 1-15.

Barker, Ernest. "St. Augustine's Theory of Two Cities." Downton, James V. & Hart, David H. Ed, *Perspectives on Political Philosophy*, I (New York: Holt, Rinehart & Winston, 1971).

_____. "사회이론". 김명혁 옮김. 『서양중세 사상사론』. 지동식 외 편역 (서울: 한국신학연구소, 1981): 187-218.

Brachtendorf, Johannes. "Augustine: Peace Ethics and Peace Policy." In *From Just War to Modern Peace Ethics*. Berlin: Walter de Gruyter GmbH & Co. KG.: 49-70.

Burnell, Peter. "The Problem of Service to Unjust Regimes in Augustine's City of God." *Journal of the History of Ideas*, 54/2 (April, 1993): 177-188.

Byers, Sarah. "Augustine and the Philosophers." In Mark Vessey (Ed.), *A Companion to Augustine* (West Sussex, UK: Blackwell Publishing Ltd., 2012): 175-187.

Caldwell, Gaylon L. "Augustine's Critique of Human Justice." *Church and State*: 7-25.

Chabi, Kolawole. O.S.A. "Augustine on Justice: Theory and Praxis." *An African Journal of Arts and Humanities* 1/2 (September, 2015): 69-86.

Chambers, Katherine. "Slavery and Domination as Political Ideas in Augustine's City of God." *The Heythrop Journal* (2010): 1-16.

_____. "Augustine on Justice: A Reconsideration of City of God, Book 19," *Political Theology*, vol. 19 (2018): 382-396.

Clark, Gillian. "Philosopher: Augustine in Retirement." In Mark Vessey (Ed.), *A Companion to Augustine* (West Sussex, UK: Blackwell Publishing Ltd., 2012): 257-269.

Crouse, Robert C. *Two Kingdoms and Two Cities: Mapping Theological TrA.D.itions of Church, Culture, and Civil Order* (Dissertation. Wheaton, Illinois, 2016)

Dodaro, Robert. "Augustine's Secular City." In Dodaro, Robert and Lawless, George. Co-ed. *Augustine and His Critics: Essays in Honor of Gerald Bonner* (New York, NY: Routledge, 2000): 231-259.

_____, "Augustine on the Statesman and the Two Cities." In Vessey Mark. (Ed.), *A Companion to Augustine* (West Sussex, UK: Blackwell Publishing Ltd., 2012): 386-397.

Frith, Stephen. "The Heavenly Jerusalem as the Virtual City: Revisiting De Civitate Dei, City of Virtue." *Architectural Theory Review*, 28 (July, 2009): 122-141.

Kelly, Christopher. "Political History-The Later Roman Empire." In Mark Vessey (Ed.), *A*

Companion to Augustine (West Sussex, UK: Blackwell Publishing Ltd., 2012): 11-23.

Lee, Gregory W. "Republics and Their Loves: RereA.D.ing City of God 19." *Modern Theology* 27/4 (October, 2011): 553-581.

Lee, Peter. "Selective Memory: Augustine and Contemporary Just War Discourse." *Scottish Journal of Theology* 65(3): 309-322.

Markus, R. A. "Marius Victorinus and Augustine." In A. H. Armstrong (Ed.), *The Cambridge History of Later Greek and Early Medieval Philosophy* (New York, NY: Cambridge University Press, 1967): 327-419.

Mommsen, Theodor E. "St. Augustine and the Christian Idea of Pregress: The Background of the City of God." *Journal of the History of Ideas*, 21/3 (June, 1931): 346-374.

Morgan, Brandon. "Worshiping in Public: Theological Justice and the Res Publica in City of God 19." *Toronto Journal of Theology* 30/2 (2014): 225-234.

Morrison, Karl Frederick. "Rome and the City of God: An Essay on the Constitutional Relationships of Empire and Church in the Fourth Century." *Transactions of the American Philosophical Society*, 54/1 (1964): 3-55.

O'Connell, J. "The Social Philosophy of St. Augustine." *Irish Ecclesiastical Record* 82 (1954): 297-309.

Pope, Hugh. O.P., "St. Augustine on Peace and War I." *Blackfriars* 21/242 (1940): 290-303.

_____. "St. Augustine on Peace and War II." *Blackfriars* 21/243 (1940): 353-363.

Raitiere, Martin N. "More's Utopia and The City of God." *Studies in the Renaissance*, Vol. 20 (1973): 144-168.

Schrenk, G. "δίκη," *Theological Dictionary of the New Testament* II (Grand Rapids, from 1964): 178-225.

Shanzer, Dannuta. "Augustine and the Latin Classics." In Mark Vessey (Ed.), *A Companion to Augustine* (West Sussex, UK: Blackwell Publishing Ltd., 2012): 161-174.

Spengeman, Sarah Elizabeth. *Saint Augustine and Hannah Arendt on Love of the World: An Investigation into Arendt's Reliance on and Refutation of Augustinian Philosophy*. Dissertation, Notre Dame, Indiana, 2014.

Vorster, Nico. "Just War and Virtue: Revisiting Augustine and Thomas Aquinas." *South African Journal of Philosophy*, 34/1 (2015): 55-68.

Watt, Alan J. "Which Approach? Late Twentieth-Century Interpretations of Augustine's

Views on War." *Journal of Church and State* 46/1 (Winter, 2004): 99-113.

Weithman, Paul. "Augustine's Political Philosophy." In Stump, Eleonore & Kretzmann, Norman. *The Cambridge Companion to Augustine* (New York: Cambridge University Press, 2001): 234-252.

Wetzel, James. "Splendid Vices and Secular Virtues: Variations on Milbank's Augustine." *The Journal of Religious Ethics*, 32/2 (Summer, 2004): 271-300.

Wynn, Phillip Gerald. *War and Military Service in Early Western Christian Thought, 200-850*. Dissertation, Notre Dame, Indiana, 2011.

3) 인터넷 자료

Gomes, Keith J. "An Intellectual Genealogy of the Just War: A Survey of Christian Political Thought on the Justification of Warfare," www.smallwarsjournal.com.

Kilcullen. John and Robinson, Jonathan. "Medieval Political Philosophy," https://plato.stanford.edu/entries/medieval-political/

Lahey, Stephen. "John Wyclif's Political Philosophy," https://plato.stanford.edu/entries/wyclif-political/

Lane, Melissa. "Ancient Political Philosophy," https://plato.stanford.edu/entries/ancient-political/

Mattox, J. Mark. "Augustine: Political and Social Philosophy," https://www.iep.utm.edu/aug-poso/

Mendelson, Michael. "Saint Augustine," https://plato.stanford.edu/entries/augustine/